AF555057

LA JEUNESSE

DE

JOSEPH JOUBERT

DU MÊME AUTEUR

Les Dupont-Leterrier, roman (1900). . . . . 1 vol.
Notes sur la Russie (1901) . . . . —
Bonshommes de Paris (1902) . . . . —
La Poésie nouvelle (1902). . . . . —
Les Trois Legrand, roman (1903) . . . . —
Picrate et Siméon, roman (1904). . . . . —
Le Roi Tobol, roman (1905) . . . . —
Les Souvenirs d'un peintre (1906). . . . . —
L'Art de regarder les tableaux (1906). . . . . —
Eloges (1909) . . . . —
Contre la réforme de l'orthographe (1909) . . . . . —
La Fille de Polichinelle, roman (1909) . . . . —
Trois Amies de Chateaubriand (1910). . . . . —
Les Limites du cœur, comédie (1910) . . . . —
Visages d'hier et d'aujourd'hui (1911). . . . . . . —
Le Sourire d'Athèna (1911) . . . . —
L'Homme qui a perdu son moi, roman (1911). . . . . —
Les plus détestables bonshommes (1912) . . . . . . —
Chateaubriand, notices et extraits (1912) . . . . 2 vol.
La Grèce et nous (1912) . . . . 1 broch.
La Crise, comédie, en collaboration avec Paul Bourget (1912) . . . . 1 vol.
Visages de femmes (1913) . . . . —
Les Idées et les hommes, essais de critique (1913). . —
La Révolte. (1914) . . . . —
Les Surboches (1915) . . . . 1 broch.
Les Idées et les hommes, deuxième série (1915). . . 1 vol.
Les Idées et les hommes, troisième série (1916). . . —
Figures d'autrefois (1917) . . . . —
Sentiments de la guerre (1917) . . . . —

ANDRÉ BEAUNIER

LA JEUNESSE

DE

JOSEPH JOUBERT

PARIS

LIBRAIRIE ACADÉMIQUE

PERRIN ET Cie, LIBRAIRES-ÉDITEURS

35, QUAI DES GRANDS-AUGUSTINS, 35

1918

IL A ÉTÉ IMPRIMÉ DE CET OUVRAGE :

Dix exemplaires numérotés sur papier vergé à la forme d'Arches.

A

MONSIEUR PAUL DU CHAYLA

M. Joubert était un homme très singulier.

M. Joubert était une âme, — « une âme qui a rencontré par hasard un corps et qui s'en tire comme elle peut », disait Madame Victorine de Chastenay, chanoinesse un peu remuante, mais fine et avisée ; — une âme, et l'une des âmes les plus délicieuses de notre littérature.

Ce n'est jamais commode d'être une âme. En outre, M. Joubert a vécu soixante et dix ans à l'époque la plus turbulente, violente et variable de notre histoire. Né sous le règne de Louis le Bien-aimé en province et loin de Paris, élevé selon la coutume et les croyances de l'ancien temps, soudain séduit par les nouveautés de la Révolution, puis offensé de ce qu'il voit et alors ménageant à son incertitude un abri de sagesse intelligente, il a passé toutes les années de la pire extravagance à organiser son repos : un repos d'idées, puisqu'il était une âme. Sous l'Empire, sous la Restauration, les Cent-Jours et après le second rétablissement de la Monarchie, il possédait et sa doctrine et ses arguments de sérénité.

Le corps dont M. Joubert « ne s'arrangeait qu'à

peu près » était mince, chétif et haut de cinq pieds six pouces.

De petite santé, M. Joubert prenait soin de sa tranquillité, de sa sécurité, de son silence. Il aimait la causerie ; et, plus encore, la rêverie. Parfois, il se taisait et fermait les yeux, afin de laisser son esprit se calmer. Il était sensible, très vite alarmé, nerveux, extrêmement chimérique. Mais il était aussi fort raisonnable et voulait que sa raison fût maîtresse de son émoi. Pour cela, il avait d'ingénieux stratagèmes, qui occupaient une grande partie de son loisir continu. De mouvement, et fût-ce pour écrire, il avouait de la paresse ; mais sa tête ne cessait pas de travailler : elle inventait de beaux et malins systèmes de méditation, qui l'agitaient. Et il vivait dans un trouble perpétuel. Seulement, il prétendait qu'on n'eût point à s'en apercevoir. Il méditait à part lui, secrètement, et ne montrait qu'une figure avenante, plaisante, douce, parée de cette bonhomie qui, à ses yeux, était une vertu excellente.

Il avait peur du froid : là-dessus, on le voyait pusillanime. La cravate blanche à maints tours et le col à pointes droites qui l'engoncent, dans son portrait, ne lui suffisent pas : il a encore, à la nuque et sur les épaules, un gros cache-nez de laine qui retombe en torsade et couvre son étroite poitrine. Pauvre de cheveux, il arborait, à la seule pensée d'un rhume, un luxe de bonnets dont Mme de Beaumont s'égayait ; et bientôt, il porta perruque.

D'ailleurs, ses précautions ne nuisaient pas à la juste élégance de son costume. Il veillait à ses dehors et ne choisissait pas avec plus de frivolité le nankin brun de ses redingotes que ses houppelandes, bas de laine, pantoufles et manches ouatées. L'hiver, il se cachait les mains dans un manchon. Il tenait qu'on doit être bien mis, considérant que les hommes assortissent presque toujours leurs manières à leur habit.

Ses manières à lui furent constamment aimables et cérémonieuses, avec de l'enjouement.

Il demeurait volontiers à la maison ; mais il se promenait aussi, la canne à la main, vers la fin du jour, s'il était à la campagne : il aimait le coucher du soleil sur les coteaux de Villeneuve. Sans faire de bruit, songeant tout seul, il regardait le monde apparent s'évanouir dans la pénombre et il construisait, pour l'usage de sa pensée, le monde idéal : c'est le monde réel. S'il était à Paris, il rendait quelques visites ; et il allait voir des dames, pour lesquelles il éprouvait un respectueux amour. Il ne méprisait pas le sentiment, bien que la dialectique lui fût chère.

Vieillissant, plus frêle et de moins en moins curieux, il passait la plupart de ses journées dans son lit ; et il avait à portée son crayon, ses carnets. Il recevait, assis, les jambes étendues, habillé d' « un petit gilet fait pour l'attitude » et coiffé d'un bonnet « avec un beau ruban ». C'est ainsi que le vit Madame Victorine de Chastenay ; et, près du lit de M. Joubert, il y avait M. de Fontanes, en habit de sénateur.

Pendant toute sa vie, il n'a presque pas été de jour sans écrire. Mais il ne publiait pas ses œuvres ; même, il ne les achevait pas. Après sa mort, on a donné un recueil de quelques-unes de ses pensées, non sans les arranger un peu, sans les déranger aussi.

J'ai eu le bonheur d'avoir entre les mains ses papiers. M. Paul du Chayla et Mme Henri de Lander, ses petits-neveux, ont eu la bonté, dont je les remercie, de m'ouvrir leurs trésors et de m'accorder leur confiance. Du reste, je le dis avec loyauté : si la lecture de ces papiers, lettres intimes et brouillons de toute espèce, m'avait paru endommager l'image, si agréable déjà, qu'on se faisait de Joubert, je n'aurais plus rien dit de ma lecture. Bien au contraire, dans les quinze ou vingt mille pages de ses carnets et dans les soixante liasses de ces feuillets qui n'étaient pas destinés à nous et qu'il a noircis de son écriture dense, régulière et comme dessinée, je n'ai point remarqué une phrase qui pût faire injure à sa mémoire. J'y ai trouvé le témoignage d'une intelligence admirable et exquise ; et j'y ai trouvé les éléments d'une philosophie qu'on ne distingue, pour ainsi dire, pas dans le recueil imprimé de ses maximes.

Un très grand nombre de pages belles ou jolies avaient échappé à l'intérêt, cependant vif, de son éditeur, M. Paul de Raynal, gendre de son frère. Et M. Paul de Raynal, négligeant les dates, groupait selon sa fantaisie et, souvent, réunissait dans un même paragraphe des idées que Joubert avait eues à trente ou quarante ans d'intervalle. Or, Joubert a philosophé plus d'un demi-siècle, et durant le demi-siècle où les idées françaises ont été le plus profondément bouleversées. Lui, sans doute, s'était en quelque façon mis à l'écart et de son mieux réfugié en lui-même, assez loin de la tribulation générale. Pourtant, on ne vit pas de 1754 à 1824 sans recevoir au moins le contre-coup des événements qui, à plusieurs reprises, modifient l'âme d'un pays. Joubert — et, je crois, vers la fin de son existence — notait ceci : « Quiconque vit dans des temps incertains a beau être ferme, invariable dans ses principes, il ne peut pas l'être dans toutes leurs applications ; ferme dans ses plans, dans sa marche, il ne pourra garder toujours ni les mêmes résolutions ni les mêmes chemins. Il faut qu'il abandonne aux vens (cela veut dire aux circonstances) quelques parties de lui-même : qu'il laisse flotter ses cheveux et tienne la tête hors d'atteinte. Je le compare à ces gros arbres, à ces noyers dont les rameaux viennent et vont pendant l'orage, se ployant et se laissant fléchir en haut, en bas, à droite, à gauche, agités dans toutes leurs feuilles quoique leur tronc reste immobile. Il y a dans cette comparaison une image de moi qui me plaît parce qu'elle excuse en me les expli-

quant des variations que je n'aime ni en moi ni dans les autres. » A la veille et voire au commencement de la Révolution, il a été bel et bien révolutionnaire, aussi crédule que ses amis ou camarades à de funestes imprudences. En fin de compte, il aboutit à une philosophie religieuse, tout opposée. Et cette philosophie ne résulte pas du découragement, de l'abnégation mentale : ce n'est pas la déception de l'audace qui a incité Joubert à retourner sur ses pas. Il ne retourne pas en arrière : il continue d'avancer. Il n'appauvrit pas sa pensée; il l'enrichit sans cesse : et il l'épanouit, lorsqu'il l'a menée à ses vérités les plus certaines.

C'est le parcours de sa pensée qu'on verra, je l'espère, dans la biographie attentive que je lui consacre. Il mérite qu'on le suive, s'il a cherché la vérité, s'il a cru l'atteindre et si la destinée l'avait placé dans des conditions très difficiles, analogues un peu à celles où nous sommes.

Seulement, sa vérité, Joubert ne l'a point aperçue un beau jour, dans un éclair d'illumination. Il l'a très lentement acquise et par un effort quotidien. Nous n'irons pas vite, en l'accompagnant. Il avance à petits pas : et nous devons faire avec lui tous ces petits pas.

J'ai dû tenir compte de tous ses papiers, qu'il a laissés dans un grand désordre : il m'a fallu beaucoup de temps et un zèle de plusieurs années, que le plaisir de la tâche rendait facile.

En procédant comme je l'ai fait, il est possible que je n'évite pas tous les inconvénients de la minutie. Mais Joubert a écrit : « Si je meurs et que je laisse quelques pensées éparses sur des objets importans, je conjure au nom de l'humanité ceux qui s'en verront les dépositaires de ne rien supprimer de ce qui paroîtra s'éloigner des idées reçues. Je n'aimai pendant ma vie que la vérité. J'ai lieu de penser que je l'ai vue sur bien de[s] grands objets. Peut-être un de ces [mots] que j'aurai jetés à la hâte... » Ces quelques lignes sont de sa jeunesse. Il faut qu'on soit jeune pour dire : « Si je meurs... » Et, plus tard, de ton plus simple, il n'eût pas invoqué « l'humanité » à propos de lui-même. Moins ardent, et un peu triste, il écrira, le 8 janvier 1815 : « Le ver à soye file ses coques et je file les miennes. Mais on ne les dévidera pas. Comme il plaira à Dieu. » Chateaubriand cite les mots du regret, non les mots de la résignation, quand il publie le premier « recueil des pensées de M. Joubert » en 1838. « Si ; je les ai dévidées ! » ajoute-t-il, avec l'entrain de son génie, avec la ferveur de son amitié. Je les ai dévidées à mon tour, avec une amitié tardive et avec un soin scrupuleux.

Joubert avait pour moi l'attrait de sa personne originale ; et puis l'attrait de son mystère, car il n'était presque pas connu ; et il avait l'étrangeté que lui confère sa pensée qu'il n'a point répandue, que même il a cachée et qu'il a confinée en lui, stérile, isolée, vierge.

Il a cherché la vérité, non pas pour la répandre, mais pour la posséder. Il n'était pas un apôtre : il lui manquait, à cet égard, une ou deux qualités et maints défauts ; et peut-être avait-il rencontré, dans sa jeunesse, trop d'apôtres pour imiter leur exubérance. Mais il a désiré, par-dessus tout, d'améliorer son esprit, de réaliser sa perfection. Comme d'autres s'appliquent à peindre ce qu'ils imaginent ou à promulguer ce qu'ils découvrent, Joubert a tâché d'être ce qu'il rêvait. Du reste, il aimait la perfection pour elle-même ; et il l'aimait aussi pour les délices qu'elle procure autour d'elle : en somme, il aurait voulu être parfait, par politesse, et par bonté ou charité.

Son chef-d'œuvre, c'est lui. Nous avons à le connaître comme, d'autres, on n'a seulement qu'à les lire.

Mais, connaître un homme, ce n'est pas l'aborder à l'occasion, noter quelques-uns de ses mots : c'est vivre longuement avec lui. Alors, il n'y a presque plus rien qui soit indifférent ou inutile. Aucun mot ne révèle une âme ; et une âme ne se révèle qu'en tout son détail. Voilà pourquoi je n'ai pas réussi à être court : ce n'est ici qu'un premier tome. Puis, j'avoue que la compagnie de Joubert m'amusa. Puis voudrait-on que le récit d'une existence qui a duré soixante et dix ans pût tenir en peu de pages ? Ce ne serait plus la peine de vivre, au jour le jour, tant de jours, avec tant de persévérance !

Enfin, ce n'est point ici Joubert tout seul ; mais, en quelque mesure, son temps, ses amis. Je sais que les peintures de cette époque ne sont pas rares : mais voici cette époque autour de Joubert.

Et j'avoue que je me suis attardé, avec une opiniâtre et mélancolique patience, à ôter à l'oubli, qui nous prend tout, des bribes, quelquefois insignifiantes, de ce qu'il prend, comme on tirerait d'un tombeau les reliques précieuses et aussi la moindre poussière qui fut enclose avec les reliques. Debemur morti nos nostraque. *Mais, vivre, c'est disputer quelque chose à la mort, en attendant qu'on s'abandonne à elle, qui est la plus forte et peut-être la meilleure.*

A. B.

Les documents que j'ai utilisés sont, principalement, les papiers de Joubert, que m'ont communiqués M. Paul du Chayla et Mme Henri de Lander. Puis j'ai tâché de réunir à cet ensemble les documents épars. M. le marquis de Ségur et M. Paul du Chayla m'ont, plus d'une fois, aidé dans ma recherche difficile. Je dois beaucoup de pièces intéressantes et inédites aux archives et aux collections de la famille de Noailles, de Mme Eugène Rendu, de Mme Victor Egger et de M. Max Egger, de M. le baron de Barante, de M. La Caille, de M. Félix Chandenier, de M du Sorbier. M. Pasquier m'a guidé dans les Archives de la Haute-Garonne ; M. Lavergne, dans les Archives de la Dordogne. Du reste, les notes, à la fin du volume, indiquent mes références et les objets de ma gratitude. Les papiers originaux de Joubert n'ayant pas été classés, je ne les désigne pas à propos de chacun de mes emprunts : et ainsi, les inédits de Joubert dont je n'ai pas indiqué la provenance appartiennent aux archives des deux héritiers de Joubert.

LA JEUNESSE
DE
JOSEPH JOUBERT

CHAPITRE PREMIER

ENFANCE ET ADOLESCENCE

Voici l'histoire d'un jeune garçon qui appartenait à la petite bourgeoise provinciale sous Louis XV et au commencement de Louis XVI [1].

Joseph Joubert naquit à Montignac-le-Comte, en Guyenne, le 7 mai 1754. Au contraire de son ami Chateaubriand, frivole et qui volontiers oubliait son âge, il se souvint de cette date. En 1817, répondant à une circulaire administrative, il écrivait : « Mon prénom est Joseph, le lieu de ma naissance Montignac-sur-Vézère, département de la Dordogne ; je suis né le 7 mai 1754... » [2] Montignac avait perdu son titre de noblesse à l'époque de la révolution, quand il fallut que les villes fussent égales entre elles, comme les gens. Le 1er mai 1822, âgé de soixante-huit ans, et à deux ans de mourir, Joubert écrivait à Mme de Vintimille : « C'est le mois où je suis né, et le mois où je vous ai connue, il y a vingt ans... » Il goûtait alors le plaisir de la mélancolie et de la rêveuse tendresse.

Il fut baptisé le 8 mai, dans l'église Saint-Georges-de-Brenac, l'une des paroisses de Montignac. Le prêtre fut l'abbé Martel, vicaire ; le parrain, Joseph Queyroy, bourgeois et habitant de ladite ville ; la marraine, Marie Darchaud. Le parrain signa ; non la marraine, « pour ne savoir ». Ces noms importent peu ; mais on aime à tirer de l'immense oubli ce qu'en ramène le hasard[3].

Il était, comme disent les actes d'alors, fils « naturel et légitime » de Jean Joubert, bourgeois et maître chirurgien. Ce Jean Joubert, natif de Montignac, avait été chirurgien dans les armées du Roi ; et il épousa en premières noces une demoiselle Françoise Pugnaire, qui mourut à Grasse le 13 novembre 1746. Après cette mort, il quitta les armées du Roi, revint au pays natal ; et il épousa Marie-Anne Gontier, qui fut la mère de Joseph Joubert. Son père (et ainsi le grand-père de Joseph Joubert) était un Claude Joubert, de Montignac ; et, sa mère, une Thoinette Queyroy[4]. Les Joubert, les Queyroy et les Gontier, trois familles nombreuses et dont les noms reviennent souvent, sur les registres de l'état civil et dans les procès-verbaux des assemblées municipales ou autres, à Montignac, vers la fin du XVIIIe siècle.

Montignac était alors une petite ville de quelque deux mille âmes et, sinon la plus importante, la plus jolie du Sarladais, au dire d'un estimable voyageur, François de Paule Latapie, inspecteur des manufactures et qui, l'année 1778, fit une tournée en Guyenne[5]. Deux diocèses se la partageaient, l'une des paroisses dépendant du diocèse de Périgueux, et l'autre du diocèse de Sarlat ; puis, à la révolution, c'est elle qui devint le chef-lieu du district, avec un directoire et avec les tribunaux. Une charmante petite ville : aujourd'hui encore, en la dégageant des bâtisses neuves, on la retrouve. Il reste beaucoup de maisons que Joubert a connues. Elles sont en pierre grise, solides et coiffées d'ardoises : les longs toits, avant d'arriver aux murailles, s'inclinent et se courbent gracieusement. La couleur des toits et de la pierre est en harmonie avec la teinte du paysage. Autrefois, quand la facilité des transports n'avait pas dérangé toutes choses, on bâtissait avec les matériaux de la région : et ainsi les villages ne faisaient pas de taches dans la nature. Les vieilles maisons de Montignac témoignent d'une vie simple, tranquille et assez riche.

La gaieté de la ville, sa vive animation, le point de ses péripéties principales, c'était la rivière, la Vézère jolie et redoutable. Il y a des rivières douces, il y en a de languissantes, il y en a de furieuses. Chacune a son caractère ; et, comme elles sont l'âme remuante des cités, elles donnent au voisinage leur esprit. Montignac n'est pas somnolent. La Vézère y fait une course rapide et preste. Elle a une allure gaillarde. Elle se précipite. L'hiver, affolée des cadeaux que lui jettent les collines, elle déborde. Elle est sinueuse ; elle est coquette ; elle a des caprices de calme et de soudaine frénésie. Elle coupe en deux Montignac, dans le sens de la perpendiculaire. La rive gauche appartenait au diocèse de Sarlat, et la rive droite au diocèse de Périgueux. Du reste, les deux rives se détestaient, ou peu s'en faut. Les gens du diocèse de Sarlat, qui étaient de plus ancienne bourgeoisie, méprisaient leurs voisins de droite ; et il ne se faisait pas de mariages, d'une rive à l'autre.

Mais, quand Joubert avait une douzaine d'années, l'intendant de Guyenne, M. Boutin, riche manufacturier qui employait cent cinquante fileuses, diocésaines de Périgueux et de Sarlat, et qui sans doute avait à pâtir de leurs rivalités natales, eut l'idée de construire un pont. Aussitôt, les deux rives, pouvant communiquer facilement, se connurent mieux, se mêlèrent : et la bonne intelligence régna dans les deux paroisses de Montignac. François de Paule Latapie, en le constatant, s'attriste à observer que nos goûts et nos passions dépendent de petits faits.

Le pont, du côté où vient l'eau, est muni de contreforts pareils à des proues de bateaux. La Vézère y grimpe ; elle s'y fend, passe et galope.

Elle est, par les beaux jours, claire autant qu'un miroir. Elle reflète deux couleurs, celle du ciel et celle des arbres, et les mille nuances des arbres et du ciel. Les arbres sont, aux alentours de Montignac, d'une essence foncée qui a une beauté grave ; des cyprès y dressent leurs fuseaux noirs parmi la verdure inégale des sapins, des chênes et des châtaigniers. Mais, au bord de la rivière, il y a le frisson des peupliers gris et le tremblement argenté des saules. Dans la rivière, après un bout de quai, suite du pont, trempe une troupe de maisons très anciennes, pauvres, qui ont, sous l'auvent, des fenêtres larges, carrées, de forme renaissance, et qui font sécher des linges au soleil. On les a construites sur de hauts pilotis ; et, quand la rivière est basse, elles ont l'air de filles qui troussent leurs cotillons et montrent leurs longues jambes.

Le site est noble et ravissant, sous les jeux de la lumière qui s'y répand bien, avec variété, sans désordre. Une vallée, un bel entourage de collines; au fond, l'Arzème, qui est une colline un peu plus élevée que les autres : et l'arzème est, là-bas, le nom d'une sorte de muguet, de bon augure aux amoureux.

Montignac avait aussi son château féodal, jadis très puissant et abandonné dès avant la révolution. Henri IV y avait logé, quand il n'était que roi de Navarre et, à ce titre, comte de Périgord. Le château de Montignac campait sur une forte éminence ses tours carrées, ses murailles à mâchicoulis. Il dominait la ville; et il était anodin, beau, comme un reste des âges lointains et comme un témoignage de la durée. D'autres châteaux, dans les environs, La Faye, La Filolie, Balcayre, Losse, Clérant, Sauvebœuf, étaient de magnifiques demeures, solides comme des forteresses, élégantes comme des œuvres d'art. Et l'aristocratie du Périgord y passait, bien étourdiment, ses dernières années paisibles, y menait une existence fastueuse et campagnarde. Chacun de ces châteaux avait ses légendes, ses contes poétiques, ses histoires d'amour chevaleresque et populaire où les castes qu'on lancera bientôt l'une contre l'autre collaboraient gentiment. Il y avait aussi, à quelque distance, des abbayes, comme à Saint-Amand-de-Coly, des abbayes construites pour la guerre; et, tout près de Montignac, à Montignac même, des monastères pacifiques, des couvents dont, le soir, à l'angélus, tintaient les clochettes sans nombre.

Montignac était là, petite ville où survivait le

passé ; petite ville assez turbulente, un peu méridionale et sans la légèreté futile des pays où le perpétuel soleil rend les journées si bonnes qu'on les amuse et qu'on ne veut pas les troubler ; petite ville prompte à se fâcher, soudaine comme la Vézère ; petite ville de passions qui, aux mauvais jours, la hérissent ; petite ville habituellement sage et que suscite peu de chose.

Quand on y vient de Périgueux, on descend par une rue escarpée et tortueuse. On débouche sur une place et voici le pont, voici la grand'rue qui va jusqu'à l'autre bout de Montignac. Il y a des rues transversales, et des ruelles de villages, et des chemins qui se terminent dans les champs, les prés et les bois.

Le rendez-vous était, alors comme aujourd'hui, sur le pont. Il fallait qu'on s'y rencontrât sans cesse, le voulant ou non. Et l'on a, dans les petites villes, du loisir ; on baguenaude et l'on bavardé. Les moins occupés attendaient, comme aujourd'hui, les autres en regardant l'eau couler. La petite ville avait, dans les maisons grises, ses retraites de vie cachée ; mais, sur le pont, elle se montrait ; elle épiait le prochain, le commentait ; elle épiloguait en patois sur les nouvelles, sur les potins. Et elle s'exaltait facilement, si le vent tournait au vif.

Il y avait, dans tout cela, une aimable bonhomie et la simplicité que les petites villes gardent du temps où elles étaient encore des villages. La campagne n'est pas loin, la benoîte nature.

La nuit que Chateaubriand naquit, à Saint-Malo, la tempête d'hiver faisait rage : il le raconte ;

en outre, c'est la vérité. Pour le 7 mai 1754, jour de la naissance de Joseph Joubert, il nous plaît d'imaginer un pur et beau printemps, parfumé des fleurs de l'Arzème, avec un ciel limpide, une raisonnable Vézère, une lumière douce qui ne met pas d'ombres dans le paysage et qui en éclaire tout le détail comme une intelligence attentive.

Les Joubert n'habitaient pas une des maisons opulentes de Montignac, une de celles qui ont à leurs angles, à leurs pignons ou à leurs lucarnes, des motifs de sculpture, des coquilles Louis XIV et, sous le toit, des lignes de pierre dentelée ; mais une bonne maison, dans la rue montante, avec deux corps de logis, l'un au fond d'une cour, l'autre en avant et qui portait une terrasse à l'italienne.

Les chambres, au premier étage, sont grandes, tapissées de boiseries et ornées de belles cheminées de pierre, très longues, devant lesquelles on pouvait être beaucoup de monde à se chauffer. En bas, une pièce plus grande encore et qui devait être la salle à manger, une cuisine, et puis une resserre ; une écurie, une remise, pour le cabriolet du maître-chirurgien.

La maison est accotée à la colline : le rez-de-chaussée n'a d'ouverture que sur la cour. Les pièces d'en haut donnent, en arrière, sur un étroit balcon ; et, par un escalier de bois, on grimpe à un jardin qui n'est qu'une bande de sol, taillée dans la colline comme un chemin de montagne, de la longueur de la maison, de la largeur de quatre pas. Ce jardinet, la maison l'emprisonne d'un côté : de l'autre, la colline abrupte. Il est sombre, enfermé, humide. Il a pourtant de petits arbres, une allée, des fleurs, et de gros buis aux troncs noueux, que Joubert a connus. Ce n'est pas un jardin joyeux où pût beaucoup se démener une allégresse enfantine. Je me figure la maison un peu austère.

Les registres du temps signalent des payements faits à des collègues de Jean Joubert pour leurs fournitures : et je crois qu'il s'agit des médicaments qu'ils avaient préparés. Un registre signale aussi l'attestation qui fut demandée à un maître-chirurgien, touchant la démence d'un pauvre diable que le district de Montignac faisait enfermer. Une autre fois, des épidémies s'étant produites dans la paroisse de Châlus, on consulte les « chirurgiens » sur l'origine, peut-être paludéenne, du fléau[6]. Ainsi, les fonctions du maître-chirurgien avaient leur importance, et leur responsabilité d'où résulte la considération.

Les Joubert, sans être riches, possédaient cependant quelque chose. Leur famille était ancienne dans le pays. Jean Joubert devait gagner honnêtement sa vie. Mais les enfants arrivèrent, très vite et nombreux : il y en eut treize.

Jean Joubert avait épousé Marie-Anne Gontier, le 14 juin 1752. Le 26 avril 1753, naquit une Catherine. Joseph est le deuxième. Un frère lui survint le 28 août 1756 : on l'appela Joseph encore ; mais il prit ensuite le surnom de Beauregard, nom d'un village de là-bas où probablement il fut en nourrice. Le 6 décembre 1757, naquit Marie Joubert ; et le 22 mai 1759, Louise Joubert. Le 27 mai 1761, « autre » Catherine ; mais elle ne vécut pas. Et, le 9 avril 1762, un garçon, Élie. De

1763 à 1766, quatre fils, un troisième Joseph, un Bernard, un quatrième Joseph, un Jacques : ils vécurent seulement quelques jours ou quelques semaines. Enfin deux enfants qui accomplirent leur destinée : Arnaud, dit Joubert-Laffond (du nom, je crois, de son parrain), né le 2 décembre 1767; et une seconde Marie, née le 8 novembre 1769.

Les treize enfants s'échelonnent presque d'année en année, de 1753 à 1769, et ils occupent à peu près toute la jeunesse de Marie-Anne Joubert. Ne faut-il pas ajouter, les années où il ne naît pas d'enfant, les grossesses manquées? Et quel résumé d'une existence dévouée aux inquiétudes et aux souffrances de la continuelle maternité! Après la naissance d'Élie Joubert et avant elle, la série des cinq enfants qui ne vécurent pas indique assez la fatigue de la mère, qui pourtant continue son métier maternel.

Quant à notre Joseph Joubert, il a pour compagnons de ses jeux puérils ses trois sœurs, Catherine, Marie et Louise, ses deux frères, Joseph et puis Élie, mais de huit ans plus jeune. Arnaud et la seconde Marie, beaucoup plus jeunes, arrivèrent au moment de son adolescence où il quitta Montignac pour les Doctrinaires de Toulouse. Ils sont, en somme, six enfants, et de toutes les tailles, à prendre leurs ébats dans la maison grande et restreinte par le nombre des berceaux et des lits qu'on entasse tous les ans davantage, et dans le jardin tout petit. Alors, il faut évidemment qu'on se serre un peu, qu'on se serre de plus en plus; et il faut qu'on vive, le mieux possible, avec beaucoup d'économie. La maison n'était pas uniquement gaie.

Le 27 mars 1761, sur l'acte de baptême de la seconde Catherine, Jean Joubert est dit « aubergiste ». L'année suivante, à la naissance d'Élie, comme précédemment et comme ensuite, il est « maître-chirurgien ». Sans doute n'a-t-il pas tenu auberge, avec enseigne, dans sa maison de la rue dite du Cheval blanc. Mais, pour subvenir aux besoins de la famille, il dut à l'occasion recevoir des hôtes de passage, prendre pour quelque temps un pensionnaire ou deux : telle était, à la campagne, la simplicité de l'ancien usage. Il n'en gardait pas moins son titre de « bourgeois » et les privilèges de sa profession médicale. En 1778 pendant sa tournée d'inspection, Latapie écrit : « J'ai logé chez le sieur Joubert, qui est fort honnête et au-dessus de son état. »

Jean Joubert prisait assurément l'orgueil d'avoir été chirurgien dans les armées du Roi, d'avoir accompagné les belles troupes élégantes et victorieuses. Il en parlait, le soir, — et non de Françoise Pugnaire, son jeune amour défunt, — mais de l'aventure des camps et des garnisons. Là-dessus, nous avons un témoignage : c'est Élie Joubert qui, plus tard, continuant l'allure paternelle, devint à son tour chirurgien des armées, — non du Roi, mais de l'Empereur, — en Italie, à Piombino, ailleurs, dans toutes les grandes guerres, dans les troupes de Flandre, de Champagne, de Belgique, de Sambre-et-Meuse, du Rhin, de Hollande, et de Cisalpine. Il épousa une belle Italienne, — en souvenir inconscient de Françoise Pugnaire, méridionale.

Mais Joseph Joubert ?... Il nous serait agréable

savoir l'enfant qu'il a été, de le voir un peu ttement parmi les siens. Je ne me le figure pas ensible autant qu'Élie au récit belliqueux. Doux et casanier, sage, il demeure plus que les autres auprès de sa mère. Il est touché de la venue et des brusques départs des frères et des sœurs qui n'ont fait que passer un instant à la maison, et qui sont morts, et qui laissent après eux comme un émoi déconcerté. Il est, de tous les garçons, l'aîné. Il a pour sa mère une tendresse infinie ; il devient, avant sa quatorzième année, un petit confident pour elle : ce qu'on lui dit, d'une tremblante voix, il le comprend et, le reste, il le devine.

Ces détails, je ne les invente pas ; je les déduis de quelques pages qu'il a écrites en 1799, quand, après sept années d'absence, il retourna dans sa province, retrouva sa mère et, avec elle, la mémoire la plus éloignée et la plus chère de sa vie. Sans doute alors, ayant quarante-cinq ans, mêlait-il de nouvelles impressions à la mémoire ancienne. Mais on sépare sans trop de peine l'une et les autres ; ou, plutôt, on aperçoit toute l'ancienne vérité dans le miroir nouveau qui la reflète.

Ces quelques pages ne sont qu'un brouillon. Peut-être les destinait-il à Pauline de Beaumont ; cependant elles ne sont pas entrées dans une des lettres qu'on ait conservées. Écrivait-il pour lui tout seul ou bien pour la jeune femme qu'il savait si intelligente aux sentiments et aux idées ? En tout cas, il écrivait exactement selon son cœur.

Donc, en 1799, Mme Joubert racontait à Joseph Joubert qu'il avait été un enfant doux. Et il note : « Je rends grâce à la nature, qui m'avait fait un enfant doux. » Sa mère l'avait allaité. Elle lui raconta que jamais il ne lui avait mordu le sein ; et, s'il pleurait, il ne persistait pas à pleurer, sitôt qu'il entendait la voix de sa mère : « un mot d'elle, une chanson arrêtoit sur-le-champ mes cris et tarissoit toutes mes larmes, même la nuit et endormi. » Joubert ajoute : « Jugez combien est tendre une mère qui, lorsque son fils est devenu homme, aime à entretenir sa pensée des minuties de son berceau. » Et puis : « Mon enfance a pour elle d'autres sources de souvenirs maternels qui semblent devenir tous les jours plus délicieuses et plus nombreuses. Elle me cite une infinité de traits de ma tendresse dont elle ne m'avoit jamais parlé et dont elle me rappelle fort bien tous les détails. A chaque moment que le temps ajoute à mes années, sa mémoire me rajeunit ; ma présence aide à sa mémoire. »

Et Marie-Anne Joubert, femme très simple et très sensible, sort peu à peu, ainsi, de l'ombre où elle était cachée, l'ombre du temps et de l'oubli. Elle se révèle dans la pénombre où l'a tendrement amenée son fils. Elle y apparaît comme sur un daguerréotype à demi effacé. Les traits du visage ne se voient plus ; on ne saurait les distinguer, à travers la brume pâle qui les enveloppe. Il faut regarder longtemps l'image, et complaisamment, avec le soin qu'on met à examiner le daguerréotype que je disais, en l'écartant de la lumière trop vive, en l'inclinant de telle sorte qu'y vienne un rayon de jour atténué. Alors, faute des lignes nettes, se dessine au moins la physionomie, le sourire de la

…nté, l'aimable tristesse, le sentiment d'heureux et …emblant amour qui dure chez les femmes et qui tardivement avive leur amour maternel. Une grâce jolie et touchante émane de cette figure.

Rajeunissons de quarante années Marie-Anne Joubert, ainsi qu'elle-même le faisait par le fidèle artifice de la mémoire, auprès de son fils, en 1799. Tâchons d'écarter les dizaines d'années qui ont accumulé sur elle plus de la moitié d'une longue vie, et de la retrouver en deçà, telle qu'elle était auprès de ses enfants petits et turbulents, auprès de l'aîné des garçons, plus sage, encore enfant, et parmi l'occupation d'une maison qui est nombreuse et qui n'est pas riche.

Elle est jeune : elle est jeune sans l'être. Sa jeunesse n'a pas résisté aux fréquentes maternités, aux promptes relevailles et à tous les soucis quotidiens. Et, la jeunesse, les petites villes ne la prolongent pas ; en outre, jadis, on ne l'épargnait pas : les femmes y renonçaient vite, par un usage de dure dignité. Le bonnet quasi religieux des bonnes femmes couvre les cheveux de Marie-Anne Joubert avant qu'ils n'aient commencé de blanchir.

Elle fait tous les jours la même chose ; elle est assidue aux mêmes besognes de toutes les heures. Et les heures passent, variées d'incidents souvent cruels, analogues entre eux, si bien que la monotonie des semaines et des mois n'en est pas interrompue, et que les heures défilent sans qu'on remarque leur passage. Maladies des enfants et mort de plusieurs nouveau-nés, inquiétudes pour l'argent et chefs-d'œuvre d'économie, quelques achats, lesquels sont des événements, des scrupules et des plaisirs, quelques soirées de fête avec la parenté réunie pour des anniversaires ou les commandements du calendrier.

Tout cela, dans l'atmosphère de la religion. Marie-Anne Joubert est extrêmement pieuse. Nous le savons. Joubert a écrit, dans ce brouillon de 1799 : « Je lui ait donné de grands chagrins par ma vie éloignée et philosophique. » Il ajoute : « Elle en a eu beaucoup d'autres. »

Sa vie éloignée : — éloignée d'elle, car il l'a quittée de bonne heure, à l'appel de l'ambition ; éloignée d'elle, et aussi de la religion qui, pour elle, était l'indispensable et seule idée d'une vie normale.

Il y avait des philosophes à Paris. Marie-Anne Joubert, fidèle au mode ancien d'une existence que Dieu mène, zélée à la messe et au chapelet, zélée à consacrer tous ses moments, tranquilles ou non, par les vertus théologales de la foi, de l'espérance et de la charité, baume de ses journées, Marie-Anne Joubert ne sut pas qu'il y eût des philosophes à Paris avant que son fils ne subît leur tentation périlleuse.

Et la constante piété, par l'examen de conscience et la confession, qui demande une délicate analyse de soi, l'affine ; la pratique de la communion met de sublimes épisodes parmi ses travaux journaliers.

Elle est pieuse, par l'habitude et l'obéissance ; puis elle est pieuse comme l'est une femme très supérieure à son entourage et à sa destinée qui, dans sa piété, trouve l'idéal d'une rêverie qu'elle a toute seule.

Joubert, écrivant à Molé le 30 mars 1804, lui

…ait : « La première fois que je vous ai vu, je perdais en ce moment ma mère, la meilleure, la plus tendre et la plus parfaite des mères ! Ma tendresse pour elle fut toujours, au milieu même de mes innombrables passions, mon affection la plus vive et la plus entière ! »[7]

Maintenant, il me semble que nous voyons très bien Marie-Anne Joubert au milieu de ses enfants. Nous ne savons presque rien des filles : Catherine et Marie devaient se marier, l'une à vingt-six ans, l'autre seulement à trente-cinq ans[8] ; et Louise devait rester fille, soignant sa mère et, après la mort de sa mère, demeurant toute seule à Montignac jusqu'à sa mort en 1837. Mais, des trois fils, — ne parlons pas encore du petit Arnaud. — Joseph dit Beauregard et puis Élie étaient du côté paternel ; tous deux seront médecins. Joseph Joubert était, lui, plus proche de sa mère ; et l'on imagine, entre lui et elle, ces analogies d'âme, ces affinités qui font les préférences involontaires, les subtiles et profondes intimités. Marie-Anne Joubert était plus instruite que, de coutume, ne l'étaient, en ce temps-là, dans une petite ville périgourdine, les femmes de la petite bourgeoisie. Elle put suivre les études de ce jeune garçon, participer à son premier émoi de littérature.

Il y avait, à Montignac, l'une de ces modestes écoles où un brave homme, paré du titre de « maître ès arts », enseignait aux gamins l'art de lire, d'écrire et de compter, moyennant deux livres par mois[9]. Il les conduisait jusqu'à la prime adolescence en leur donnant aussi des leçons un peu plus fortes de géographie et d'histoire, de style et de religion. Le maître de Joseph Joubert était un bon vieux pédagogue. Ensuite, et du temps d'Arnaud, vint s'établir à Montignac un jeune professeur, tout fringant, tout vif et qui d'abord fut accueilli très volontiers. Il apportait une façon nouvelle ; mais il abusa de la nouveauté, suscita des jalousies et déplut. Il eut la vogue et la perdit. Il se vengea, un jour de distribution de prix, en faisant jouer par ses élèves une comédie où les notables de la ville étaient ridiculisés. On le rossa ; on l'obligea de quitter le pays. Il partit pour Paris, où le reçut avec indulgence Joseph Joubert. Mais Joseph Joubert, à Montignac, avait eu pour maître le vieil homme qui suivait la pratique ancienne[10].

Une déclaration royale du 14 mai 1724 enjoignait aux pères, mères et tuteurs d'envoyer les enfants, jusqu'à l'âge de quatorze ans, à l'école[11]. La déclaration royale fut obéie mollement : le nombre des gens qui, dans les actes, ne signent pas, faute de savoir, est assez considérable au XVIIIe siècle. Mais Jean et Marie-Anne Joubert veillaient à la belle éducation de leurs fils qui tous devinrent des hommes très distingués. A quatorze ans, Joseph Joubert était probablement aussi lettré que son bonhomme de maître ès arts. Il quitta Montignac pour aller aux Doctrinaires de Toulouse.

Avait-il dès lors une vocation ; ou bien, comme il arrive, ses parents en avaient-ils une pour lui ? M. Paul de Raynal, gendre d'Arnaud Joubert et qui a recueilli les traditions de la famille, dit qu'on pensait diriger le jeune garçon vers le barreau. C'est assez probable. S'il montrait de l'éloignement pour la médecine et de l'amitié pour le beau langage, ses aptitudes devaient être ainsi interprétées. Qui aurait déjà deviné que, dans toute sa vie, il dédierait tout son effort au seul plaisir de rendre son esprit parfait ?

Il quitta Montignac en 1768, probablement au début de l'automne. L'année scolaire commençait, chez les Pères de la Doctrine, à la Saint-Luc (18 octobre)[14]. Il laissait dans sa petite ville son père et sa mère, les frères et les sœurs dont j'ai parlé, puis son frère Arnaud qui n'avait pas trois ans, sa dernière sœur Marie qui n'avait pas tout à fait un an.

Surtout, il s'écartait de sa mère. Et, plus on étudiera l'histoire des grands hommes, — je ne dis pas les célébrités auxquelles les circonstances sont quelque temps favorables, je dis les maîtres de la vie mentale, — plus on connaîtra la dépendance où ils furent à l'égard de leurs mères, femmes parfois très simples et d'apparence ordinaire, mais nobles d'esprit, fines de cœur et, souvent, sublimes en secret comme eux le sont visiblement. Leurs mères ne leur ont pas toujours communiqué idées, croyances et opinions. N'importe, ils ont subi cette influence ; mieux qu'une influence : ils valent un peu ce qu'ont valu leurs mères. C'est la même qualité de l'âme ; on a le sentiment qu'essayées, ces deux âmes rendraient le même son.

Ces enfants ne sont pas libres ; un doux attachement les tient. S'ils se libèrent, ils le feront avec douleur et, presque toujours, à leur dam.

Il y aura, dans toute l'existence de Joseph Joubert, le souvenir alarmant, le rappel de la bonne femme exquise, Marie-Anne Gontier, femme Joubert, de qui j'ai voulu tracer ce fragile portrait, comme celui de l'âme qu'avait préparée à Joseph Joubert la Providence, afin qu'il l'embellît encore par la souffrance, l'amour et la méditation, par l'erreur elle-même et le repentir.

Au mois d'octobre, à la Saint-Luc, il fait encore très beau dans le Sud de la France. Le petit Joseph Joubert fit les soixante lieues qui séparent Montignac de Toulouse dans la splendeur déroulée d'une nature en or léger. Il vit, de relais en relais, s'agrandir et se multiplier l'idée qu'il avait du monde. Les villages qu'il traversait et les villes qu'il apercevait, Cahors et Montauban, lui annoncèrent que la géographie enseignée par le bon vieil homme de Montignac désignait des réalités.

Puis il arriva dans la ville rose, Toulouse. A peine eut-il le temps de la regarder au passage ; et on l'enferma dans le collège de l'Esquille, sa prison de briques roses.

Le collège de l'Esquille existe encore ; il achève d'exister. Le nom qu'il garde veut dire la cloche (*esquilo*, en patois). Mais la cloche ne sonne plus les étapes du temps. L'âme de ce beau lieu est morte : on l'a tuée. Après le départ des Doctrinaires, l'Esquille abrita le petit séminaire de Toulouse. Puis l'État ne manqua point de chaparder le collège. Il le possède ; il l'a vidé ; il n'en fait absolument rien, ne le soigne pas ; il le laisse avilir, il le laissera tomber en décombres. C'est un jeu de sauvages cupides et gaspilleurs.

Une population de gardiens et de leurs camarades, ceux-ci appelés à l'aubaine, loge dans les coins et les recoins du gracieux monument où le culte des lettres avait son asile savant et calme. L'herbe pousse dans la cour rectangulaire, où vient le soleil jouer sur les murailles roses. La saleté gagne le cloître rose, ses grandes arcades régulières, son promenoir qui entendit la conversation latine des humanistes en soutane. Elle grimpe le large escalier de pierre ; elle rouille sa rampe de fer. Elle se cache ou bien s'étale dans les chambres, dans les « écoles », dans les cuisines. C'est un spectacle d'abandon morne et honteux.

Si nous tâchons d'écarter cette laideur nouvelle, le monument a un charme doux et noble. Sa couleur rose de brique ancienne ajoute une aimable gaieté aux lignes sévères de l'architecture. Si l'on s'y promène un peu de temps et en songeant au passé plus qu'à notre époque, on en goûte le silence et la tranquillité pleine de souvenir. On y devient sensible à une impression de vie réglée et qui, pour avoir limité ses plaisirs, ne connaît que mieux son bonheur. Et la cloche, fréquente, bornait, comme aussi les murailles hautes, les velléités d'un chacun ; mais la pratique des littératures variées élargissait l'horizon de l'esprit : et l'âme avait, à la chapelle, mieux que l'espace des siècles, l'éternité. L'âme et l'esprit, tous deux amis, bien mariés faisaient ensemble bon ménage ; la piété de l'une s'accordait aux profanes curiosités de l'autre, et ne les empêchait pas, et les sanctifiait.

Les Pères de la Doctrine furent, avec les jésuites, les zélateurs d'un enseignement qui unissait à l'éducation chrétienne l'amour des lettres païennes. Ce mélange exquis, l'ancienne France qui l'avait composé le savourait avec délices ; dans les dernières années de la monarchie, il commença de se défaire.

La chapelle est toute dévastée. Mais, auprès de l'autel, à droite, on remarque un portrait du jeune saint Louis de Gonzague, vêtu de noir, les yeux bas, adolescent grave et à qui ressemblait Joubert. Du moins, il y a quelque analogie entre ce portrait et le seul portrait qu'on ait de Joubert, imparfaits l'un et l'autre ; et la ressemblance est peut-être celle qu'invente l'imagination préoccupée. Le pâle visage du saint nous invite pourtant à nous figurer le collégien dévot à la table de communion.

Le petit Joubert avait à se lever, chaque matin, dès l'aube. Il faisait son lit et, à la seconde cloche, il se rendait aux exercices de l'oraison. Les maîtres y accompagnaient leurs élèves ; et le préfet donnait sa vigilance à maintenir dans les rangs un bel ordre silencieux. Tous les mois, la confession : *singulis mensibus sua peccata deponent* ; et c'est une obligation, mais on veille à ce que la volonté religieuse coïncide, pour un tel acte de piété, avec le règlement. Les enfants sont engagés à la communion fréquente ; pour les acheminer là, on leur recommande cette piété plus familière, moins intimidante et plus facile, la dévotion à la Vierge. Le petit Joubert connut les messes matinales, la fraîcheur du réveil à la chapelle et, dans le voisinage du mystère, la demi-défaillance du corps à jeun que la présence et puis la possession de Dieu redresse.

Doctrina et veritas : c'était la devise des Doctrinaires, et elle concilie avec la rigueur de la doctrine avérée la vérité qu'on cherche. Il y a là et la discipline et l'audace, l'une maîtrisant et l'autre excitant les ardeurs de l'intelligence. D'ailleurs, on les a vus hardis, touchés un instant de jansénisme et, pour ce, tenus par l'Église en quelque suspicion. Plus tard, et particulièrement vers le milieu du XVIIIe siècle, ils subirent la tentation des nouveautés.

En 1762, six ans avant l'arrivée de Joubert à Toulouse, l'Académie des Jeux floraux avait mis au concours ce problème : « Quel serait en France le plan d'études le plus avantageux ? » Le P. Navarre, professeur de philosophie à l'Esquille, traita le sujet ; et son discours fut couronné. 1762, c'est l'année de l'*Émile*. Et, comme Rousseau, le P. Navarre présentait une vive réforme de l'enseignement. Il veut que la pédagogie soit docilement adaptée à la nature des enfants, soumise à leur caractère, à leur impatience, à leur inconstance, à leur curiosité. Qu'on leur offre des vérités sensibles, qu'on les amuse avec des réalités pittoresques et qu'on enchante leur fougueuse imagination. Foin de la routine ! Il n'est pas divertissant d'apprendre la grammaire grecque ou latine : on lira les philosophes d'Athènes et de Rome dans les traductions françaises.

Les Doctrinaires ne craignaient pas d'aller de l'avant ; et l'utopie du P. Navarre, je crois qu'ils l'avaient lancée comme un essai qui n'était pas sans les séduire. Ce fut un scandale. Les Doctrinaires, avertis, renoncèrent aux ingénieuses fantaisies de leur P. Navarre ; et l'on s'en tint à l'usage dûment consacré.

Celui-là était, sans nulle innovation, charmant. *Cura religionis prior et potior habenda est, non tamen unica. Vigeant simul necesse est artes et scientiæ.* La religion n'était pas reléguée à la chapelle ; mais elle pénétrait dans les classes, où chaque jour on préludait par la récitation et le commentaire du catéchisme, la lecture d'un passage des livres sapientiaux ou du Nouveau Testament : et, la matière des déclamations, on l'empruntait volontiers aux préceptes de la morale chrétienne. Puis le temps était libre pour un très large enseignement des humanités.

Unir exactement, et sans péril pour l'une ni pour l'autre, la culture païenne et la foi chrétienne : les Doctrinaires ont excellé à cette réussite, qui a semblé paradoxale après que fut défait ce bel accord. Les intelligences dans lesquelles se combinait élégamment la double pensée antique et moderne possédaient la somme du rêve européen et jouissaient du chef-d'œuvre total qu'avaient élaboré pour elles Athènes, Rome deux fois et Paris. Elles omettaient seulement ce que l'âme occidentale n'avait pas accueilli. Elles s'épanouissaient au gré des siècles fleurissants.

Les premières impressions du petit collégien Joubert nous manquent; mais nous savons le souvenir que lui laissa l'enseignement de l'Esquille. En 1809, quand il collaborait avec Fontanes à l'organisation de l'université impériale, qu'on tirait du néant révolutionnaire, il écrivait au Grand Maître, son ami : « Regrettons nos anciens collèges ! » Et, se rappelant l'Esquille rose de Toulouse, il traçait de nos anciens collèges, un bleau tout paré de sa tendresse reconnaissante. « Nos collèges étoient de petites universités où l'enfance étoit dressée à distinguer et à goûter tout ce qui doit charmer l'imagination et le cœur. Des hommes qui faisoient leurs délices de l'étude de ces beautés les enseignoient : jeunes eux-mêmes, ils portoient dans l'exercice de leurs fonctions un zèle épuré par le désintéressement le plus parfait et égayé par de riantes perspectives. Ils voyoient dans leur avenir, dès que leur âge seroit mûr, une retraite studieuse, les dignités du sacerdoce ou les honneurs et les faveurs de toute espèce qu'obtenoient alors leurs talents. Le temps de leur professorat étoit pour eux un enchantement continu. De ces dispositions des jeunes régents naissoit en eux une aménité de goûts et de manières qui se communiquoit à leurs élèves... Dans nos collèges, on enseignoit tout. L'éducation littéraire y étoit complette... » L'éducation littéraire, Joubert la définit comme suit : elle donnait « aux esprits et aux âmes une teinture de ce que les poètes, les orateurs, les historiens et les moralistes de l'antiquité ont eu de plus exquis, teinture qui certes embellissoit les mœurs, les manières et la vie entière... » Il insiste : « C'est par l'effet d'une telle éducation, c'est par cette succession non interrompue de générations, non pas scavantes, mais amies du scavoir et habituées aux plaisirs de l'esprit, que s'étoient multipliés en France, pays du monde où cette éducation étoit le mieux donnée et peut-être le mieux reçue à cause de la tournure d'esprit naturelle à ses habitans, ces caractères où rien n'excelloit, mais où tout étoit exquis dans son obscurité; cette réunion de qualités où tout charmoit, sans que rien y fût distingué; ce tempérament singulier, que le philosophe suisse de Muralt croyoit particulier à nos climats, et qui servoit à former ce qu'on appeloit proprement des hommes de mérite, « espèce d'hommes, » dit-il, commune en France et presque inconnue » partout ailleurs »; espèce d'hommes si nécessaire à l'ornement du monde et à l'honneur du genre humain que les siècles où aucune nation ne pourra se vanter d'en posséder un très grand nombre seront tous des siècles grossiers »[18].

En 1809, le roi Louis, un peu toqué, avait pris au sérieux sa récente qualité de souverain ; et il s'efforçait d'organiser les études dans son royaume de Hollande : il s'était adressé à Fontanes, pour un bon avis, et Fontanes à Joubert. Ce fut l'occasion des notes qu'on vient de lire. En 1809, principalement, on instaurait l'université impériale. Joubert l'aurait voulu rattacher à l'usage des bons pédagogues, dressés à leur métier par les congrégations enseignantes. Vive audace! Et il montre là, implicitement, que, dans une vieille nation qui a les bénéfices de sa durée, on n'improvise pas : il faut continuer.

Le succès de l'ancienne éducation, ce n'est pas aux méthodes que Joubert l'attribue, mais surtout « aux hommes qui enseignoient ». Il se souvenait des professeurs qu'il avait eus à l'Esquille. A la façon qu'il a de parler d'eux et de leur existence paisible, ornée de littérature, embellie de contentement, adoucie de sécurité, l'on n'a pas de peine à concevoir qu'il ait désiré de suivre leur exemple.

C'est ce qui arriva quand il eut terminé ses classes, à dix-huit ans. Il omit l'ambition, qu'avait conçue pour lui le maître-chirurgien, d'être un jour avocat au parlement de Toulouse. Il ne connaissait rien de la vie fastueuse que menaient, dans la ville rose, les beaux conseillers et, près d'eux, aux degrés divers de la hiérarchie, les tribunaux et le barreau. Il connaissait tout uniment le collège et son recueillement. Il était pieux et docile, même de loin, à l'influence de sa mère. Bref, cessant d'être élève, après sa rhétorique, il entra dans la congrégation des Doctrinaires.

Le 17 mai 1772. « M. Joseph Joubert, fils de M. Jean Joubert et de Marie-Anne Gontier, du lieu de Montignac-le-Comte, diocèse de Sarlat, âgé de dix-huit ans, a pris la soutane de la congrégation. En foi de quoi, (signé) Castaing, de la Doctrine, maître des novices »[14]. Joseph Joubert est inscrit en ces termes au registre des vêtures.

Le voici habillé de la soutane des clercs, cousue à la hauteur de deux pieds, le reste boutonné jusqu'au menton, la soutane des prêtres séculiers, plus un petit collet large de deux doigts; pour l'hiver, un manteau de la longueur de la soutane. A tous les exercices de la journée, il porte le bonnet carré. A la chapelle, le surplis[15].

Il se lève à quatre heures du matin. Il récite chaque jour le bréviaire, l'office de la Vierge et le chapelet. Il ne demeure plus à l'Esquillle, au moins les premiers temps, mais à la maison-mère, plus voisine du Capitole, où les probationnistes se préparent au noviciat. Il prend ses repas avec ses collègues, assis tous du même côté d'une table longue, n'ayant devant lui personne, en silence tandis qu'un lecteur à la bonne voix corrige par l'énoncé de pensées pieuses et de conseils spirituels la grossière concupiscence de la nourriture. Mais il ne fait pas abstinence de viande. La règle qu'il accepte est rigoureuse, non ascétique.

Il est alors un adolescent délicat, très mince et grand : je suppose qu'il atteint le bout de sa croissance ; or, un passeport daté de 1822 et qu'il s'était procuré pour aller de Villeneuve à Paris, donne son signalement et lui attribue la taille d'un mètre quatre-vingts centimètres. Il n'était pas le petit homme qu'on imagine; et il n'était pas du tout l'homme que d'habitude on représente. La soutane encore l'allongeait; et, même étroite, elle faisait des plis dans la longueur de son corps maigre. Un visage pâle, sans poil. Des cheveux noirs. L'œil, placé un peu haut, très vif; le nez long; la bouche fine, aux lèvres pincées, très mobiles; les joues creuses; et l'air d'un jeune sage, très chimérique [16].

Tel je me le figure dans les rangs des apprentis novices, exact à ses devoirs, cheminant avec les autres, l'un d'eux, et différent, mais sans qu'on s'en aperçoive et peut-être sans qu'il s'en doute.

Les Doctrinaires, jaloux de recruter les talents dont ils avaient besoin, prenaient à l'occasion des professeurs dans le siècle. A l'époque même de Joubert, une demi-année avant lui, un certain Vital Bouvier, âgé de trente ans, prit la soutane de la congrégation « pour y être en qualité de frère laïque ». Le laïque, aux Doctrinaires, faisait métier de pédagogue : il devait quotidiennement lire l'office de la Vierge ou le chapelet. Mais il ne rononçait pas de vœux ; et il portait la soutane mme un uniforme.

Telle ne fut pas, le 17 mai 1772, la situation de Joseph Joubert ; et la mention de « frère laïque », qui est inscrite auprès du nom de Vital Bouvier, ne l'est pas auprès du sien. Il avait la qualité de probationniste, ou de postulant, qui implique chez lui, à ce moment, le projet d'entrer bel et bien dans la congrégation. Pour cela, on devait avoir plus de quinze ans et moins de quarante, certifier de bonnes études, être indemne de tout défaut canonique, ne pas venir d'un couvent et postuler pendant quelques mois.

A plusieurs reprises, dans l'année, il y avait des « balottes », et autant dire des examens à la fois intellectuels et moraux, des scrutins à la suite desquels on était, ou l'on n'était pas, admis à continuer ses preuves. Or, à la date du 17 septembre 1772, je lis dans le registre des vêtures : « La communauté s'est assemblée pour délibérer sur l'admission des novices à continuer leur probation. Les confrères Bessières, Richard, Saint-Marc, Dupuy et Delor ont été admis pour la seconde fois à continuer leur noviciat. Les confrères Caralx, Rudelle, Joubert, Drouailhes ont été admis pour la première fois. » La situation religieuse de Joubert se trouve ainsi très nettement définie. Il est novice. Commence-t-il ou continue-t-il, le 17 septembre 1772, son noviciat ? Le texte ne semble point assez rigoureusement rédigé pour que, dans cette alternative, on choisisse avec assurance.

Mais il est novice. Or, les balottes ne montraient pas une extrême indulgence; et il suffit de parcourir le registre du P. Castaing pour y découvrir nombre de confrères que l'assemblée de la communauté renvoya. Auprès du nom de Joseph Joubert, en marge, il y a ces mots, de la main du P. Castaing : « il s'est retiré. » A quelle date s'est-il retiré? Le P. Castaing ne le dit pas. Mais le registre des vêtures signale une balotte qui fut tenue le 21 avril 1773. Plusieurs camarades de Joubert, — et, par exemple, Drouailhes et Caralx, — sont admis à la prolongation de leur noviciat. Joubert, non : il n'est pas question de lui.

Je conjecture que Joubert, novice dans le second semestre de l'année 1772, s'est retiré avant le 21 avril 1773.

A-t-il quitté alors les Doctrinaires? Non pas. J'ai sous les yeux un petit feuillet écrit par lui et qui, de sa main, porte cette mention : « En 1774. A l'Esquille. » Donc, en 1774, et c'est-à-dire une année au moins après qu'il eut abandonné le noviciat, Joubert était encore aux Doctrinaires.

Sans doute s'est-il retiré du noviciat au moment où il lui aurait fallu faire profession, prononcer les trois vœux de pauvreté (non qu'il aimât les richesses), de chasteté (non qu'il fût bien concupiscent), d'obéissance (non qu'il eût le goût de la révolte), et promettre de rester dans la congrégation tout le temps qu'il vivrait. Pourquoi se retira-t-il? Peut-être sa frêle santé ne se prêtait-elle point aisément à la règle assez dure des levers matinaux, des fréquents offices et à la discipline de couvent qui réclame une vive énergie du corps.

ut-être avait-il déjà cet amour d'une liberté, rtes casanière, mais qui s'impose elle-même ses nes. Et peut-être, à la veille de s'engager, prouva-t-il les scrupules de quelque incertitude dogmatique : on l'admet volontiers, quand on sait que bientôt les philosophes de Paris le séduiront. Peut-être même le petit novice fut-il touché de quelque velléité mondaine. Sans doute y eut-il, dans les motifs de sa retraite, un peu de tout cela; et tel est, en somme, notre cœur : il se décide rarement pour une seule raison.

Mais Joubert, qui se retirait du noviciat et qui, sans avoir prononcé de vœux, abandonnait les ordres sacrés, demeura cependant à l'Esquille. Il y fut dès lors, je suppose, en qualité de frère laïque et portant toujours la soutane de la congrégation, comme le confrère Vital Bouvier.

Il est évidemment professeur et, selon l'usage constant des Doctrinaires qui veulent que les professeurs fassent (de même que les élèves, le cours de leurs études) leur apprentissage de maîtres en suivant toute la série des classes, il enseigne d'abord aux tout petits. Il écrivit plus tard : « Enseigner, c'est apprendre deux fois. » Cette pensée a toute sa pleine signification, commentée par le système qu'on observait au collège de l'Esquille.

La plupart des pensées qui, dans les notes de Joubert, ont trait à l'éducation datent de l'époque où il était inspecteur général de l'université, de 1808 à 1815; et elles proviennent de ses nouvelles méditations, mais aussi de son expérience de pédagogue. Le paragraphe que voici et qui porte la date du 21 février 1812, se réfère évidemment au souvenir de l'Esquille : « Et ces écoles de piété que l'on trouvoit partout, jusque sur les vitraux du cloître, etc., et dans l'aspect des monastères ; et ces prîdieu au pied d'un crucifix qui formoient dans chaque maison, à la tête du lit du maître, une chapelle domestique, etc. Des écoles de piété! Elles nous paroîtroient (si nous étions grandement sages) indispensables à cet âge qui a besoin qu'on le dresse à aimer le devoir, car il va aimer le plaisir. » Ces idées sont précisément celles qui, au collège de l'Esquille, inspiraient et gouvernaient l'enseignement du jeune professeur Joubert. Ses qualités exquises de douceur et de bonté, son attention fine, la netteté de son esprit durent l'aider et lui rendre aussi la besogne agréable.

Pendant le loisir de ses classes, il travaille beaucoup, mène d'énormes lectures avec tranquillité ; c'est alors, et tout seul, aux alentours de ses vingt ans, qu'il acquiert sa grande et intelligente érudition.

Quels furent ses camarades, ses confrères, à l'Esquille ? Les meilleurs étaient probablement ceux qui n'ont pas laissé de nom, braves gens, modestes et doux, savants, qui faisaient leur métier, sans bruit, et qui accomplissaient une existence pieuse et obscure.

Parmi les autres, citons l'un des singuliers gaillards de l'époque, un Philippe-François-Nazaire Fabre, fils d'un marchand drapier de Carcassonne. Il était de quatre ans plus âgé que Joubert. Bien doué, pourvu de quelque poésie, mais aventureux, porté à la galanterie, porté aux femmes et, de naissance, un fol. Très laid, malpropre ; avec cela, le l'agrément ; une adresse à prendre la mode ; et capable d'une sorte de piété sincère, mais incapable de résister à des élans qui le conduisaient à leur gré. Il fut élève, ensuite professeur. Il n'avait pas de zèle, mais un charme de prime-saut. En 1771, il écrivit un sonnet « à l'honneur de la sainte Vierge » — un sonnet un peu emphatique et dont les vers ne sont pas mal frappés ; — il l'envoya, somme toute, à l'Académie des Jeux floraux. Et, entre temps, il se sauva, ému d'amour, et se perdit dans la bohème, fut comédien dans une troupe qui ambulait de ville en ville. Pour le tirer de là et pour faire de lui un personnage, il fallut la Révolution, qui repêcha pas mal de ces vagabonds, les illustra et puis, cédant à sa manie, les tua. Je crois qu'il jeta le froc aux orties dans les premiers mois de l'année 1771 : l'année suivante, son père lui écrivait comme à un enfant perdu qui a fait mille sottises déjà, mille sottises qui demandent un peu de temps. Et l'Académie des Jeux floraux gratifia du lys le « Sonnet à l'honneur de la Vierge ». Mais Fabre était loin, sans doute : car il négligea de se révéler; et le sonnet languit, sans nom d'auteur, dans les recueils imprimés de l'Académie. Il sut pourtant qu'on l'avait couronné par défaut. L'Académie florale décernait des églantines et des lys, des églantines à l'éloquence, des lys à la poésie. Il oublia de s'informer; et, fier avec nonchalance, il prit le nom sous lequel il demeure étourdiment célèbre, le nom de Fabre d'Églantine. C'est à lui qu'on doit la poétique niaiserie du calendrier républicain et la charmante chanson de la bergère à qui l'on dit et l'on répète qu'il pleut, bergère.

Joubert ne parle pas de lui : mépris, oubli?... Mais il le connut certainement; du moins, il le rencontra et le vit, dans la cour de l'Esquille, petit professeur ensoutané qui menait sa classe à la chapelle et qui ne savait pas encore qu'il tournerait mal ; qui écrivait, en épigraphe au sonnet de la Vierge tueuse du serpent : *Ipsa conteret caput tuum*, et ne prévoyait pas que, sa tête à lui, la guillotine la couperait.

Un autre confrère du novice Joubert : Noël-Gabriel-Luce de Villar, un homme assez distingué, une sorte de brave homme, qui avait le goût de l'éloquence un peu ornée. Ce P. Villar, Joubert le retrouva, au temps de l'université impériale. Il l'eut pour collègue d'inspection, en 1808 et en 1809, et ne fut pas toujours de son avis [17]. Dans l'intervalle, le P. Villar avait esquissé une belle carrière, non exempte de tout reproche. Il était devenu, sous les Doctrinaires, recteur de leur collège de La Flèche ; en 1791, évêque constitutionnel de la Mayenne ; en 1792, député de la Mayenne à la Convention. Et il n'avait pas voté la mort du Roi, mais sa détention, et son bannissement, et le sursis (tout compte fait) à son exécution. Les honneurs l'avaient récompensé : membre de l'Institut, membre du corps législatif; on lui savait gré d'une bonne réorganisation de la Bibliothèque Nationale.

Il y avait encore à l'Esquille, une vingtaine d'années avant la Révolution, un jeune homme qui donnait de grandes espérances, Pierre de Laromiguière. Il avait pris la soutane treize mois après Joubert. Et il aimait la musique ; il aimait aussi l'émoi d'un cœur tendre. A la maison des novices, il jouait de flûte, le soir, pour enchanter une novice, dans couvent de Saint-Pantaléon, tout proche[18]. C'était un jeune philosophe, très attaché à la doctrine de saint Thomas, si bien muni de dialectique qu'on l'appelait avec admiration « le petit Aristote ». Mais il lut Condillac et, féru de clarté simple, adopta le système ingénieux des sensualistes. Comme il avait la vogue, il s'enhardit. A l'Esquille, il ne craignit pas d'enseigner la philosophie, non plus en latin, suivant l'école, en français. Voire, dans une séance de fin d'année, il fit scandale et inquiéta le parlement de Toulouse, ayant proposé cette thèse que l'impôt, fixé sans l'aveu public, est une atteinte au droit de propriété. En 1791, — et, il faut le dire, avec la plupart des Doctrinaires, — il accepta volontiers de prêter le serment à la Constitution. C'était un homme extrêmement fin, qui écrivait à merveille, qui avait une ironique douceur de l'esprit et qui plus tard sut, à force de prudence industrieuse, réparer ses primes audaces sans repentir et combiner des idées vives avec des manières rassurantes.

Tel est à peu près le milieu dans lequel Joubert eut ses vingt ans ; un milieu très intelligent, très peu fermé aux influences du dehors, et suffisamment pittoresque. D'ailleurs, il n'a rien dit de ces différents personnages. Je ne sais pas s'il les aima ; je lui suppose d'autres amis, et je les lui suppose volontiers parmi ceux qui ont fait le moins de bruit.

L'un d'eux est Dardenne, qui mourut jeune et que Joubert a beaucoup aimé. « Dardenne est mort. Quelle mort ! et quelle perte ! que d'erreurs il eût détruites, que de vérités il eût enseignées. Je mourrai peut-être à son âge, hélas ! et l'expérience de deux hommes de bien sera perdue pour leurs semblables. » Ces lignes de mélancolique admiration, je les trouve sur un feuillet où il y a d'autre pensées, écrites dans tous les sens. Aucune date. Mais ces lignes sont évidemment de la jeunesse de Joubert : « Je mourrai peut-être à son âge... » Quel frémissement de chagrin ! Et l'ami désolé fait un retour sur lui-même. Ainsi, le jeune homme qui voit mourir auprès de lui un homme très jeune encore est déçu dans son espérance d'une durée indéterminée. Son émoi passera quand il aura, pour tout arranger, — car le désir de vivre vous suggère la dialectique dont vous avez besoin, — conçu qu'un tel accident ne dérange pas l'économie générale de la destinée ; alors il ne gardera que la tristesse d'un regret. Mais, d'abord, il a senti l'insécurité d'être jeune.

Qui était ce Dardenne? S'il est mort avant d'avoir détruit les erreurs et enseigné les vérités, avant même d'avoir essayé de le faire, ne le cherchons pas dans les célébrités de l'époque. Son génie perdu, Joubert est peut-être le seul qui ne l'ait point ignoré. Ce jeune homme fut anéanti.

Mais, dans le registre des vêtures, voici, à la date du 25 octobre 1768, un Grégoire Dardenne qui prend la soutane à dix-sept ans ; puis, le 30 janvier 1769, un Raymond Dardenne qui prend la soutane à vingt et un ans. Tous deux ont été à l'Esquille en même temps que Joubert. Je crois que le Dardenne de Joubert fut Raymond Dardenne, fils de Jean Dardenne et de Jeanne Sciau, de Cadours, qui avait presque sept ans de plus que lui : « Je mourrai peut-être à son âge... » Ce n'est qu'un très petit renseignement, précieux néanmoins, s'il écarte, ne fût-ce qu'à peine, l'ombre qui couvre le premier ami de Joubert, sa tendresse désenchantée et sa douleur. Nous imaginons plus facilement ce jeune sage, armé de philosophie et qui promettait d'enseigner le monde.

Nous allons le connaître mieux. Sur un feuillet sans date (et qui n'est peut-être pas de l'époque où Joubert déplorait la mort de son ami) Joubert a noté ceci : « Dardenne disoit : La barbarie n'est qu'un sentiment faux de la justice. » Et puis (c'est assurément Dardenne qui parle encore) : « Le génie universel vient des passions universelles. » Ailleurs enfin : « D... (c'est évidemment Dardenne) me disait un jour : Je voudrois qu'on donnât au peuple tous les jours un bon dîné, un bon soupé, un bon habit ; un bon lit toutes les nuits, et tous les matins des coups de bâton. » Voilà Dardenne. Et il nous apparaît avec un vif caractère ; un garçon qui a de l'esprit, et caustique : il est habile aux formules originales, bien frappées et qui se marquent dans la mémoire. Les philosophes, pendant ces années où la Révolution se prépare, ont passionnément répandu le souci du peuple. Et, sous les arceaux du cloître rose, à l'Esquille, on est sensible à ces idées. Mais Dardenne, qui ne les méconnaît pas, intervient et impose, ne riant pas, souriant à part lui, cette restriction : les coups de bâton, pour corriger l'excès périlleux d'une philanthropie qu'il a consentie de grand cœur. Il est un homme d'ordre et de discipline. La Révolution ne l'aurait pas surpris : elle l'eût seulement décapité.

Joubert ajoute un peu plus loin, et pour son compte : « Le peuple est vil ?.... C'est qu'il est peuple. Plaignés-le donc d'être peuple et désirés un autre état de choses où il ne se trouve ni grands ni petits. » Joubert est plus jeune que Dardenne ; il a moins de précaution politique et il cède davantage à la séduisante philosophie.

Sur le même feuillet où il y a : « Dardenne est mort... » il y a aussi, parmi toutes sortes de choses, le passage suivant : « Idée profonde qui servoit comme de baze à un sistème qu'il méditoit sur la législation... » Cette idée « importante et neuve qui (selon Joubert) découvre le vice de toutes les institutions politiques », la voici : « Toutes ont sacrifié une partie de l'homme à l'autre et ne se sont pas moins opposées à son bonheur qu'à son achèvement. Au lieu de hâter et de conduire le développement de ses affections sociales, toutes les ont égarées ou perdues. Toutes l'ont empêché de croître, de s'élever et s'étendre, comme ces arbres malheureux qu'on mutile dans tous leurs rameaux et qu'on ploïe avec effort en cent manières pour un usage qui ne dut pas être le leur. L'homme n'est imparfait et méchant que parce qu'il a quelques passions et ne les a pas toutes. Ses passions ne sont mauvaises que lorsqu'elles sont détournées de l'objet fait pour elles ou qu'elles ne sont pas combinées les unes avec les autres dans leur proportion convenable. Selon lui... » Joubert n'a point achevé sa phrase. Il reprend : « En effet, l'homme éclairé aïant des jouissances plus nombreuses. plus étenduës et mieux dirigées que celles des autres hommes a plus qu'eux toute sa nature, comme celui qui a tous ses sens existe plus que celui qui n'en a qu'un ou deux. Aussi il faisoit consister « le » principe unique de la félicité d'un être » dans le développement entier de toutes ses facultés. »

Voilà ce que Joubert nous a conservé du système de Raymond Dardenne. C'est le système d'un homme qui tient de son époque ; d'un homme qui, avec ses contemporains, est finalement optimiste et, de principe, eudémoniste ; d'un homme plein de jeunesse et de santé qui a du plaisir à l'épanouissement de tout son être et qui, à ce plaisir, emprunte sa notion du bonheur ; d'un homme ingénieux et très intelligent qui, devançant les psycho-physiologistes, envisage de même l'harmonie morale et la santé des organes, laquelle résulte, on le sait, de leur équilibre. Mais Dardenne mourut avant d'avoir promulgué son évangile, avant de l'avoir vu se perdre comme d'autres qui devaient sauver le monde et ont laissé le monde incurable.

Cette espérance de l'universelle guérison, comment la concilier avec la pessimiste rigueur de ce théoricien qui, tous les matins, donne au peuple la bastonnade ? Joubert semble s'être aperçu de cette contradiction, quand il écrit, sur le même feuillet : « Ceux qui veulent tout ramener à l'égalité naturelle ont tort. Il n'y a point d'égalité naturelle. La force, l'industrie, la raison élèvent des différences entre les hommes à chaque pas. C'est le chef-d'œuvre de la raison humaine. » Sans doute n'attendait-il pas une prompte réussite des nouveaux idéologues ; il écrivait : « O noble espèce humaine, combien d'années, de lustres et de siècles s'écouleront avant que tu touches au point au delà duquel est la perfection ? » Puis : « Il n'est presque point de philosophe qui ait de principe. Parcourant leurs écrits, vous verrez des vérités isolées, des ruines çà et là répandues d'un édifice dont on ne trouve aucune pierre fondamentale... » Belle phrase et magnifique image de l'idéologie que jonchent les ruines éparpillées et jolies des systèmes!... Mais Dardenne avait un principe ; et il bâtissait l'édifice : seulement, il est mort.

Nous avons là l'écho des causeries que le cloître de l'Esquille entendait et qui animaient, une vingtaine d'années avant la révolution, ces jeunes têtes de lettrés et de dogmatistes, exaltés dans la retraite, touchés des souffles du dehors, grands architectes de programmes pour l'esprit.

Les conversations philosophiques, les méditations et les savantes lectures n'ont pas occupé tout le temps que passa Joubert à l'Esquille. Pendant les deux ou trois dernières années de son séjour à Toulouse, il eut, comme il convient à un moraliste qui prélude, sa période mondaine.

La plus ancienne pensée de lui qu'il ait datée lui-même porte cette inscription : « En 1774. — à l'Esquille. » La voici, sur un petit bout de papier : « Les âmes vives se dégoûtent des plaisirs parce qu'elles y trouvent du mécompte dans leur calcul ; si le plaisir est mauvais, profitez du premier moment pour les en arracher ; si elles y reviennent tout est perdu, elles prendront l'objet tel qu'il est et s'en contenteront. » Cette pensée atteste la précocité d'un moraliste de vingt ans qui, sans doute, ne fait pas une découverte, mais enfin qui, autour de lui, regarde et qui sait conclure, avec finesse, avec justesse, avec une jolie gravité. Les mots sont charmants ; il y a, dans la phrase, la volupté qu'y met, venant et revenant, le mot de « plaisir » : une volupté qui se contracte et qui, sévère, refuse son plaisir. Le jeune clerc veille sur le jeune homme.

Cependant le jeune homme, fût-il austère, et il l'est, a vu, ne l'eût-il que vu, le plaisir et il a deviné les séductions qui atteignent les âmes vives. Il a vu le monde, il en a connu les attraits.

Le règlement, rigoureux pour les novices, se relâchait en faveur des confrères laïques. Les religieux ne pouvaient pas sortir sans permission ; et ils sortaient deux ensemble, avec défense de se séparer jamais ; et ils n'allaient que chez des personnes « très distinguées et très édifiantes », reconnues pour telles par les supérieurs ; en nulle circonstance, ils ne sortaient le soir, ils ne dînaient en ville.

Hormis les heures de classe, le confrère laïque allait et venait plus librement. Il portait, je l'ai dit, la soutane. Mais on lui défendait de laisser paraître à ses manches des poignets de linge et de dentelle et d'orner son vêtement noir avec des boutons d'or ou d'argent : « Cela ne sied pas à la modestie cléricale. » On le lui défendait : et la défense même signale quelque élégance mondaine. Je ne crois pas que Joubert eût éprouvé de ces tentations. Néanmoins, il a toujours conseillé qu'on fût bien mis, considérant que les hommes assortissent inévitablement leurs manières à leur habit. Et, sans vaine parure, je le vois très attentif au bel aspect de sa soutane, très soigneux de sa personne et capable d'une juste coquetterie.

En tout cas, il sortait : et alors Toulouse l'enchantait par sa beauté rose. Il sortait de l'Esquille par la grande porte sculptée de Bachelier qui donne dans la rue du Taur, non loin de Saint-Sernin. Toulouse était gaie comme aujourd'hui, animée d'ardeur méridionale et fastueuse. Son parlement faisait sa gloire et sa richesse, son luxe. Les conseillers y menaient un magnifique train de vie opulente et intelligente. Il y avait de splendides fêtes, dans les hôtels que les arts, si bien florissants, avaient ornés; il y avait une société fort délicate et qui pratiquait à merveille les rites de la conversation française ; il y avait les grâces d'autrefois et de nouvelles libertés, mélange délicieux qui est le charme de l'ancien régime à son déclin, mélange périlleux et qui ne dura guère, mais qui est l'agrément des plaisirs menacés.

Qu'on se figure ce garçon de vingt ans, grave sans doute, mais aimable et qui a pour plaire, avec l'éducation parfaite qu'une mère charmante lui a donnée, de la lecture, de l'esprit, une âme facile et curieuse, une âme qui ne dédaigne rien encore de ce qu'elle voit, de ce qu'elle apprend, une âme hier enclose et que sa prime indépendance amuse.

N'est-ce pas alors qu'il s'éprit, et pour toute sa vie, de l'amitié des femmes ; d'une amitié, à leur égard, infiniment respectueuse et modeste, charmée et qui avait un peu l'émoi de l'amour, l'émoi, non la folie ?... Et n'est-ce point alors, dans une compagnie très fine, qu'il trouva et qu'il adopta, pour le reste de ses jours, ce ton de cérémonie assez galante et assez prude à la fois, ce ton bénin, d'une douceur quasi ecclésiastique, d'une gaieté soignée, d'une légèreté attentive, ce ton de badinage pensif et de rêverie obligeante?... Et n'est-ce point alors qu'il commença de gaspiller en causeries le trésor de ses idées, au lieu de l'enfermer dans des livres, et qu'il se mit à ne vouloir qu'être meilleur et plus exquis, au détriment de son travail d'écrivain?... Sans nulle fatuité, d'ailleurs, mais avec le désir de divertir et d'enchanter un petit nombre de personnes.

Une maison lui fut particulièrement accueillante, celle du baron de Falguière, qu'il avait connu à l'Esquille, et qui, un peu plus âgé que lui, s'étant marié, tenait un bel état.

Joubert, un jour, envoie à Mme de Falguière un gâteau de Savoie. Il a toujours aimé la bonhomie de tels présents. Et il avait en haute estime « ce mets aux plis doux et savants ». Mme de Chateaubriand, plus tard, le taquinera là-dessus et, à la veille de dîner chez les Joubert, écrira : « Pas de gâteau de Savoie, je vous prie. » En retour, elle promettra « du blanc manger », car Joubert affirmait sa prédilection d'une nourriture légère. Mme de Falguière avait, quant à elle, l'estomac faible; et Joubert ajoute à son léger gâteau ces petits vers, légers eux-mêmes :

C'est aux esprits sensés et fins
Que l'art doit offrir son ouvrage,
Et les douleurs sont l'apanage
Des estomacs pieux et saints.
On a porté dans ma célule
Ce mets aux plis doux et savans;
De le garder j'aurois scrupule.
On s'est mépris, je vous le rends.

Sa cellule : sa chambre de l'Esquille. Et n'est-il pas sur le point de tourner au petit poète un peu fade ; de tourner, avec sa soutane, au petit abbé qui donne aux dames de petits vers ; de mal tourner ?

Mme de Falguière s'appelait Anne. Or, un jour de Sainte-Anne, — c'est le 26 juillet ; et ce dut être en 1774 ou en 1775, — Joubert lui adressa ce compliment, mêlé de prose et de vers : « La première chose que j'ai faite, madame (votre grondeur de mari ne m'en croira pas) mais il est très certain que c'est une prière... » Ainsi, le jeune Joubert s'était un peu dissipé : son laïque ami le rappelait à la pratique de la dévotion... « c'est une prière, et même plus longue qu'à l'ordinaire, en faveur de sainte Anne ; c'est aujourd'hui sa fête, quoi que vous en disiez, et je vous envoie mes pièces justificatives. Je me suis donc adressé à votre sainte patronne et lui ai dit avec effusion de cœur :

O vous Sainte Anne Joachin,
Qu'en ce jour partout on révère,
Veuillez d'un visage serein
Accueillir mon humble prière.
Obtenez pour Anne Falguière,
Elle le mérite si bien,
La fleur d'une santé prospère ;
Il ne lui manquera plus rien
De ce qui peut la satisfaire ;
Vertu, santé font les heureux
Et, si son estomac digère,
Pour sa félicité plénière
Je n'ai plus à former de vœux. — *Amen.*

» Après cette courte et fervente prière, j'ai pensé qu'il faudroit aussi vous envoyer un bouquet ; mais nous n'avons ici que des fleurs de rhétorique. Ces fleurs, madame, sont comme le fard qui gâte le teint et cache les rides : qu'en pourriez-vous faire ?

Votre mérite sans parure
Est plus aimable et plus charmant :
Le vernis d'un faux ornement
Enlaidit la belle nature.

» Faute de bouquet, j'ai voulu faire un beau parallèle de vous et de sainte Anne, j'ai comparé pied à pied vos belles qualités et les siennes :

De part et d'autre le détail
Eût sans doute été long à faire,
Mais je ne plains pas mon travail
Quand je travaille pour vous plaire.

» Il s'est trouvé une petite difficulté à cela qui n'a pas laissé de me faire abandonner mon projet ; personne n'a su me dire quelles belles qualités distinguèrent votre patronne, quelles actions admirables elle fit.

Tous les auteurs ont sur ce point
Gardé le plus profond silence ;
Dans le monde on ne le sait point
Et voilà votre différence.

» Aussi permettez-moi, madame, d'être sans bouquet et sans compliment, votre [...] Joubert. »

C'est la plus ancienne lettre qu'on ait de Joubert ! Gentille, assurément, et dans sa manière déjà. Mais plus tard il saura mettre, sous la plaisanterie, plus de pensée ; sous l'amitié familière, plus de tendresse ; sous l'esprit, plus d'âme.

Puis il y a, vers la fin de la lettre, du libertinage : le jeune Doctrinaire s'est amusé. Le parallèle de sainte Anne et d'une dame que nous ne connaissons que pour son charme, évidemment, et ses douleurs d'estomac, ce parallèle qui ne tourne point à l'avantage de sainte Anne, si ce n'est pas une impiété, c'est un badinage assez libre. L'Écriture ne parle pas longuement de sainte Anne; elle atteste, en peu de mots, ses vertus. Mais sainte Anne était la mère de la sainte Vierge, à qui le règlement de la congrégation décernait un zèle privilégié. Confrère laïque des Pères de la Doctrine, Joubert ne devait-il pas réciter chaque jour l'office de la Vierge ou les *ave Maria* du chapelet?... Joubert s'éloigne de sa piété. En outre, avec sainte Marie, sainte Anne était la patronne d'une Marie-Anne Gontier, femme Joubert, bonne femme et pieuse, qui demeurait à Montignac-le-Comte, sur les bords de la Vézère. Joubert, qui s'éloigne de sa piété, n'oublie-t-il pas un peu cette autre piété, sa maman?...

En 1776, Joubert quitta décidément l'Esquille et les Doctrinaires. Je crois qu'il demeura, un peu de temps, chez ses amis de Falguière, à Toulouse et à la campagne. Sur un feuillet daté « 1776, chez Falguière », on lit ces lignes : « La parfaite innocence, c'est la parfaite ignorance. Elle n'est ni prudente ni défiante; on ne peut faire aucun fond sur elle : c'est une aimable qualité qu'on aime plus et qu'on révère presque autant que la vertu. » Sauf quelque hésitation de la forme, voilà déjà le tour des véritables pensées de Joubert, leur

[s]ubtilité ravissante. L'idée a des facettes qui, l'une après l'autre, brillent différemment. Ces facettes : les mots d'innocence, d'ignorance et de vertu. Elles passent vite ; leur jeu est joli. Mais ce n'est pas du tout la pensée d'un innocent, cette pensée qui distingue si bien l'ignorance et la vertu, cette pensée vertueuse et qui goûte, comme de loin, l'amabilité naïve de l'ignorance : on n'est plus naïf, quand on ressent les délices de la naïveté.

Joubert est, à cette époque, troublé. Peut-être son calme visage et la réserve habituelle de ses manières n'en trahissent-elles rien : il a toujours eu la discrète élégance et l'honnête principe de garder pour lui son émoi. Quand il écrit, à propos de sa mère : « Ma tendresse pour elle fut toujours, au milieu de mes innombrables passions, mon affection la plus vive et la plus entière », on est prêt à sourire de ces « innombrables passions », si l'on connaît peu Joubert, si on le connaît comme firent ceux qui le virent si poli, tranquille et affable. Mais il avait une âme toute pleine de passions qu'il y contenait et qui, enfermées, ne le tourmentaient que davantage.

Il souffrit, durant sa vingt-deuxième année, amèrement et, si je ne me trompe, dans un très pénible désordre du cœur et de l'esprit. Mme Joubert lui écrivait. Elle employait les arguments de la religion et elle avertissait l'enfant prodigue. Elle employait aussi les tyranniques arguments de la tendresse ; et la tendresse du fils lui répondait avec des larmes. Ce sont les drames secrets de la famille, les misères du sentiment le plus intime. C'est le malentendu éternel des mères et des fils, qui ont l'âme pareille, non la chair et l'esprit. Sans doute se révéla-t-il avec plus de vivacité à cette époque où la philosophie toucha d'abord les jeunes hommes, et les démoralisa, — je veux dire les lança dans les hasards nouveaux, — quand leurs mères n'avaient pas bougé de l'ancienne coutume. Le petit Joubert de vingt-deux ans nous apparaît comme l'un des premiers de ces garçons qu'une aube mauvaise éclaira et sépara de leurs entours. Il a devant lui toute une longue postérité aimante et cruelle.

Joseph Joubert revint à Montignac-le-Comte, petite ville qui le tenait bien et qui mit deux années encore à le laisser partir, petite ville où étaient sa mère et sa maison.

Il arriva tout alarmé, sa tête lui chantant des chimères ; il arriva pour de la joie et de l'ennui. La quiétude n'est pas douce très vite au fol qui vient de l'aventure.

Et il était fort désœuvré. N'eut-il point à subir les reproches du maître-chirurgien, qui avait compté l'établir dans la magistrature ou le barreau, qui avait voulu ranger là une intelligence peu docile aux protocoles d'une bonne bourgeoisie ? N'eut-il point surtout à subir les regards tristes de sa mère ? Il n'avait pas eu envie de rendre la justice ou de la réclamer ; et sa velléité religieuse était tombée en peu de temps.

Que ferait-il, lui l'aîné, de qui l'on attendait la plus belle réussite ? Et, quant à lui, que ferait-il au jour le jour, dans la petite ville qui avait l'air de ne plus être la même pour lui, quand lui seul n'était plus le même ? dans la petite ville qui le déconcertait, avec son extrême silence et la paix de ses rues ? dans la petite ville qui, s'étant bien passée de lui, avait cicatrisé son absence et le recevait comme un étranger ?

Il ne trouvait de place que parmi les siens, dans sa famille où il languissait. De ses frères, je ne sais où était Beauregard, pour étudier la médecine ; Élie, à quatorze ans, était aux Doctrinaires de Brive ; et le petit Arnaud de neuf ans allait chez le nouveau maître d'école. Catherine approchait du jour où elle coifferait sa sainte patronne : Marie avait dix-neuf ans ; Louise dix-sept, et la cadette, Marie, se préparait, en étant sage, aux puérils devoirs de l'âge de raison. La parenté, le voisinage, tout avait grandi ou vieilli.

Montignac, après Toulouse, lui offre peu de conversation. Il est entouré de personnes très bonnes et qui ne comprennent pas beaucoup ses volontés originales. C'est la solitude dans la tendresse.

Un jour que la tension de sa vie mentale se relâche, il commence, pour ses amis de Falguière, un petit poème frivole :

> Des bords fleuris de la Vézère
> Aux rives fertiles du Tarn,
> Ma muse, d'une aile légère,
> Prend son essor, s'envole et part.
> La tendre amitié l'y rappelle :
> A ses accens...

Et il ne continue pas : cette frivolité ne l'amuse pas, désormais. Il est occupé de durs tracas. Cependant, il travaille et il écrit. Il esquisse un petit roman ; — un roman, c'est trop dire : — un court récit dont on n'a que les premières lignes.

Le feuillet, du reste, n'est pas daté. Mais il me semble trouver là des signes de jeunesse. Puis le paysage est celui de Montignac, de la Vézère et de l'Arzème. La nonchalance de la plume et son habileté lente sont assez bien de qui a, quelque temps, cessé d'écrire et s'y remet. Surtout le ton des phrases marque l'attendrissement qu'éprouve un jeune homme sensible, à rentrer chez soi, dans l'horizon natal qu'il découvre à la faveur de l'absence et du retour. Latapie, l'inspecteur des manufactures, qui a vu Joseph Joubert à cette époque-là, note qu'il était fort curieux de son pays où, disait-il, les mœurs périgourdines se conservaient mieux, avec leur singularité, que dans le reste de la Guyenne. Il aimait les chansons populaires; et il observait que celles des laboureurs étaient lentes et pesantes, celles des mariniers plus gaies, celles des bergers plus tendres.

Voici le petit roman : « Il y a trois choses dans mon païs que le temps seul y blanchit : le lin, le chanvre et les cheveux... » On voit encore, aux bords de la Vézère, de grands champs où pousse le chanvre et des prés de lin aux fleurettes bleues qui se fanent; les brins, qui sèchent au soleil, blanchissent. Autrefois, à Montignac et dans les environs, il y avait des fabriques de fil et de toile. Et, sur les tempes de sa mère, Joubert avait aperçu les cheveux qui devenaient blancs... « C'est à son vêtement de toile blanche que le jeune solitaire reconnoissoit depuis cinq ans chaque matin une jeune fille sur le sommet éloigné de l'Arzéem. Les yeux accoutumés aux grands intervalles apervoivent au loin : et le regard de l'homme est plus perçant quand il considère une femme. Il y a trois mille de distance entre l'Arzéem et le monastère. Le monastère étoit debout sur la pointe d'une colline. On y monte encore par trente chemins, monumens de cent mille orages. Tous ont été creusés par des ravins. C'est le lit des torrens où l'homme pose le pié aussitôt que les torrens ont passé, en coulant du haut du ciel sur la colline, de la colline dans la plaine et de la plaine dans l'Avezer et de l'Avezer dans l'Océan. — O vous que je vais célébrer et dont je ne sçais pas même les noms, je ne vous en donnerai pas, jeunes amans! Qui pourroit souffrir le changement du nom de son amant et qui pourroit souffrir le changement du nom de son amante ?... Aïons pour les morts cette pitié de ne rien faire de ce qui eût pu les affliger s'ils eussent pu le prévoir. Mille fois on m'a raconté cette histoire dans mon enfance ; mais jamais ni les épousées ni leurs mères ou leurs vénérables aïeules (car ces récits étoient les récits des femmes : jamais les jeunes filles n'en firent dans ma patrie et les hommes n'en firent jamais de semblables), jamais, dis-je, aucunes d'elles ne donèrent de noms aux deux amans... » C'est une légende de son pays que Joubert a prise pour sujet de ce conte inachevé. La légende, je l'ai cherchée en vain dans les livres et, à Montignac, dans le bavardage des bonnes gens qui volontiers commencent : — Nos anciens disaient...

La légende est-elle perdue ? D'autres ont duré ; des légendes d'amour et de châteaux : celle d'Alice de Sauvebœuf, amoureuse d'un troubadour et qui, plutôt que d'épouser le châtelain de Losse, se jette dans la Vézère, au jour fixé pour son mariage ; celle de Bertrand de Born, qui aimait la belle Maënz, châtelaine de Montignac ; et beaucoup d'autres. Je n'ai pas trouvé celle du moinillon qui s'est épris d'une petite paysanne. Peut-être, au surplus, Joubert l'avait-il inventée ou composée complaisamment de souvenirs et d'imagination. D'ailleurs. à peine l'a-t-il indiquée, dans ce court préambule. Je ne crois pas qu'il l'ait inventée.

Cette esquisse abandonnée d'un petit conte prouve le souci de littérature qu'avait alors Joubert. Son pays natal lui était devenu, par l'effet de l'absence, très pittoresque ; l'horizon familier divertit les yeux qui, s'étant éloignés, le regardent à leur retour, après qu'ils se sont dépaysés : et Joubert essaya d'une littérature (si l'on peut ainsi parler) natale. Mais il ne renonçait pas à la philosophie. Au revers du feuillet sur lequel est écrite la première moitié de cette esquisse, il y a les notes qu'il prenait en lisant le *Traité de la nature humaine*, de Thomas Hobbes

Assurément, Joubert travaille. Mais que fait-il ? Sans doute avait-il déjà le goût d'acquérir avec ardeur des connaissances nouvelles et, acquises, de les élaborer avec soin : ayant ramassé ce que les livres lui offraient, il se retirait tout seul avec son butin ; il examinait ses belles emplettes, les rangeait et connaissait enfin sa richesse de faits et d'idées.

Mais l'avenir ?... Il n'y songeait pas : telle était son imprévoyance de jeune idéologue. Il ne songeait pas à un métier : il n'avait cure, véritablement, que de son esprit à cultiver. Voilà de quoi mettre en colère le chirurgien qui a peiné pour ses enfants, et pour l'aîné plus que pour les autres; et voilà de quoi mettre en tourment la pauvre Mme Joubert. Elle, nous le savons; le chirurgien, je le suppose : Joubert ne parle pas de son père, dans les papiers qu'on a gardés de lui. Mais, dans ce brouillon de 1799 que j'ai cité, il dit de sa mère : « Ma jeunesse fut plus pénible pour elle... » Plus pénible que son enfance... « Elle me trouva si grand dans mes sentiments, si éloigné de toutes les routes ordinaires de la fortune, si net de toutes les petites passions qui la font chercher, si hardi à espérer, si intrépide dans mes espérances, si dédaigneux de prévoir, si négligent à me précautionner, si inflexible dans mes plans, si prompt à donner, si inhabile à acquérir, si juste en un mot et si peu prudent... » Il parle ainsi, longtemps après, du jeune homme qu'il a été. Il note les propos de sa mère. Il a quarante-cinq ans. Il évoque ce jeune homme ainsi qu'un étranger qui, tout de même, était lui; et il retourne à ses origines mentales avec un poignant plaisir. S'il mentionne ses vertus, sans nul embarras, on peut s'en étonner un instant. Plus tard encore, en 1804, se souvenant de sa rencontre avec Pauline de Beaumont, il écrira, — et à Molé : — « Nous nous étions liés, dans un temps où elle et moi nous étions bien près d'être parfaits. » Il n'a jamais été modeste, selon la modestie habituelle, qui est un tour de langage. Il était curieux de lui et de sa vérité, quitte à ne pas s'enorgueillir et cela par gentillesse de l'esprit.

Mme Joubert, quand il revint à Montignac et se

montra tel qu'il le dit, l'admira : toutes les qualités qu'il relève en lui, elle les voyait ; et elle les voyait telles qu'il les dit. Mais aussi, et comme il est naturel, « l'avenir l'inquiéta ». Joubert ajoute : « Mes vertus la firent trembler ; elles paroissoient déplacées. » On devine la justesse de son souvenir : à Montignac, il apparut comme un garçon fort singulier, trop différent de tous les autres et, pour la mère la plus tendre, admirable, oui, mais déconcertant.

A vingt-deux ans, il avait déjà ce désir qu'il ne perdra pas et qui a conduit toute son existence et qui l'a embellie et qui, en apparence, l'a stérilisée, l'unique désir de la suprématie morale. Il écrira : « Excelle et tu vivras. » Entendons-le : il n'admet de vie que dans l'excellence et par elle. Toutes ses journées, il les a ensuite consacrées à une sorte d'émulation qu'il avait organisée entre lui et lui-même, non pas entre lui et les autres. Il ne convoite pas l'assentiment de son prochain. C'est à l'égard de lui qu'il cherche la perfection.

Il dédiera tout son effort à un idéal caché.

Un tel vœu isole un être. On n'a pas de camarades pour une entreprise de ce genre ; et la perfection, lorsqu'on l'a conçue de cette manière, est la sœur de la solitude. Joubert, tout au long de sa vie, je le vois un peu comme les personnages des anciens tableaux religieux. Chacun d'eux a les yeux levés vers le ciel ; et il est enclos dans sa piété : il a autour de lui les autres et il ne les voit pas. Entre eux, nul échange ; leurs prières sont parallèles et ne se joignent qu'à l'infini : à l'infini, en Dieu, dans un idéal qui les sépare avant de les unir.

Une telle idée de la vie écarte qui l'a une fois adoptée de cette activité nombreuse qui ordinairement compose l'étoffe d'une existence. Le jeune Joubert, qui ne rêve que d'être parfait, agit avec imprudence. Ses parents l'avertissent ; mais ils n'obtiendront de lui rien du tout. Vieux, ses amis le presseront d'achever son œuvre et de la publier; il sourira de tant de hâte et répondra : « Quand je serai grand ! »[20] Il n'aura pas imprimé un volume ; il n'aura pas fait de carrière. Il sera, pendant quelques années, par l'amitié de Fontanes et presque par hasard, inspecteur général et conseiller de l'université impériale ; puis, au lendemain du jour où les Bourbons revenus l'auront mis à pied, il inscrira sur son carnet : « Premier jour de la liberté recouvrée. » Et il continuera, plus tranquillement, de lire saint François de Sales, qui est la lecture où il cherche alors ses parures mentales. Il n'aura plus d'autre tâche que celle qui l'a sans relâche requis : le soin de la beauté intérieure.

A cet époque tardive de son âge, il observait assidûment la règle qui s'impose à tout homme singulier : c'est (dit à peu près Renan) de se faire pardonner sa singularité à force de simplicité, de ménagements et de bonhomie ; il pratiquait la bonhomie comme une vertu sociale.

Mais, à vingt ans, on n'en est pas là. Et, le jeune Joubert, il faut nous le figurer plus cassant, plus vif en son propos, plus fier de sa volonté, peu accommodant.

Bref, dans les derniers temps qu'il passa parmi les siens, à Montignac, n'y eut-il pas quelques scènes où il se montra sublime avec une excessive impétuosité? Un jour, ses parents lui reprochaient sa générosité prodigue. Il répondit — et, assure-t-il, en propres termes — « qu'il ne vouloit pas que l'âme d'aucune espèce d'hommes eût de la supériorité sur la sienne ; que c'étoit bien assez que les riches eussent par-dessus lui les avantages de la richesse, mais que certes ils n'auroient pas ceux de la générosité ». Il disait « les riches », sur un ton que l'on devine ; et c'est déjà l'accent des revendications : mais, lui, sa revendication tourne ailleurs que vers la richesse.

Il ne faut douter aucunement de l'épisode. Joubert est scrupuleux avec minutie ; il l'est toujours et, quand il consigna les récits maternels, en 1799, il subissait pieusement le charme de cette renaissance où, par un sortilège de la mémoire, sa mère était de nouveau jeune et lui presque enfant. Puis ce jeune homme qui n'a pas d'autre désir que d'être — et de le savoir — plus généreux que les riches est bien le même qui, ensuite, n'accomplissant pas de hauts faits, se réjouira de se sentir (et peu lui importe qu'on l'ignore) meilleur que les héros et, ne publiant pas de livres, se contentera (mais avec une satisfaction délicieuse) d'éprouver qu'il invente des idées et ordonne des phrases telles que d'autres n'en font pas.

Moins la douceur et moins les façons très conciliantes auxquelles vous engagent les jours après les jours, il est déjà ce qu'il sera.

La scène que sa générosité amena et dans laquelle, s'il avait raison, ses parents n'avaient pas tort, précède de peu son départ de Montignac. Elle en fut peut-être l'occasion ; elle fut l'un des signes du malaise et de la juvénile impatience qu'il éprouvait depuis deux années dans cette petite ville, trop petite (il se le figurait) pour l'ambition de son âme.

A la date de 1775, il a écrit : « L'accent et le caractère national ont un rapport naturel. La manière de s'exprimer diffère selon le caractère. Il en est de même de la manière de prononcer. » Le jeune Périgourdin s'est récemment aperçu de l'accent de sa province ; et il s'est aperçu de sa province. Il a le sentiment des particularités locales. Et il va se lancer à la recherche de l'absolu.

Or, l'absolu, — mettons les choses au point où les voit un jeune provincial féru d'idéologie, — l'absolu est, en quelque sorte, à Paris : à Paris, indemne des particularités locales ; à Paris où des philosophes, qui se sont affranchis de toutes servitudes spirituelles, suivent uniquement l'universelle raison, laquelle plane au-dessus des nations et des villages sans connaître leurs différences, et laquelle n'a ni patois ni accent.

Joseph Joubert, en 1775 et jusqu'à son exode parisien, est livré à cette erreur,. la même qui, pendant la Renaissance, menait en Italie, à Rome où ils se perdaient, les peintres adolescents de chez nous, de Flandre et d'Allemagne. Il se repentit et fut, en sa maturité, le maître de l'autre idée, vraie et féconde, qui recommande au sage de vivre dans le coin où la destinée l'a mis, de s'y enfermer, comme une graine dans le sol qui lui convient : et la fleur s'épanouira, la seule qu'on pût attendre.

Le 5 mai 1778, François de Paule Latapie, qui a logé chez le sieur Joubert, écrit : « Son fils est un jeune homme qui a de l'esprit, de la littérature et du ressort. Il part pour Paris, dans le dessein d'y faire fortune ; il serait très possible qu'il réussît, s'il se livrait à quelque profession lucrative ». Il y a là un doute ; et François de Paule Latapie n'est pas bête, qui, ayant vu un jour seulement ce jeune homme intelligent et chimérique, se demande si, pour faire fortune, il aura soin de prendre une profession lucrative.

Joubert, après avoir conté ce que j'ai résumé, dont sa mère eut beaucoup de peine, ajoute : « Elle me vit partir dans ces sentimens. Et, depuis que je l'eus quittée, je ne me livrai qu'à des occupations qui ressemblent à l'oisiveté et dont elle ne connoissoit ni le but ni l'espèce. Elles m'ont procuré quelquefois des témoignages d'estime, des possibilités d'élévation, des hommages et des suffrages... » La phrase s'arrête là. Il allait dire qu'à tout cela sa mère ne pouvait rien comprendre et qu'elle n'a pas eu la consolation de savoir approuvé par d'autres son fils étonnant. Il ne le dit pas. Il a regardé sa mère, vieille maintenant, très vieille ; et il note : « Dans tous les changemens qui se sont faits sur son visage, on voit évidemment les traits d'une âme qui a souffert. » [21] Il aperçoit et il démêle avec désespoir la souffrance qui vient de lui.

Mais ne devançons pas le temps. A vingt-quatre ans, au mois de mai 1778, il partit pour Paris. Il s'en alla, un jour, avec la désinvolture qu'ont, pour quitter la maison paternelle, les jeunes fols ntés par les routes, les jeunes saints déjà marqués du signe céleste. Peu d'années avant sa mort, au souvenir de ces événements, il s'excusera : « En Périgord, rien n'est spacieux... » Il ne pouvait plus se confiner dans le paysage de son enfance ; il réclamait de l'espace. L'enfant doux était devenu un jeune homme très décidé.

Il partit. Et sa mère pleurait.

Beaucoup plus tard, après la mort de Joubert, on a trouvé, parmi les objets qu'il avait toujours auprès de lui, un petit paquet. C'est un ruban, d'un bleu pâle, un peu passé, un ruban de faille, bordé d'un picot, roulé soigneusement et entouré d'une bande de papier sur laquelle le fils pieux et tendre a écrit ces mots : « Serre-tête de maman. »

CHAPITRE II

L'ARRIVÉE A PARIS. — JOUBERT ET DIDEROT

Le jeune Joubert de vingt-quatre ans arrive à Paris, vers le mois de mai, en 1778. C'est l'année que moururent Voltaire et Jean-Jacques. Et c'est l'époque où, obscurément, la révolution se prépare. Les philosophes ont travaillé ; le stock d'idées sur lequel vivront les orateurs est maintenant prêt. Le mécontentement, qui grandit de jour en jour, se manifeste avec une audace déjà effrontée. Mais il y a, dans ses démonstrations les plus impertinentes, quelque chose de léger, de badin, qui empêche qu'on devine les catastrophes. Aux murs du vieil édifice français, les observateurs les mieux attentifs aperçoivent des fissures; et ils ont entendu aussi des craquements. Ils se promettent de conjurer le péril au moyen de réparations, pour lesquelles ils ne manquent ni d'ingéniosité ni d'entrain. Après Malesherbes et Turgot, Necker a de l'assiduité.

Un jeune roi de vingt-quatre ans, lettré, indécis, un peu mol, un peu obèse, comme Hamlet, avait succédé à Louis le Bien-Aimé : il ambitionnait le surnom de Louis le Sévère. Il possédait une âme génue, un cœur sensible et autant de bonnes tentions qu'il en faut pour être un excellent roi ns un siècle heureux, mais non dans des connctures qui réclamaient du génie. Il se montrait, avec un jugement droit, merveilleusement incapable d'agir ; ainsi, sa volonté honnête ne donnait quasi rien. La reine, auprès de lui, était l'activité même, sans jugement. Les qualités du gouvernement, assez complètes dans le ménage royal, ne se réunissaient pas, le ménage étant d'ailleurs assorti imparfaitement. Tout allait mal et, avec rapidité, très mal ; cependant, on était gai, distrait. Joubert a noté, plus tard, que dès ce temps le monde était devenu fou. Le sut-il remarquer dès son arrivée à Paris ? Non, sans doute. Comment, petit provincial qui descend du coche dans un monde nouveau, se fût-il occupé d'un autre soin que de s'établir là sans trop de maladresse ?

Je ne sais si on lui avait ménagé à Paris un accueil, des relations, s'il était présenté à des bourgeois, à des gens de lettres, par ses amis de Toulouse peut-être, ou par l'honnête Latapie. Il s'installa probablement à l'hôtel, dans une chambre garnie, assez peu garnie, très modeste ; car tel était encore, au bout de quelques années, son domicile. Fontanes, en 1785 et jusqu'en 1787, lui écrit à l'hôtel de Bordeaux, chez Mme Renaud, rue des Francs-Bourgeois. Mais il y avait trois rues des Francs-Bourgeois — on appelait francs-bourgeois ces espèces de pauvres honteux (honteux en paroles, en pratique non) qui ne mendient pas avec cynisme ou loyauté et vous apitoient, pour de l'argent qu'ils ne vous rendront jamais ; — bref, il y avait une rue des Tapeurs au Marais, comme aujourd'hui, une autre dans le quartier Saint-Victor, une autre faubourg Saint-Germain : et c'est ici que Joubert demeura, au « Petit hôtel de Bordeaux ». Fontanes, sur l'adresse, indique tantôt « faux bourg Saint-Germain », tantôt « près du Luxembourg », et tantôt « près de la place Saint-Michel ». La place Saint-Michel n'était pas située où nous la connaissons, près du pont Saint-Michel, mais beaucoup plus haut, en montant la rue de la Harpe, laquelle avait à peu près la direction de notre boulevard Saint-Michel. La courte rue des Francs-Bourgeois se trouvait à l'angle du jardin du Luxembourg ; la rue Monsieur-le-Prince la continuait.

C'était, en somme, sur la rive gauche, le Pays latin, tout à côté de la Sorbonne. Les gens élégants et riches, les financiers, les femmes à la mode, demeuraient au Palais-Royal ou dans le faubourg Saint-Honoré. Le Marais, dans ses beaux hôtels, abritait une société moins jeune et remuante, un peu austère, un peu chagrine et que Sébastien Mercier, dans son *Tableau de Paris*, déclare « extrêmement Louis XIII » : mettons, Louis XIV ; mais on est gaillard à pousser loin dans le passé ce qui fait mine de vieillir. La rive gauche était, en général, assez pauvre. Le Pays latin, cependant, y avait une belle renommée ancienne et toujours rajeunie par l'afflux des adolescents. On y voyait aller et venir les sorbonnistes en soutane, les précepteurs à rabat, les écoliers, les étudiants et, en outre, les philosophes. Diderot demeurait aux environs, dans son logis de la rue Taranne, vers Saint-Germain-des-Prés.

Il faut imaginer l'arrivée à Paris de ce provincial qui jusque-là ne connaissait que Montignac sur la Vézère et Toulouse ; et il faut placer son étonnement, son émoi dans le Paris d'alors, que les philosophes appellent la nouvelle Athènes et qui d'abord est une ville de tumulte. Que de vacarme, après le silence du village qu'il a quitté ! Des rues bordées de maisons hautes, très hautes ; des rues étroites et où n'entre guère le soleil : une ville qui cache tous les aspects de la nature et où l'on ne voit rien que de bâti, de fabriqué. Des cris : ceux des marchands et le « gare, gare ! » des voitures, carrosses, cabriolets, fiacres délabrés, et les diables, les vinaigrières. Il n'y a pas de trottoirs ; on s'en plaint : on sait qu'il y a des trottoirs à Londres. Le danger, pour tout le monde et principalement pour le frais débarqué, c'est la bousculade et c'est l'écrasement. Les accidents de la rue sont fort nombreux. Louis XV disait : « Si j'étais lieutenant de police, je supprimerais les cabriolets ! » Seulement, il n'était que roi de France. On a laissé, la population croissant, augmenter les fameux embarras de Paris ; et il n'est pas facile aux piétons de circuler. Les jours de pluie sont redoutables, à cause des cascades que lancent les gouttières, à cause des ruisseaux qui, longeant le milieu des rues, se gonflent comme des torrents et à cause de la boue, singulièrement épaisse et abondante sur la rive gauche, où les rues ne sont guère pavées. Il est indispensable qu'on manœuvre et qu'on saute, avec une exquise habileté, sur la pointe des pieds, si l'on veut préserver des avanies les plus fâcheuses son habit noir ou de couleur et, tourment de toutes les minutes, ses bas blancs. On n'est pas riche, on épargne la dépense d'un véhicule, on va dans le monde : et l'on est un poète crotté. Les mouches que portent au visage les jolies dames, ou bien au col ou sur le sein, comment ne pas les avoir au mollet, petites taches étoilées ?... Il y a les décrotteurs : mais à peine vient on de s'éloigner d'eux, on aurait besoin d'eux. Et il y a, pour les passages les plus incommodes, les bonnes gens qui, d'un bord à l'autre du ruisseau, vous tendent un pont de planches, monté sur des roulettes ; mais, à l'approche d'une guimbarde, le pont se retire et vous avez tout à craindre. Afin d'être plus leste, parmi tant de problèmes à résoudre, on ne porte plus guère l'épée : on a, de préférence, la canne à la main, pour se procurer de place en place un point d'appui. Les hommes prennent et conserveront une allure sautillante, qui est remarquable, comique, un peu ridicule, sur les gravures de l'époque. Joubert, si soigneux et calme !...

Le soir, la ville est peu éclairée. Cependant, on a récemment substitué aux insuffisantes lanternes l'heureuse innovation des réverbères à l'huile de tripes. Mais on accroche ces réverbères au milieu des rues : ils vous éblouissent et laissent derrière eux une longue obscurité. Puis, les nuits de lune, on fait l'économie de ne pas les allumer. Quand on les allume, on n'y met point assez d'huile ; de sorte que, sur les neuf ou dix heures, ils s'éteignent. Du reste, les Parisiens soupent de plus en plus tard, à neuf heures et demie, à dix heures : ils ont dîné à deux ou trois heures de l'après-midi. La rentrée au Petit hôtel de Bordeaux n'est pas facile ; et souet il faut recourir à l'aide de ces galopins qui proposent « les falots, les falots ! » et qui vous accompagneront jusque chez vous, jusqu'à votre chambre et vous allumeront votre bougie ou votre chandelle. Sur les places et aux carrefours, la nuit, vous vous méfiez de ces fantômes noirs et immobiles, les grands parapluies repliés qui, le jour, abritent sous leur toile cirée les marchands de fruits, de légumes, de vieilles hardes, les débitants de café au lait.

Il y a, dans l'histoire des grandes villes, des moments où elles sont trop pleines : on les élargira ; provisoirement, elles contiennent mal leur population, leur agitation. Tel est Paris, à la veille des années révolutionnaires.

Joseph Joubert, tout juste arrivé de Montignac, je me le figure qui volontiers cherche son refuge, tout près de chez lui, dans le tranquille et beau jardin du Luxembourg, asile de méditation, d'honnête loisir. La vogue est au Palais-Royal, mais la sagesse au Luxembourg : la sagesse et le silence, les jeunes hommes graves, les familles bourgeoises, les filles pudiques, non les « Laïs parjures », les amants infortunés qui se divertissent aux pages de l'*Héloïse*, les poètes qui rêvent sous les marronniers, les ecclésiastiques penchés sur le bréviaire.

Mais ne composons pas un Joseph Joubert pusillanime et retiré. Il est, dans sa jeunesse, très curieux : et Paris l'amuse. Sans doute se fait-il, dans son quartier Saint-Germain, où il case ses habitudes, une ville provinciale : il ne s'y enferme pas. En plein jour et par le beau temps, Paris est charmant, l'aguiche et le distrait : Joubert, venant de son Périgord, est sensible au pittoresque de ce Paris, comme nous en regardant les estampes anciennes.

On bâtit beaucoup : les maçons limousins ne manquent pas d'ouvrage. Dans les quartiers neufs, ils édifient de somptueux hôtels en pierre de taille. Sur la rive gauche, le plâtre domine, le plâtre d'abord si blanc, sale et noir bientôt. Les rues populaires ont leurs concerts en plein vent, vielleux, joueurs d'orgue et chansonniers qui, par permission de Monseigneur le lieutenant général de la police, débitent des complaintes religieuses ou des couplets alertes, touchant le libertinage, la bonne chère et les appas de Margot. La matinée est aux perruquiers, dits merlans à cause de la poudre dont ils sont couverts comme d'une farine. Ils se dépêchent, courent et vont poudrer les gens, à domicile. On porte de moins en moins la perruque ; mais on se poudre les cheveux. Joubert aussi : ses papiers notent, plus d'une fois, la dépense qu'il a dû faire à ce propos ; et on le frisait, assurément. Les femmes, dans l'incertitude, avaient renoncé à être blondes ou brunes : elles étaient rousses, par choix. De très bonne heure, et même avant les allées et venues des merlans, circulaient en grande hâte les boulangers de Gonesse et les porteurs d'eau.

Les berges de la Seine étaient fort animées. Seulement, des ponts, on ne voyait pas le fleuve, des échoppes et de minces maisons se dressant, au lieu de parapets, à droite et à gauche. Passé les ponts, Joseph Joubert allait aux boulevards, rendez-vous de la gaieté la meilleure et la plus gentiment parisienne. La flânerie le menait au café, où se réunistaient les joueurs d'échecs silencieux et, auprès d'eux, ces grands bavards, les nouvellistes. Il flânait ; et il goûtait le plaisir amer et doux d'être seul, étrangement seul, dans une foule désordonnée et remuante. Il songeait à la petite ville où Marie-Anne Joubert était restée ; et, si parfois un peu d'attendrissement, de regret lui montait au cœur et aux yeux, il se disait qu'au bout du compte il avait bien agi en établissant sa jeune philosophie dans la véritable patrie du philosophe. Car il cédait à la crédulité de son âge.

Son premier soin fut de voir les philosophes : il avait quitté pour eux Montignac. Seulement, il arrivait trop tard pour connaître les deux plus illustres, ceux qui de loin l'avaient le plus tenté, les deux émules d'une gloire prodigieuse, pourvus dès leur vivant de leur immortalité, à demi légendaires déjà et, semblait-il, les deux pôles de la pensée humaine entre lesquels l'esprit des autres hommes pouvait se mouvoir : le pessimiste admirablement gai, Voltaire souriant, très opulent et satisfait, et l'optimiste au désespoir, Jean-Jacques toujours déçu et plus malheureux qu'Héraclite.

Or, Voltaire venait de succomber à un excès de joie. Du mois de février à la fin de mai, Paris n'avait été occupé que de l'apothéose du petit octogénaire malicieux. Il l'avait comblé de ses faveurs, il l'en avait enivré. Dans les salons du marquis de Villette, à l'Académie, au Théâtre Français et partout où il était possible que se transportât, fût-ce avec imprudence, le fragile vieillard tout décharné, tout en os légers et en flamme spirituelle, cérémonies et fêtes, protocoles de déférence et d'amour, panégyriques et couronnements parurent ne pas lui laisser le temps de mourir. On applaudissait à la fois l'auteur d'*Irène* et l'apologiste de Calas et l'on réveillait tous les éléments épars de sa renommée. L'enthousiasme allait à ses idées les plus diverses et, pêle-mêle, aux subversives comme aux rassurantes. Cela faisait un ensemble extraordinaire de magnificence où disparaissait, ainsi que les taches dans le rayonnement du soleil, le souvenir des anecdotes tatillonnes, des menus péchés et des bastonnades. Le roi montrait de la mauvaise humeur : on ne prenait pas garde à lui. Une Mme de Gisors, avec ses mines scandalisées, qui réclamait au nom de la religion, vous avait l'air d'une toquée. Les gens les moins prompts aux nouveautés oubliaient de redouter la révolution voltairienne ; il y eut, dans le délire général, une sorte de sérénité comique et belle. Cependant, le héros mince et alerte portait gentiment son auréole, multipliait les grâces, les amabilités, affichait assez de modestie pour plaire aux jaloux même et aux ombrageux, et assez d'orgueil pour ne se pas diminuer aux yeux des sots ; et il était ravissant de bonhomie. Il mourut, dans la nuit du 30 au 31 mai ; il entra dans son éternité, pimpant et superbe. Joubert ne l'avait pas vu. Fontanes, qui sera bientôt l'ami de Joubert, l'avait aperçu des lauriers aux tempes, invoqué par Mlle Vestris, à la représentation d'*Irène*. Plus tard, Joubert détestera Voltaire, l'appellera un farfadet ou un singe. Mais, en le détestant, il avouera qu'il ne se délivre pas de lui facilement ; et, avant de le détester, il subira longtemps le prestige du grand séducteur. Il en aura l'attention sans cesse tracassée. Il sera de ceux qui, « le lisant tous les jours, s'imposent à eux-mêmes et d'une invincible manière la nécessité de l'aimer », jusqu'au moment où, « ne le lisant plus » et « observant les influences que son esprit a répandues », il se fera « un acte d'équité, une obligation rigoureuse et un devoir de le haïr ». Au printemps de l'année 1778, féru encore de ses chimères idéologiques, il ne l'eût point haï, mais admiré, mais adoré, quitte à se repentir de sa jeune naïveté ensuite.

Jean-Jacques, moins habile, moins curieux de la bienveillance publique, achevait sa triste vie à la campagne, non loin de Paris où il venait quelquefois... Fontanes, arrivé une année avant Joubert, se promenait un jour avec Ducis, gros homme simple et bon, doué de puissance tragique et inégal à ses rivaux : mais il avait choisi, pour ses rivaux, Sophocle et Shakespeare ; tant de hardiesse ne l'intimidait pas beaucoup et il vivait dans le sublime avec une agréable familiarité. Ducis était l'ami de Thomas, écrivain d'un rare talent, si démodé ; Thomas disait à l'auteur d'*Abufar* : « Ducis, vous serez le poète de la nature ! » Les contemporains le crurent ainsi. Par nature, on entendait les prés, les vallons, la rusticité, puis la vérité du cœur humain. Nous ne voyons plus très bien la nature, dans l'œuvre de Ducis ; et il n'est rien de plus aléatoire que la nature. Mais Ducis, pour être en effet le poète que Thomas avait prédit, ne se guindait pas et se fiait à son génie. Enfin Ducis et Fontanes rencontrèrent Jean-Jacques, bien morose et farouche. Ducis le connaissait, l'aborda, sut (dit Sainte-Beuve) l'apprivoiser et, par les tours de son aménité, le persuada d'entrer, avec Fontanes et lui, chez le restaurateur. Ils dînèrent et, après le dîner, Ducis récita quelques passages de son *Œdipe chez Admète*. L'aveugle s'adresse aux dieux, en un langage un peu ampoulé, assez beau ; il leur dit qu'à leurs coups il a gémi, certes, non murmuré...

> C'est un de vos bienfaits que, né pour la douleur,
> Je n'aie au moins jamais profané mon malheur !

Jean-Jacques était resté jusque-là très sombre et silencieux. Il se leva, sauta au cou de Ducis et, d'une voix solennelle, déclara : « Ducis, je vous aime ! » Œdipe lui rappelait Jean-Jacques et l'attendrissait... Chez le marquis de Girardin, dans son pavillon d'Ermenonville, auprès de Thérèse Levasseur, indigne et qui peut-être l'assassina, il endurait lugubrement sa destinée. Il se purifiait par les chagrins, se tourmentait et compliquait le problème de sa difficile patience. Thérèse, il l'avait confondue jadis avec la nature : la nature le houspillait vilainement et lui flétrissait plus d'un rêve. Il mourut le 2 juillet. On célébra ses louanges ; sa mort fut déplorée de tous les penseurs et de toutes les âmes sensibles : mais elle ne fit pas, comme la mort de Voltaire, événement parisien. Il fallut la révolution pour ranimer et pour amener à Paris ce cadavre d'Ermenonville... Joubert n'avait pas vu le Genevois. Il lui reprochera d'avoir donné « de l'importance, du sérieux, de la hauteur et de la dignité aux passions » ; il le lui reprochera, quand il aura composé pour son usage quotidien cette philosophie du repos, qu'il voulait qu'on eût « en amour et vénération ». Mais, à vingt-quatre ans, il ne songeait pas encore au sage apaisement du cœur. Je conjecture qu'il pleura Jean-Jacques et regretta d'avoir langui trop longtemps à Montignac en Périgord.

Voltaire mort, et puis Rousseau, quelle péripétie dans le drame, d'ailleurs mêlé de comédie, — dans le drame bourgeois, — de notre littérature philosophique ! Une péripétie et, l'on dirait, ou peu s'en faut, le dénouement : les deux protagonistes ont disparu. Il reste des personnages importants, et des comparses ; encore l'action principale où ils jouaient un rôle est-elle achevée depuis quelque temps : c'est la fabrication de l'Encyclopédie. Ils ne font plus grand'chose ; ils ont vieilli et, tant bien que mal, occupent la scène jusqu'au dénouement véritable, qui sera la révolution. Mais on attend le dénouement, et la pièce traîne. A certaines époques, la volonté est plus rapide que la pensée ; or, cette fois, c'est la pensée qui alla le plus vite : les philosophes ont été prêts avant les énergumènes. Quand la révolution surviendra, la révolution qu'ils ont préparée, l'on ne saura plus ce qui dépend d'eux ; leur influence se perdra parmi d'autres. Un jour, au mois de juin 1794, Boissy-d'Anglas présentait à la commission de l'instruction publique une requête de son ami Florian, le fabuliste, chassé de Paris en tant que noble et qui cherchait un stratagème pour atténuer la rigueur de son exil. Toute la commission se récria. Le médecin Duhem prononça ces remarquables paroles : « Ces gens de lettres, tous aristocrates et contre-révolutionnaires ! On n'en pourra jamais rien faire de bon. Ce Voltaire, dont on parle tant, il était royaliste et aristocrate ; il aurait émigré l'un des premiers, s'il avait vécu. Et Rousseau, il n'y a qu'à lire ses écrits pour voir qu'il aurait été fédéraliste et modéré !...[2] » L'opinion de ce Duhem n'est pas une singularité. Peu de jours après la démarche qu'avait tentée Boissy d'Anglas, Florian fut arrêté à Sceaux, rue de Brutus. Et il disait à l'agent Rousseville : « Messieurs de la révolution, vous avez pourtant bien des obligations aux hommes de lettres qui vous ont préparé vos succès... » Rousseville répondit : « Messieurs les hommes de lettres auraient bien dû ne pas abandonner leur ouvrage, et continuer tous avec nous jusqu'à la consommation du triomphe de la liberté sur toutes les tyrannies ![3] » Voilà le grief : les philosophes n'avaient pas continué. Rousseville, assurément, fait allusion à certaines défaillances de gens de lettres fort lancés dans les folies et à qui les prisons, les menaces de la guillotine, les excès de la fureur donnèrent de la timidité. Mais aussi Rousseville sent, confusément peut-être, que la philosophie chôme depuis longtemps ; de même, aux hardis propos du médecin Duhem, on devine que le souvenir de Voltaire et de Rousseau a perdu sa vivacité, s'est affadi. Pendant la douzaine d'années qui a précédé la révolution, il y a eu, pour ainsi parler, vacance de la philosophie. C'est à une médiocre période littéraire que le jeune Joubert assistera. Il connaîtra un petit nombre des survivants de l'âge héroïque et il les connaîtra fatigués. Il aura ses amis, ou du moins ses relations, parmi des gaillards de qualité inférieure, et très pittoresques souvent, absurdes quelquefois, les uns qui ne font guère que liquider le magasin philosophique, d'autres en qui la nouvelle frénésie commence de se manifester, et puis plusieurs poètes qui s'obstinent à badiner, contre toute vraisemblance. Les deux hommes les plus attachants de l'époque, et différemment admirables, Beaumarchais et André Chénier, je ne suis pas sûr que même il les ait entrevus : Beaumarchais, oui, probablement ; et non Chénier, si je ne me trompe.

Au bout de peu de mois, dit M. Paul de Raynal, il connaissait Marmontel, La Harpe et d'Alembert. Croyons-le ; car M. Paul de Raynal l'avait appris certainement de son beau-père Arnaud Joubert, lequel a bien pu le savoir.

La Harpe, nous le retrouverons ; quant aux rapports qu'entretint Joubert avec les deux autres, les témoignages manquent. La Harpe, en 1778, n'avait pas quarante ans. Il me semble que Joubert ne l'a jamais aimé. Il l'appelle — mais, il est vrai, après la révolution, après que le Lycéen s'est conduit de façon très bizarre — un « élégant petit esprit », et qui ne juge que les mots, non les choses, et qui, devant les choses, ne vaut rien, chancelle, va tomber, tombe s'il ne se raccroche « à quelque passage de livre ». Au surplus, Joubert considérait que « tout critique de profession » est un « homme médiocre par nature » : il avait de ces rudes sévérités. D'Alembert, la soixantaine passée, l'Encyclopédie terminée, était illustre et vivait à l'écart, dans une chambre garnie d'où ne purent le tirer ni les invitations du roi de Prusse ni celles de la famille de Tencin ; et Linguet l'appelait « le Vieux de la Montagne ». Il était rébarbatif tout de go, et puis très bon. Ses vives colères s'apaisaient sans plus de motif qu'elles n'éclataient ; et il avait, dans sa gentillesse comme dans sa mauvaise humeur, quelque chose de naïf et de puéril que son génie célèbre consacrait. Joubert, dix-neuf ans plus tard, le lira encore et caractérisera ce style qui « semble tracer des figures de géométrie ». Il est possible que Joubert ait été présenté à d'Alembert par Fontanes, lequel raconte qu'il a beaucoup vu, dans sa première jeunesse, ce philosophe mémorable : un prêtre de l'Oratoire, qui fut un des maîtres de Fontanes, était grand ami de d'Alembert[4]. Joubert n'aura nulle indulgence pour l'aimable et anodin Marmontel ; car il écrira : « Cet homme n'avoit que de l'esprit qu'il s'étoit fait. Au reste, c'est un bien singulier talent et un bien singulier pouvoir que celui de se donner à soi-même de l'esprit quand on n'en a pas[5]. » Marmontel, lorsque Joubert l'a connu, venait de perdre son excellente amie Mme Geoffrin ; et, sentant la solitude, il venait d'épouser, à cinquante-quatre ans, une fille jolie et jeune, la nièce de l'abbé Morellet. Il avait eu des aventures d'amour assez retentissantes, prenant au maréchal de Saxe une demoiselle Verrière ; il avait eu des aventures de théâtre, avec des tragédies, lesquelles allaient aux nues ou tombaient magistralement ; il avait eu des aventures de Bastille, quelque dix jours de conritable prison. Mais il était, en 1778, membre de l'Académie française, historiographe de France et grand optimiste avec une simplicité gracieuse. Amoureux de sa femme, enchanté de sa lune de miel, qu'il prolongeait de son mieux, il publiait nonchalamment *les Incas*, ouvrage très ingénieux, ennuyeux, coloré pourtant, que le libraire lui payait trente-six mille livres. Et peut-être le jeune Joubert fut-il injuste, aimant comme à son âge les audacieux et les révoltés, pour ce littérateur opulent qui profitait de sa fortune.

D'ailleurs, les divers jugements que formule ainsi Joubert au sujet des philosophes qu'il a visités lors de son arrivée à Paris sont de bien des années postérieurs à sa jeunesse. Ils n'indiquent pas tant sa première opinion qu'ils ne marquent le changement de ses idées. Mais il connut Diderot ; et, ici, les renseignements utiles ne nous manquent pas tout à fait.

Je crois que Diderot est l'un des premiers hommes de lettres que Joubert aborda. Je ne puis le démontrer. Mais il semble que Joubert ait travaillé assez longtemps auprès de Diderot, lequel mourut en 1784. Puis le philosophe était d'un abord si facile et agréable ! Il suffisait qu'on vînt à lui, de préférence avec un mot de recommandation ; faute de ce mot, l'on n'avait qu'à se présenter. Il était si gentil, et accueillant d'autant plus volontiers qu'on lui faisait plaisir en étant là : un interlocuteur ou, mieux, un auditeur, un spectateur. Alors, il vous donnait la comédie ; c'était son meilleur amusement : et, pour la récompense, il vous obligeait, de toute sa générosité. On se rappelle comment il reçut Bemetzrieder, jeune Allemand qui n'avait pas le sou et demandait la recette pour gagner sa vie sur le pavé de Paris. Bemetzrieder savait les mathématiques : « oui, crottez vous dix ou douze ans par les rues et vous aurez trois à quatre cents livres de rente ; — il savait les lois, le droit : — fameux, cela, pour mourir de faim contre une borne ; — l'histoire, la géographie : — les parents se moquent bien de faire éduquer leurs enfants... Alors ? — Je suis assez bon musicien. — Oh ! que ne disiez-vous cela d'abord ? Et, pour vous faire voir le parti qu'on peut tirer de ce dernier talent, j'ai une fille : venez tous les jours, depuis sept heures et demie du soir jusqu'à neuf ; vous lui donnerez leçon et je vous donnerai vingt-cinq louis par an ; vous déjeunerez, dînerez, goûterez, souperez avec nous ; le reste de votre journée vous appartiendra, vous en disposerez à votre profit »[6].

Bemetzrieder devint le familier de la maison. Avant de monter au cinquième étage du logis de la rue Taranne, à l' « atelier », le professeur d'Angélique s'arrêtait habituellement au quatrième, où la simple Mme Diderot, fidèle à ses casseroles, préparait assez bien les repas du philosophe et des amis. Et Diderot fut, pour Bemetzrieder, la complaisance même, au point de lui rédiger, avec une verve délicieuse, ses *Leçons de clavecin et principes d'harmonie, en dialogues*, au point de lui composer une espèce de renommée[7].

L'ennui, quand on allait chez Diderot, c'était le risque de tomber sur l'épouse du philosophe, excellente femme, — « grande, belle, pieuse et sage », dit Mme de Vandeul avec un louable effort de piété tiale, — excellente femme, dévouée à son mari, très patiente si l'on veut bien songer à tout ce qu'elle supporta, et laborieuse, et raisonnable, mais de moins en moins jeune et de plus en plus démunie d'attrait, incapable de la coquetterie nécessaire, d'une ignorance accomplie et qui, dans ses moments de mauvaise humeur, par exemple les jours que Diderot ne donnait pas d'argent au ménage, faisait de rudes apparitions de mégère. On la voyait, mal vêtue, un sale bonnet sur ses cheveux, du tabac d'Espagne en moustache sous le nez : elle tenait à la main son écumoire et, sous les aisselles, deux bûches de bois. Elle se dirigeait très hargneuse vers la cheminée, ranimait le feu, écumait le pot. Diderot s'écartait avec politesse. Elle se redressait ; Diderot la présentait à ses visiteurs effarés. Vous la félicitiez d'être la compagne d'un tel génie. Mais elle, d'une voix forte : « Bah ! tout cela nous fait une belle jambe ; ce grand philosophe ne sait même pas gagner de quoi mettre le pot-au-feu tous les jours ! » Elle s'éloignait sans saluer, claquant les portes [8]. Alors Diderot, souriant, affirmait que, sous une rude écorce, elle cachait un cœur d'or. Vous n'osiez pas la comparer à Xantippe ; seulement, vous appeliez Diderot « Socrate » : et il était content. Je ne sais pas comment Joubert s'accommoda de Mme Diderot.

Vous arriviez chez Diderot. Vous aviez grimpé cinq étages. Dans sa bibliothèque, dite l'atelier, vous le trouviez. Sans perruque, sa belle tête libre. Une robe de chambre en flanelle rouge l'enveloppait. A sa cheminée, il se chauffait ; et le pot-au-feu cuisait, à petit bruit de vapeur vive aux échancrures du couvercle. Diderot, sans retard, était éloquent.

Ou bien, s'il écrivait alors, il vous donnait un livre, pour vous occuper, un peu de minutes. Il écrivait, hochant la tête : ce qu'il écrivait, il le déclamait à lui-même, tout bas ; et il cédait au mouvement de la phrase. Sa plume grinçait ; et, si elle grinçait plus fort, c'est que l'idée voulait plus d'insistance. Il appuyait sur le papier comme, en parlant, on alourdit exprès, aux bons endroits, les syllabes. Qui le regardait dans la besogne d'écrire avait tout le secret de son style, et de son charme, et de son génie, et de sa merveilleuse négligence : Diderot possédait l'art, à peu près spontané, de noter avec les mots l'accent de sa pensée.

Puis, abandonnant son travail, il vous recevait : il parlait. Maintes visites à Diderot sont bien célèbres. L'une des meilleures, celle de La Harpe en 1756. Le jeune La Harpe de dix-sept ans, frais émoulu de rhétorique, n'a pas craint de se présenter à l'auteur du traité *De la poésie dramatique*, œuvre toute récente et qui l'a scandalisé. Vaniteux, hardi, féru des écrivains classiques, le rhétoricien n'a peur de personne ; et il arrive, résolu à chicaner le philosophe. Il l'admoneste ; et il trouve son maître. De la défensive, Diderot passe à l'offensive. D'ailleurs, les objections du garçon ne le gênent pas, car il sent les arguments contraires affluer à son esprit. Bientôt, La Harpe n'a sous les yeux, dit-il, qu'un énergumène : les choses tournent de telle sorte qu'il ne songe plus à ses doctrines et n'est occupé que de l'homme qui les lui défait. Pendant quatre heures d'horloge, Diderot fut debout ; il s'agitait et il marchait : « si, par hasard, il s'asseyait, c'était encore une partie de sa pantomime ». La Harpe le regardait. Par moments, Diderot fermait les yeux, comme s'il attendait l'inspiration : les bras pendants, la tête levée, il parlait, comme en extase. Soudain, il s'éveillait d'un rêve. Il s'écriait : « Qu'y a-t-il à répondre à cela ? » Et il lançait son bonnet de nuit au bout de la chambre. Silencieux et grave, il allait le ramasser ; il le remettait sur sa tête et répondait enfin : « Rien ! »[9] La Harpe dit que la scène lui parut dérisoire ; et il n'a d'indulgence que pour le rhétoricien désinvolte qui est venu poser à Diderot ses objections. Mais Diderot qui donne au petit pédant quatre heures d'une si belle comédie est gracieux. La Harpe n'aimait pas Diderot : et on le vit, lorsque Diderot fut mort.

Tel était Diderot, avec les jeunes gens : un prodigue de sa complaisance et de son génie. On lui adressait beaucoup de jeunes gens ; il le raconte et ne s'en plaint pas[10]. Joseph Joubert lui fut adressé ainsi. Par qui ? Peut-être par un doctrinaire de l'Esquille : les doctrinaires ne haïssaient pas la philosophie ; et lui, le philosophe, ennemi du fanatisme, — c'est la religion qu'il désigne de ce mot, — ne détestait pas les religieux « éclairés ».

A l'époque où le vit Joubert, il avait soixante-cinq ans passés. Imaginons-le alors. Son buste, par Houdon, est de la soixantaine. Charmant visage ! A le regarder, nous comprenons ce que Meister (qui l'a connu en ce temps-là) écrivait un peu plus tard : « L'artiste qui aurait cherché l'idéal de la tête d'Aristote ou de Platon eût difficilement rencontré une tête moderne plus digne de ses études que celle de Diderot... »[11]. Pareillement, Rousseau : « On regardera de loin cette tête universelle avec une admiration mêlée d'étonnement, comme nous regardons aujourd'hui la tête des Platon et des Aristote... » Le front haut, les traits largement disposés, le pur ovale de la figure, la physionomie ouverte, claire ; et, avec la physionomie la plus remuante, il a un air de repos, un caractère d'éternité. Pourtant, il a vieilli : comme il a vieilli à merveille et, pour ainsi parler, habilement ! Les rides sont au front, au cou ; elles sont même aux joues ; les deux plus marquées partent des ailes du nez et, par bonheur, s'éloignent des lèvres : la bouche demeure intacte. Les rides ne touchent point aux lèvres et à la bouche, s'en vont, s'éloignent, comme les plis circulaires d'une eau effleurée. Un miracle, analogue à celui qui préserve, dans la sépulture, le cœur des saints, a préservé de la vieillesse la bouche éloquente de ce magnifique bavard. Et Diderot qui n'est plus jeune garde sa vivacité. Seulement, cette vivacité avait jadis on ne sait quoi de pétulant à l'excès : les yeux, dans le portrait de Garand, pétillent presque un peu trop. Maintenant, ce visage a pris de la sérénité, la nouvelle perfection du calme.

Quel diable est encore Diderot vers l'approche des soixante-dix ans, si l'on veut le savoir, qu'on lise le récit de Garat. En 1779, à la campagne et peut-être à la Chevrette, Garat, dès l'aube, entre dans la chambre de Diderot : il ne le connaît pas ; mais il adopte ce moyen de faire connaissance avec lui. Diderot se lève, n'interroge pas son visiteur imprévu et commence de parler. D'abord, très bas, très vite, sans bouger. Puis il s'anime ; la voix devient plus sonore ; les gestes bientôt se mettent de la partie. Debout, l'orateur environne de ses bras le garçon qui l'écoute. Ils s'asseyent : l'orateur frappe sur la cuisse du garçon « comme si elle était à lui ». Le mot de *lois* passe dans le discours : et Diderot esquisse un plan de législation. Le *théâtre* ? et il esquisse quatre ou cinq plans de drames ou de tragédies. A propos de théâtre : donnez-nous, au théâtre, des tableaux, des scènes qu'on voie ! pas de dialogue, des tableaux, — comme dans Tacite, ce peintre ; — et, là-dessus, Diderot récite des pages des *Annales* ou des *Histoires*. Tacite ! que de chefs-d'œuvre de l'antiquité perdus ! Si, dans les fouilles d'Herculanum, on retrouvait du Tacite : à cette pensée, Diderot s'exalte. Mais les archéologues travaillent si mal : Diderot, comme un ingénieur, indique la façon de pratiquer des fouilles prudentes et fécondes. Il songe à l'Italie antique, adoucie par la politesse athénienne. A quoi ne songe-t-il pas ? Il vante les jours admirables des Lélius et des Scipions et, contre toute probabilité, affirme qu'alors les vaincus eux-mêmes assistaient avec plaisir aux triomphes des généraux victorieux. Térence ? et il « joue » une scène de Térence ; « il chante presque plusieurs chansons d'Horace » ; puis il chante une chanson de lui. Le bruit qu'il fait appelle toute la maison ; et l'on entre dans sa chambre. Il aperçoit, parmi la compagnie, Garat qui est là depuis longtemps ; il croit qu'il le reconnaît, vient à lui « comme à quelqu'un que l'on retrouve après l'avoir vu autrefois avec plaisir ». Il le prie de cultiver cette liaison dont il a senti tout le prix. Au moment de le quitter, il lui donne deux baisers sur le front et « arrache » sa main de celle de l'ami qu'il vient de se faire. Garat, qui l'avait trouvé drôle et délicieux, publia dans le *Mercure* le récit de son entrevue[12]. Diderot n'en fut pas choqué, mais en rit et même, dans l'Essai sur les règnes de Claude et de Néron, — tout en digressions, comme sa causerie, — avoua qu'au portrait, un peu caricatural, il s'était reconnu. Va-t-on, demande-t-il, le prendre pour un original, d'après une si gaie peinture? N'importe! Il se félicite, s'il a, jusque dans la société, gardé sa nature et s'il ne ressemble pas aux plats galets des plages.

Il n'y eut pas d'homme plus amusant, par l'abondance et la finesse, par la facilité, la spontanéité. D'ailleurs, il avait du discernement et savait organiser la scène où il serait beau. Un jour, il va chez Mannlich, voir les tableaux de ce jeune peintre. Mais il rencontre, dans l'atelier, un autre peintre, Saint-Quentin, lequel lance des critiques, débine tout ce qu'on lui montre. Et Diderot se taît, obstinément. Saint-Quentin se retire. Alors Diderot va pousser le verrou derrière l'importun. Puis il revient à Mannlich, se jette dans ses bras et lui dit : « Je suis enchanté! J'enrageais d'entendre les chicanes de votre condisciple et n'ai voulu à aucun prix déflorer l'élan de mon admiration en vous l'exprimant devant lui... » Un enthousiasme sincère, et d'une sincérité presque ingénue, — et le plus sincère cabotinage : — une étonnante faculté de dédoublement; l'art d'un comédien loyal et avisé. Le Paradoxe sur le comédien n'est pas un paradoxe pour le subtil et fervent Diderot, qui tout naturellement le réalisait dans sa vie quotidienne.

Voilà Diderot, si turbulent, si extraordinaire, l'homme le moins fait pour séduire l'attentif et secret Joubert.

Il l'a séduit tout de même. Il a dû l'impatienter aussi. Jusqu'à la mort de Diderot, Joubert paraît avoir été dans son intimité assez proche. Une note de Joubert, relative à Diderot, concerne l'année 1779 ; une autre, l'année 1783. Mais je ne trouve pas le nom de Joubert cité une fois par Diderot ; sans doute le philosophe ne tirait-il pas grand'chose, pour sa pensée exubérante, de ce jeune homme silencieux. Avec son tumultueux génie, il l'intimidait, lui imposait, l'émerveillait d'idées et l'embrouillait. Il le lança dans des projets de livres ; et, là-dessus, nous avons un témoignage précieux, un peu confus cependant. C'est un passage du journal de Joubert, et daté du 14 février 1804. Le voici : « En 1783. L'ouvrage où j'avois été engagé par Diderot auroit dû se réduire à ce point ci : des perspectives pour l'esprit, et s'il peut se contenter sans elles, si la même étendue qui le rend capable de concevoir une grande idée ne lui rend pas inévitable le désir d'une gloire sans bornes, enfin si les *vastes pensées* et le *long espoir* ne sont pas naturellement, indissolublement liés, etc. En 1779 : *la bienveillance universelle*. Le fonds manqua. Il auroit fallu déterminer quelles en devoient être les bornes et observer qu'il n'avoit pas eu le temps de rien déterminer ; arrêté au point décisif d'une si haute opération, etc. Là, comme je l'ai dit, la matière manqua et je ne scus pas le voir. » Les dernières lignes sont les plus obscures. Joubert venait, je crois, de relire d'anciens brouillons et notait, pour lui tout seul, le résumé de sa tentative malheureuse. *Quelles en devoient être les bornes :* ce sont, il me semble, les bornes de la bienveillance, — universelle, oui, mais qui avait besoin de quelque détermination. Diderot, qui suggérait à Joubert ce problème, ne le lui a-t-il pas déterminé un peu précisément ? Baste ! il n'eut pas le temps de rien déterminer ; et Joubert fut arrêté au point décisif de sa recherche : la matière manqua, — sujet trop vague et dans lequel on n'a point de solidité.

Voilà bien Diderot ! Ce jeune homme qui vient le voir et lui demander avis, il vous l'a jeté dans une périlleuse aventure spirituelle. La bienveillance, et puis la bienveillance universelle : évidemment, ces mots passèrent dans la conversation. Ce fut presque le hasard ; dans l'énorme conversation qui roulait avec elle en torrent mots et idées, d'autres mots et d'autres idées pouvaient aussi fortuitement arrêter l'attention du prodigieux bonhomme : et ainsi, le jeune Joubert était dirigé ailleurs. Toutefois, et la part faite au désordre, notons le tour que prit la causerie : un tour philosophique et moral. Diderot, sur toute autre matière, — sciences, poésie, arts, histoire et le reste, — était également prêt. Joubert, sans doute, l'invitait aux considérations philosophiques et morales. Et remarquons la finesse du grand bavard étonnant qui, ayant l'air de ne songer qu'au plaisir de son éloquence, est tout de même attentif à son interlocuteur : entre l'âme de Joubert et le sujet que lui propose Diderot, la bienveilnce, il y a de l'accord. Seulement, oui, la bienveillance, un joli sujet, qui vous attendrit, et vous tente : il vous tente à merveille, quand Diderot vous l'échauffe de son esprit, vous le dilate et vous le glorifie ; Diderot livré à sa verve, et Diderot qui, parcourant un livre mauvais ou bon, s'en échappe comme ceci, au dire de Naigeon : « Sa vue s'agrandit avec l'horizon qu'elle embrasse ; il s'empare des principes de l'auteur, les applique, les généralise et en tire de grands résultats... M. d'Holbach lui dit un jour qu'il n'y avait point de mauvais livres pour lui ; et rien n'est plus exact. Diderot lui-même ne se défendait pas trop de cette facilité avec laquelle il prêtait aux autres son talent, son imagination et ses connaissances ; et lorsqu'après avoir lu sur sa parole tel ou tel livre dont il avait fait l'éloge, on lui faisait remarquer qu'il n'y avait rien de tout ce qu'il y avait vu, il répondait naïvement : *Eh! bien, si cela n'y est pas, cela devrait y être!* »[13] Au lieu d'un livre, qu'il s'agisse d'un sujet de livre : et nous avons le même Diderot. Il n'y a pas de sujet mauvais, pour lui. Dans tout sujet, ce qu'il voit, c'est ce qu'il ajoute : il ne distingue pas ce qui est de lui ou du sujet. Cela n'y est pas, dans le sujet? cela devrait y être !... Sur la parole de Diderot, vous partez, avec ce sujet comme avec un livre tout fait qu'il vous eût célébré. Puis, tout seul, vous regardez le sujet : ce n'est plus rien ; Diderot absent, la matière manque. Tel fut le désarroi de Joubert, avec la bienveillance universelle et sans Diderot. « Plus on médite un sujet, plus il s'étend... Il part tant de branches, et ces branches vont s'entrelacer à tant d'autres qui appartiennent à des sciences et à des arts divers qu'il semble que, pour parler pertinemment d'une aiguille, il faudrait posséder la science universelle »[14] : voilà ce qu'éprouve Diderot, à consulter son imagination pensive ; et, dans ce genre de trouble, que ne dut éprouver Joubert, auprès de Diderot qui lui suscitait une foison d'idées et de corollaires ? Diderot conclut : « Qu'est-ce qu'une bonne aiguille ? Dieu le sait. Le découragement et le dégoût nous prennent ; et, dans l'impossibilité de tout dire, car il faudrait tout savoir, on se tait... » Diderot, se taire ?... C'est « le parti dont la paresse naturelle s'accommode fort bien ». Non, il ne se taisait pas. Découragement, paresse et silence, ce n'est pas son fait ; il avait un entrain splendide à réagir là-contre : c'est le fait d'un Joubert, prudent, réfléchi, volontiers nonchalant.

Cependant, Joubert, avant de se décourager, travailla sur la bienveillance universelle. Il y a dans ses papiers des bribes des réflexions qu'il notait en vue de cet ouvrage. Des bribes seulement ; et, mon Dieu, j'avoue que je les prends où je les trouve, voire sur des feuillets qui ne sont pas datés et que j'attribue à cette époque sans pouvoir toujours démontrer que j'ai raison de le faire. « La bienveillance associe à nos facultés et à nos jouissances les jouissances et les facultés de tous les objets qu'elle embrasse. L'homme est un être immense, en quelque sorte, qui peut exister partiellement et dont l'existence est d'autant plus délicieuse qu'elle est plus entière et plus pleine. » Et : « Le bonheur de l'homme est dans son existence entière et absolue. » Remarques : « Au sein même de toutes les jouissances du luxe et des arts l'homme ne peut se passer de l'homme. Tant la nature nous unit, quand nos institutions nous séparent. » Puis : « Tout ce qui multiplie les nœuds qui attachent l'homme à l'homme, le rend meilleur et plus heureux. » Inversement : « Quiquonque éteint dans l'homme un sentiment de bienveillance le tue partiellement. » Raisons psychologiques, et même physiologiques, de la bienveillance : « Toutes les voluptés naissent de quelque communauté. Celles de l'amour, de la communauté des attouchemens, soit qu'ils s'opèrent par le regard, par le contact ou par la pensée. Celles de l'amitié, de la communauté des humeurs et des sentimens ou de la disposition à souffrir les mêmes fortunes ensemble. Celles de l'estime et de l'admiration proviennent du rapport mutuel qui se rencontre entre les qualités de l'un et le goût, les opinions de l'autre... » Corollaires : « Il n'y a point sans doute de causes finales ; mais les êtres sont faits les uns pour les autres par la même nécessité qui fait qu'ils existent... Le crime nous fait voir des ennemis partout et la vertu des amis... Les arts, la philosophie et tous les efforts de l'intelligence et de l'industrie humaine ne peuvent avoir qu'un but : d'étendre les limites individuelles de l'homme... » Ainsi, l'objet que se proposait Joubert n'était pas seulement d'analyser la bienveillance, vertu aimable, en moraliste et comme eût fait un moraliste du précédent siècle. Ses apophtegmes ont une tendance sociale, et politique bientôt, qu'on apercevra dans les passages que voici : « Ceux qui veulent tout ramener à l'égalité naturelle ont tort. Il n'y a point d'égalité naturelle. La force, l'industrie, la raison élèvent des différences à chaque pas... » Mais, ce que la force, l'industrie et, voire, la raison séparent, la bienveillance le rapproche : elle est un principe d'union, comme l'intelligence toute seule est individualiste. Joubert étudie les effets sociaux de la réciprocité. Il écrit : « La liberté publique ne peut s'établir que par le sacrifice de toutes les libertés particulières sans aucune exception. Dans cette admirable institution, les forts cèdent une partie de leur force, les riches une partie de leurs richesses, les nobles une partie de leur noblesse à tous les autres citoyens qu'ils veulent rendre leurs égaux ; et les petits, les faibles, les pauvres cèdent à leur tour une partie de leurs espérances, et de la noblesse, et des richesses, et de la force que le bienfait et l'inconstance du sort toujours variable pourroit donner soit à eux soit à leurs descendans ». On le voit, Joubert n'est pas loin d'aboutir à quelque socialisme ; en tout cas, il est tout près des idées et des sentiments par lesquels la révolution préludera : et l'on dirait un peu qu'il devine les générosités du 4 août 1789.

Nous distinguons, je ne dis pas le livre que Joubert comptait écrire, — il n'a probablement pas mené sa tentative jusqu'à la constitution d'un système, — du moins, quelques-unes des directions que prenait sa pensée. Il cherchait les motifs réels de la bienveillance, motifs et mobiles ; et il étendait la bienveillance au delà des frontières où les peuples s'enferment. Lisant l'histoire, il se persuadait que tous les peuples ont une origine commune. L'analogie ancienne lui était indiquée par l'analogie des religions, qu'il appelle (sous l'influence des philosophes et de Diderot) erreurs religieuses. « Leurs erreurs religieuses frappent par leurs ressemblances. Ou c'est un héritage funeste transmis par un peuple premier aux autres peuples ses enfans ; ou c'est une contagion apportée de proche en proche par les voyageurs de tous les païs... » Joubert s'est éloigné de ses croyances et, pour en affirmer le contraire, il a le style d'un jeune sage très dogmatique et impertinent.

Il examine les phénomènes de l'unanimité : « Voyés, aux spectacles, combien les âmes émuës ont le tact rapide et le discernement exquis !... Dans le moment de l'émotion universelle, il n'est pas un seul homme qui n'ait du goût ». Tant de confiance dans les mérites de l'émotion, plus de confiance encore dans une espèce d'infaillibilité qu'on attribue à l'émotion universelle : deux imprudences, qui sont au cœur même de la révolution, et que la révolution glorifiera, et démentira.

Ses considérations relatives à la bienveillance conduisaient Joubert à l'utopie... « Votre commerce n'est qu'une guerre d'argent ; votre commerce vous a donné cette avidité qui vous ronge, votre commerce a fait la moitié de vos maux et ne vous a fait aucuns biens. O grands hommes, et vous parlés des avantages du commerce ! c'est que vous concevés une espèce de commerce bien différente. Le commerce seroit beau, plus beau même que vous ne l'avés conçu, s'il se faisoit de peuple à peuple par une seule émulation de générosité et de bienfaisance. » Oui ; et ce penseur, selon l'usage ou la manie de l'époque, a le ton, peut-être les ambitions, d'un réformateur. Il écrit encore : « Il faut que je cherche jusqu'à quel point, d'après l'hipotèse de l'ordre universel, l'union de l'homme et de la femme peut être exclusive ; jusqu'à quel point ils peuvent devenir propriété l'un de l'autre... » Surtout, la femme est dans la possession de l'homme. Cela est-il juste ? Le « droit de disposer de soi », une femme ne saurait, selon notre morale, l'exercer légitimement qu'une fois en toute sa vie. Dans les mœurs, il en va tout autrement : « est-ce nos mœurs ou notre morale qu'il faut condamner ? » Joubert a posé ce principe : « Comment ce que les âmes innocentes peuvent commettre sans remords seroit-il un crime ? » Eh ! bien, dit-il, « je vois que celles qui transportent leurs amours et leurs caresses à d'autres hommes que celui auquel elles s'étoient d'abord livrées sont souvent douces, laborieuses, humaines et même chastes. Je les vois se livrer à leurs penchants dans la sécurité qu'inspire la vertu si rien ne peut être connu de leurs plaisirs secrets... » Alors ?... « J'avouë que leur conduite alors me paroit une réclamation sensée plutôt qu'une violation criminelle de cette loi que je vois partout établie. » Oh ! oh ! dira-t-on ; mais enfin ces gentilles femmes pratiquent les vertus de la bienveillance universelle : et Diderot n'eût-il point aimé ces corollaires aventureux ?

Joubert, excité par Diderot, ne craint pas le paradoxe : « Le seul moïen d'avoir des amis, c'est de tout jetter par les fenêtres, de n'enfermer rien et de ne jamais savoir où l'on couchera le soir. Il a, me dirés-vous, peu de gens assés fous pour prendre ce parti. Eh! qu'ils ne se plaignent donc pas, s'ils n'ont pas d'amis : ils n'en veulent pas ! » A méditer sur la bienveillance. — sur la réciprocité humaine, la charité, la solidarité, — Joubert n'évite pas toute rêverie un peu collectiviste et qui, présentée avec entrain, rappellera le discours de Panurge touchant les debteurs et emprunteurs, dans Rabelais. Ces quelques lignes où la logique de l'amitié devient folie sont de cet ordre. Mais aussi nous voyons Joubert conclure autrement. L'idée de l'unité humaine dans l'espace et par la communauté des peuples a pour camarade l'idée de l'unité humaine dans le temps ; et l'on aboutit à une doctrine de la tradition, qui me paraît admirable dans les formules que voici : « La perfectibilité humaine n'a point de bornes, parce que nous pouvons associer à nos connoissances celles de tous les hommes qui nous ont précédés, à nos forces celles de tous les êtres qui existent avec nous... Nous avons reçu le monde comme un héritage qu'il n'est permis à aucun de nous de détériorer, mais que chaque génération au contraire est obligée de laisser meilleur à la postérité... La vie est un pays que les vieillards ont vu et habité. Ceux qui doivent le parcourir ne peuvent s'adresser qu'à eux pour leur en demander les routes » [15]. Un Joubert audacieusement réformateur, puis un Joubert en qui se révèlent déjà, auprès d'une juvénilité prompte à lancer ses hypothèses, les tendances de son esprit fort raisonnable, voilà le jeune homme qui travaille, huit ou dix années avant la révolution, dans le voisinage de Diderot.

N'essayons pas de restituer l'Essai sur la Bienveillance universelle, par Joubert, qui n'avait pas réussi à le constituer. Les feuillets où j'ai trouvé les divers passages qu'on vient de lire contiennent beaucoup d'autres pensées, remarques et notations, dans un désordre qui témoigne de l'incertitude où le chercheur se tourmentait. Il n'en était pas à conclure et je ne veux pas lui attribuer une doctrine. Cependant, il allait à une philosophie qui fût la négation morale, politique et sociale de tout individualisme... « Ces hommes solitaires s'imaginent que tout est fait, s'ils respirent l'air sans le corrompre et s'ils mangent du pain en le païant. Eh, mes amis ! tout n'est pas fait, il faut encore remplir sa tâche. *Mais je fais honnêtement mon métier*. Ton métier ! ton métier ! est-ce que la nature n'a pas donné pour métier à tous les hommes de se consoler, de s'entraider, de se réjouïr les uns les autres, de se pardonner, de s'encourager, de se fortifier par des doléances communes et de [se] rendre heureux par d'aimables congratulations ? *Mais on ne peut pas tout faire*. Qui te l'a dit ? la paresse, la lâcheté, l'exécrable égoïsme. *Mais je suis occupé de musique, de statuës, de tableaux*. Eh ! jette au feu ta musique, tes tableaux, tes statuës, car tu ne fairas jamais bien ton métier de musicien, de peintre, de statuaire si tu ne scais faire auparavant ton métier d'homme. » Belle réprimande, et qui secoue assez bien le dilettantisme de l'art, celui des épicuriens délicats, celui des bourgeois innocents ! Nobles volontés ; et dangereuses !... Il est bon de tarabuster l'égoïsme ; il faut craindre pourtant de susciter le zèle universel.

quand Joubert refuse à personne le droit de se tenir coi et confiné dans une petite existence, nous approchons de l'époque où il sera dommage qu'un chacun dédaigne de rester chez soi, sinon dans l'égoïsme, du moins dans sa chambre ; que tout le monde, éperdu de dévouement, prétende à servir la chose publique ; et enfin que le plus modeste citoyen méprise son métier d'artisan pour accomplir son métier d'homme, à sa guise, et avec quel entrain détestable ! Joubert fulmine contre la paresse : et les jours arrivent où, dans le plus horrible des branle-bas, on connaîtra qu'une certaine mollesse ou humilité ou niaiserie des caractères aurait mieux valu.

Joubert se trompe, à maintes reprises, et hardiment. Il est jeune ; il est l'ami, le familier des penseurs et il a Diderot pour son guide, incomparable maître d'erreurs. Au milieu de ses velléités idéologiques, il ne démêle pas très exactement ses préférences. Il en est à préférer toutes les idées. La tête lui bouillonne et l'afflux de ses imaginations le ravit. Quels matériaux il entasse ; et pour construire, quoi ? l'avenir. Il n'a peur que de mourir avant d'avoir achevé la bâtisse, comme Dardenne ; et il écrit : « Si je meurs et que je laisse quelques pensées éparses sur des objets importans, je conjure au nom de l'humanité ceux qui s'en verront les dépositaires de ne rien supprimer de tout ce qui paroîtra s'éloigner des idées reçues. Je n'aimai pendant ma vie que la vérité. J'ai lieu de penser que je l'ai vue sur bien de grands objets. Peut-être un de ces [mots] que j'aurai jettés à la hâte... » Il n'achève pas : il a le projet de vivre et de mener à bien son œuvre qui modifiera la vie humaine et réformera l'univers.

Voilà tout ce que j'aperçois, et devine un peu, quant à l'Essai sur la Bienveillance universelle. Joubert, dans sa note du 14 février 1804, en a daté le titre et la préparation de l'année 1779. Par le fait même de la recherche et de la réflexion, le sujet se transforma : « En 1783. L'ouvrage où j'avais été engagé par Diderot auroit dû se réduire à ce point-ci : des perspectives pour l'esprit... » Je crois que Paul de Raynal se trompe, quand il dit que Diderot conseillait à Joubert d'écrire « je ne sais quels traités sur *les perspectives de l'esprit*, sur *la bienveillance universelle*, ou sur quelques autres thèmes aussi vagues ». En réalité, il ne s'agit pas de plusieurs ouvrages, ni de deux ouvrages : c'est le traité de la Bienveillance universelle qui devenait le traité des perspectives pour l'esprit. Mais le passage d'une donnée à l'autre et du premier titre au second, le voyons-nous ? Il me semble que oui, lorsque la bienveillance, étendue (comme je l'expliquais) dans le temps, — et dans le passé, dans l'avenir, — ouvre en effet à l'esprit des perspectives qui lui seraient fermées s'il s'emprisonnait en lui-même. Perspectives dans le passé : c'est la tradition, à laquelle ce jeune homme, qui vient de quitter ses parents et les religieux, demeure attaché. Perspectives dans l'avenir : c'est là que Diderot l'attirait. Au surplus, on dirait, à lire Paul de Raynal et puis à lire M. Victor Giraud, que ces mots de « perspectives pour l'esprit », s'ils ne sont pas absurdes tout à fait, le sont à peu près. « Voilà bien des sujets à la Diderot ! » s'écrie M. Victor

Giraud, précipitamment [16]. Paul de Raynal, citant Joubert, devait le citer plus au long : « des perspectives pour l'esprit, — et s'il peut se contenter sans elles, — si la même étendue qui le rend capable de concevoir une grande idée ne lui rend pas inévitable le désir d'une gloire sans bornes, — enfin, si les *vastes pensées* et le *long espoir* ne sont pas naturellement et indissolublement liés, etc. » L'idée, ainsi définie, est-elle absurde ? En outre, cette idée, ne la reconnaissons-nous pas ? C'est exactement celle qu'a traitée, et bien avant l'arrivée de Joubert à Paris, Diderot lui-même dans ses *Lettres sur la postérité*, adressées à Falconet le sculpteur. C'est une ancienne idée à lui, une idée à laquelle il tenait fort, que Diderot proposait au jeune homme qui venait s'inspirer de lui. Joubert ne la reconnut pas tout de suite. Il finit par la reconnaître ; ou bien, plus réellement, c'est à cette idée que tournèrent ses méditations, de la manière que permet d'entrevoir une autre note de Joubert (et que Paul de Raynal n'a point citée) : « Des tableaux de Polygnote décrits par Pausanias... » (Et. ici, Joubert renvoie au tome XIII, p. 54 de l'*Histoire de l'Académie des inscriptions*, édition Panckoucke, où le comte de Caylus étudiait Pausanias et ses descriptions de Polygnote...) « Ce sont les deux tableaux qui excitèrent cette querelle de Falconet le sculpteur et de M. Diderot, dont je me suis mêlé. »

Voyons un peu cette querelle, puisque Joubert s'en est mêlé.

Des disputeurs, nous connaissons Diderot. Voici Falconet. C'était un homme assez rude, bizarre, et qui mettait au service d'une estimable fierté un caractère incommode. Un singulier visage, amusant, narquois, têtu, sans arrangement. Des manières brusques, la désinvolture d'un gaillard qui ne compte pour rien ce qu'on obtient au prix de fins ménagements, et qui aime sa liberté, qui en abuserait plutôt que de s'en priver le moins du monde. Intelligent, peu instruit, mais capable d'acquérir au jour le jour l'information qui lui manque. Un bon sculpteur, en outre, et qui a, dans l'exercice de son métier, maintes délicatesses et roueries qu'on ne lui voit pas dans l'ordinaire de l'existence. Il était d'origine très humble et assurait qu'il ne tirait de là nulle vanité. Mais, à Pétersbourg, quand il édifiait le monument du tsar Pierre, l'impératrice Catherine lui conféra le titre de « Votre haute naissance » ; et il dit à la souveraine : « Ce titre me convient, car je suis né dans un grenier. » Son personnage d'orgueil, il l'avait organisé à l'inverse du bourgeois gentilhomme ; et, gentilhomme dans les arts, il affectait une vertu populaire. Jeune, il eut de la religion et la poussa jusqu'à une sorte de jansénisme ; pour que fût son austérité plus manifeste, il ajoutait à son bouillon de l'eau, dénigrant toute gourmandise. Plus tard, philosophe, il résolut d'imiter, non Diogène, au moins Socrate. Il fut raisonneur, simple de costume et frugal. Riche par ses travaux, il observa la règle de ne boire du vin qu'une fois la semaine. D'ailleurs, il était généreux et, dans les grandes occasions, prodigue. Il avait appris à lire et à écrire, par chance. Puis on le mit, gamin, comme apprenti, chez un sculpteur de têtes à perruques. Son aubaine fut d'entrer à dix-sept ans chez Lemoyne. Six ans après, son Milon de Crotone le fit agréer à l'Académie royale. De bonne heure, il se maria, eut des enfants, gagna sa vie avec courage. Il était d'humeur violente ; il avait de rudes colères : mais il était sensible et humain. Peu sociable, dédaigneux et ardu, il goûtait l'amitié. Il y a, dans son caractère, et de l'amertume, et du cynisme, et de la gloriole, et puis des contrastes qu'il rendait pittoresques. La tête de son Milon de Crotone, il la blâmait, disant : « Elle est ignoble, car je l'ai faite d'après la mienne ! »[17] Avec cela, très fat et susceptible.

Diderot l'aima, pour son esprit, ses défauts même, sa qualité de vif original. « Diderot le philosophe et Falconet le statuaire, au coin du feu, rue Taranne, agitaient la question *si la vue de la postérité fait entreprendre les plus belles actions et produire les meilleurs ouvrages*. Ils prirent parti, disputèrent et se quittèrent, chacun bien persuadé qu'il avait raison, ainsi qu'il est d'usage. Dans leurs billets du matin, ils plaçaient toujours le petit mot séditieux qui tendait à réveiller la dispute. Enfin, la patience échappa ; on en vint aux lettres. On fit plus : on convint de les imprimer... » C'est Falconet qui présente ainsi les origines de la querelle. Il est content d'écrire « Diderot et Falconet » : car il ne s'agit pas de sculpture, où il n'a plus besoin de marquer sa suprématie, mais de philosophie, où il lui plaît de se mettre sur le pied d'égalité avec le philosophe le plus célèbre. Toute sa vie, et d'autant mieux qu'il n'avait pas d'instruction première, il désira d'être un penseur et un écrivain ; bientôt, un érudit quand, à Pétersbourg, le retard des fondeurs lui donnant des loisirs, il apprendra tant bien que mal un peu de latin pour traduire Pline et le commenter.

Les discussions de la rue Taranne, touchant la postérité, datent de l'hiver 1765. L'opinion de Diderot, la voici telle que d'abord il la pose : « Il est doux d'entendre pendant la nuit un concert de flûtes qui s'exécute au loin et dont il ne me parvient que quelques sons épars... Je crois que le concert qui s'exécute de plus près a bien son prix. Mais, le croirez-vous, mon ami ? Ce n'est pas celui-ci, c'est le premier, qui enivre. La sphère qui nous environne, et où l'on nous admire, la durée pendant laquelle nous existons et nous entendons la louange, le nombre de ceux qui nous adressent directement l'éloge que nous avons mérité d'eux, tout cela est trop petit pour la capacité de notre âme ambitieuse. Peut-être ne nous trouvons-nous pas suffisamment récompensés de nos travaux par les génuflexions d'un monde actuel. A côté de ceux que nous voyons prosternés, nous agenouillons ceux qui ne sont pas encore. Il n'y a que cette foule d'adorateurs illimitée qui puisse satisfaire un esprit dont les élans sont toujours vers l'infini... » Voilà le thème ; et, au cours de plusieurs centaines de pages, Diderot l'enrichira ; il en variera les aspects ; il trouvera des arguments à foison, multipliera les prouesses de la défensive et de l'attaque : il ne bougera pas de son idée. Or, cette idée est la plus simple, naïve et, sur un tel problème, la moins paradoxale.

On interprète mal ce goût du paradoxe, qu'avait Diderot ; n'oublions pas sa bonhomie : elle l'incitait à prendre parti pour la vérité, pour la franchise. Sa bonhomie se voit dans la gaieté souriante avec laquelle il avoue qu'il prétend à la postérité. Le paradoxe, en cette affaire, c'est Falconet qui le soutient : Falconet plein de gloire ; Falconet qui travaille dans le bronze et le marbre, durables matières ; et Falconet, friand des hommages contemporains, qui se moque de la postérité. Mais ce Falconet ne nous étonne pas : c'est bien celui qu'en toutes circonstances nous voyons, brutal et malin, prompt à ravaler les faciles éloquences de l'enthousiasme et, par son austérité janséniste, par sa règle philosophique, induit à condamner les flatteries de l'ambition, comme aussi son triomphe inopiné d'homme qui s'est fait lui-même l'incite à profiter des minutes présentes. En 1787, quand il est vieux, paralytique et publie les *Œuvres diverses concernant les arts*, « par M. Falconet, statuaire du roi, adjoint à recteur en l'Académie royale de peinture et sculpture de Paris, honoraire de celle de Saint-Pétersbourg, membre de la société établie pour l'encouragement des arts dans la ville et le territoire de la république de Genève », quoi encore ? il fait insérer en tête de son premier tome cet *Avis de l'éditeur :* « M. Falconet, sans tirer vanité de son humble origine, ce qui seroit un raffinement de l'orgueil, mais incapable de rougir de ses parents, ce qui seroit le vice d'un fils dénaturé, nous engage à déclarer que sa naissance est obscure. Il avoit dix-huit à vingt ans lorsqu'il put recevoir les premières leçons de l'art dans lequel il s'est rendu célèbre... » Quelle arrogance pour se détacher du passé! La même arrogance, il l'a pour couper devant lui l'avenir. Il ne prétend qu'à cette rude victoire qu'il a tout seul remportée sur son époque. Il s'est placé dans une île d'orgueil : autour de lui, le passé, l'avenir font un océan de ténèbres où il ne va pas et qu'il méprise.

Mais Polygnote? Au mois de mai 1766, le philosophe et le sculpteur épiloguaient depuis une demi-année : Falconet fit cette diversion. Il venait de lire, dans l'*Histoire de l'Académie des incriptions*, le compte rendu d'un mémoire que le comte de Caylus avait composé pour la rentrée d'après Pâques 1757. Caylus y étudiait la description donnée par Pausanias de deux tableaux que peignit Polygnote sur les murs de la lesché des Cnidiens, à Delphes : un *Embarquement des Grecs* (dit Caylus) et une *Descente d'Ulysse aux enfers*. Il admirait les deux tableaux et, les torts de la composition, trop désunie et chargée d'accessoires, il les attribuait à ce maladroit de Pausanias. Falconet refuse d'admirer Polygnote; il lui reproche « un tissu de contradictions, d'anachronismes, d'invraisemblances »; et il écrit à Diderot que ce Polygnote n'avait ni talent ni génie. Or, Diderot soudain s'éprend d'une admiration passionnée pour Polygnote. La description de Pausanias? Excellente. Et c'est tout simplement Caylus qui n'y entend rien. C'est Caylus qui a tout faussé. Diderot ne peut souffrir ce Caylus. Il se souvient de s'être querellé avec lui, touchant la peinture à l'encaustique : Caylus se vantait d'avoir retrouvé le stratagème des anciens, et Diderot réclamait pour M. Bachelier l'honneur de la découverte. Et Caylus écrivait à Paciaudi : « Je ne l'estime point (Diderot) mais je crois qu'il se porte bien. Il y a certains bougres qui ne meurent pas !... »[18] Caylus, lui, mourut en 1765. Il avait acheté à Rome un sarcophage en granit rouge ; et Diderot lui rédigea cette épitaphe :

> Ci-gît un antiquaire acariâtre et brusque.
> Ah ! qu'il est bien logé dans cette cruche étrusque ![19]

Vous voyez bien que c'est la faute à ce Caylus et qu' « Homère, quand il est beau, n'est ni plus sage ni plus beau que Polygnote » ! Falconet, sans patience aucune, répond : « Si un peintre moderne eût composé le même, ou les mêmes sujets, à la manière de Polygnote, on lui diroit : — Troie prise et pas une maison brûlée ou renversée, est une sottise. Après un carnage effroyable, dix ou douze corps morts de compte fait, est une sottise. Laomédon, parmi ceux qu'on vient de tuer cinquante ans après sa mort, est une sottise ; et c'en est une autre d'avoir placé dans le tableau ce personnage, s'il n'étoit pas le père de Priam, parce que la ressemblance de nom doit nécessairement tromper le spectateur. Epéus nud, qui renverse de fond en comble les murs de Troie, est un composé de deux ou trois sottises, attendu... » Falconet déclare qu'Epéus, fils de roi et qui devint roi, avait de quoi se vêtir ; en outre, il ne fallait pas le placer nu « tout auprès de ces dames qui attendent que le vaisseau soit prêt » ;

enfin, l'on n'est pas tout nu, vraiment, pour abattre les murs de Troie!... Falconet continue drôlement d'énumérer les « sottises » de Polygnote. Diderot certes répliquera ; et, sur Caylus, Pausanias et Polygnote, le sculpteur et le philosophe échangeront remarques, théories et railleries.

Quel rapport y a-t-il entre ces tableaux de Polygnote et le problème de la postérité? Diderot, lui, adore les digressions et va très volontiers où Falconet le mène : une escarmouche l'amuse, comme une bataille. Mais l'entêté Falconet n'oublie pas son propos. Les démêlés qu'on peut avoir, au sujet d'un antique, montrent l'incertitude qu'il y a dans les jugements de la postérité. Il dit : « Si un peintre moderne... » Et, pour le peintre moderne, vous auriez toute sévérité : l'antiquité vous impose!... « Une partie de cette prodigieuse vénération qu'on a pour Pline... » Cette fois, il s'agit de Pline ; mais, au lieu de *Pline*, lisez *Pausanias*... « est dûe à l'aveugle admiration que nous avons en général pour ce qui est ancien et à notre mépris pour ce qui est moderne. N'en soyons pas étonnés : l'antiquomanie est la maladie de tous les temps... »[20] Falconet, dans l'éternelle querelle des anciens et des modernes, est le partisan déterminé des modernes : il éconduit le passé comme, dans sa correspondance avec Diderot, l'avenir. Il n'admet que son temps à lui, tandis que Diderot n'a pas trop de tous les temps pour y exalter, pour y occuper et pour y distraire son imagination.

Au mois de septembre 1766, Falconet partit

pour la Russie, où l'appelait la commande à lui faite d'un monument du tsar Pierre. Les deux amis étaient alors au meilleur de leur amitié. Ils eurent, à se quitter, le plus vif chagrin. Falconet, de Saint-Pétersbourg, dès son arrivée, écrit à Diderot : « Cher ami dont l'âme était malade, souviens-toi qu'elle était brisée la veille de mon départ. Souviens-toi qu'après nous être quittés au sein de ta famille et de quelques amis, tu revins chez moi ; que ton âme, plus faible ou peut-être plus forte que la mienne, t'empêcha d'entrer ; tu t'en retournas sans me voir... » Ils continuèrent de correspondre et, pour se donner l'illusion de n'être pas si loin, continuèrent par lettres assidues la belle discussion relative à la postérité. Puis, au printemps de l'année 1773, Diderot partit pour la Russie avec M. Narishkine. Les deux amis, après une longue séparation, se retrouvent : c'est alors qu'ils se brouillèrent, ou à peu près.

Le détail de la bisbille n'est pas absolument clair. Du côté de Falconet, on raconta que Diderot, arrivant à Saint-Pétersbourg, descendit chez M. Narishkine, au lieu de « se jeter dans les bras de son ami »[21]. Du côté de Diderot, ce n'est pas cela. Falconet, dit Mme de Vandeul, insista pour que Diderot vînt en Russie tant qu'il put croire que le philosophe « n'abandonnerait jamais ses pénates » ; Falconet reçut le philosophe « assez froidement » et regretta « de ne pouvoir le loger », mais son fils, arrivé depuis peu de jours, occupait le dernier lit. Conséquemment, Diderot n'avait aucune raison de ne pas s'installer chez M. Narishkine. Et, sur l'accueil de son vieil ami Falconet, il écrivit à sa femme une lettre « déchirante ». Mme de Vandeul ajoute : « Ils se virent pourtant assez souvent pendant le séjour de mon père à Pétersbourg, mais l'âme du philosophe était blessée pour jamais... »[22] Depuis quelque temps, l'amitié du philosophe et du statuaire avait subi de petites atteintes. Falconet, si obstiné, brutal et hargneux, enfin « le Jean-Jacques de la sculpture », comme Diderot l'appela, eut parfois l'air de taquiner son interlocuteur. Diderot plaisante; mais il est un peu impatienté, dès l'année 1769, quand il écrit son *Entretien entre d'Alembert et Diderot*. Il veut démontrer que la matière inanimée et la matière animée ne sont pas si différentes : broyez du marbre dans un mortier, rendez-le comestible et vous le transformerez, si vous l'absorbez, en matière vivante; et broyez donc une statue... « Doucement, s'il vous plaît; c'est le chef-d'œuvre de Falconet... — Cela ne fait rien à Falconet; la statue est payée; et Falconet fait peu de cas de la considération présente, aucune de la considération à venir ! »[23] A Saint-Pétersbourg, en 1771, Falconet s'avisa de recommencer la polémique des anciens et des modernes, à propos de la statue antique de Marc-Aurèle, qu'il n'avait pas vue et ne connaissait que par un fragment de moulage. Il écrivait à Diderot : « Vous auriez beau me montrer la foudre de l'antiquomanie prête à tomber sur ma tête, je ne vous dirois pas moins mon avis sur la statue de Marc-Aurèle ! » Et il publiait ses *Observations sur la statue de Marc-Aurèle, adressées à M. Diderot*[24]. Et nous lisons, dans la *Correspondance* de Grimm et Diderot pour le mois de juillet 1771, cette page qui est certainement de Diderot[25] : « Etienne Falconet, sculpteur de notre Académie royale, est depuis cinq ou six ans en Russie pour faire la statue de Pierre le Grand. C'est avoir une assez grande besogne; et assurément, si Etienne s'appelait Michel-Ange, ce ne serait que mieux. Cependant Etienne, malgré cette entreprise très capable d'absorber un homme entier, trouve encore le loisir d'écrire de mauvaises brochures d'un ton si hargneux et si arrogant qu'on ne peut s'empêcher de prendre mauvaise opinion, non seulement de son caractère, mais de son talent : car le génie ne marche guère avec ces petits défauts d'une tète et d'une âme rétrécies... » Suit un résumé, très sarcastique, des *Observations sur la statue de Marc-Aurèle*. Deux ans plus tard, à Saint-Pétersbourg, Diderot revoit Falconet. Et Falconet ne manque pas de lui ressasser la taquinerie insupportable de l'antiquomanie. Il insiste. « M. Diderot (dit-il) à Paris avoit peu goûté les observations sur la statue de Marc-Aurèle; il s'en étoit même assez franchement expliqué... » Eh ! bien, laissez-le !... Pas du tout : Falconet montre à Diderot ses bouts de moulage et lui demande « une demi-page qui contînt son sentiment »[26]. Diderot, bon enfant, mais un peu irrité, lui écrivit : « Hé ! mon ami, laissons là ce cheval de Marc-Aurèle. Qu'il soit beau, qu'il soit laid, qu'est-ce que cela me fait ? Je n'en connais point le sculpteur; je ne prends aucun intérêt à son ouvrage : mais parlons du vôtre... »[27] Et il vantait la statue de Pierre le Grand, pour amadouer Falconet. Quand Diderot quitta la Russie, les deux amis n'étaient plus des amis.

Or, tout cela est de plusieurs années antérieur à l'époque où Joseph Joubert fit connaissance avec Diderot. Comment donc a-t-il pu se mêler de cette querelle ? Après la brouille, la querelle n'est-elle pas finie ?

Avec un tel Falconet, on n'en finit pas, d'une querelle, par le vif moyen de la rupture. Littérateur vaniteux, il s'était mis en tête de publier la correspondance qu'il avait eue avec Diderot. Peut-être, dans les premiers temps de la discussion, quand il s'agissait de la postérité, Diderot agréa-t-il le projet de son ami, car il gardait par devers lui des copies de ses lettres, qu'il retoucha et corrigea. Mais la discussion s'éternisa et Diderot ne l'aima plus : donc il refusa la publication. Falconet tâcha de la rendre nécessaire. Il communiqua — je crois que c'est lui; qui serait-ce ? non Diderot, certainement : donc Falconet, — un manuscrit des lettres à un Anglais qu'il rencontra et qui, rentré dans son pays, en fit imprimer une traduction [28]. Que vaut cette traduction ? n'altère-t-elle point la pensée des deux correspondants ?... Falconet, dans le doute, supplia Diderot de consentir à la publication française et complète : Diderot s'y refusa. Falconet, désolé, prit le parti de publier au moins ses lettres à lui Falconet : « Je ne crois pas avoir de permission à en demander à M. Diderot, chacun ayant la liberté d'user de son bien à son gré... » Mais il se résignait mal à ne donner au public que la moitié du dialogue. Il pria le prince Galitzine d'intervenir auprès de Diderot. Nous n'avons pas la lettre du prince; nous avons la réponse du philosophe. Elle est datée du 9 octobre 1780 : et, à cette époque, Joubert est à Paris, dans l'intimité de Diderot. La réponse manque de toute amabilité pour Falconet. Diderot déclare qu'il a relu cette correspondance sur une copie que Falconet lui a renvoyée de Saint-Pétersbourg il y a quelque dix ans : mauvaise copie et, en plusieurs endroits, si défectueuse qu'on n'y entend plus rien; il se plaint de lacunes, voire d'additions... Et : « Nous sommes, dit-il, si pauvres, si mesquins, si guenilleux, si négligés, si ennuyeux et si diffus partout que cela fait pitié... » Puis, de place en place, ils se tutoient : ce ton serait de mauvais goût dans un ouvrage imprimé. Or, cet ouvrage n'appartient ni à l'un ni à l'autre des correspondants : il appartient à tous les deux et l'un ne peut honnêtement le publier sans l'aveu de l'autre. Diderot se plaint de l'infidélité qui a été commise, par qui ? là-dessus, il n'a aucun doute : par Falconet lui-même. « Si Falconet avait pensé qu'en permettant à l'ouvrage de sortir de ses mains il disposait du bien d'autrui,... je crois qu'il aurait été plus circonspect. On peut confier sa bourse à qui l'on veut, mais on ne remet à personne la bourse d'un autre... » Cependant, il a promis à Mme Falconet — c'est Marie-Anne Collot, la belle-fille du sculpteur et son élève — de relire ses lettres à lui, Denis Diderot, de les corriger et d'en communiquer à Falconet le texte définitif. Il le fera. Mais quand se mettra-t-il à ce travail ? et quand, surtout, en sortira-t-il? C'est ce qu'il ne sait pas. Il ne va pas abandonner, pour une si fastidieuse besogne, un ouvrage important : l'Essai sur les règnes de Claude et de Néron. Et veuille Falconet le laisser tranquille! « On n'écrit pas comme on fait des ourlets; et des idées ne se reprennent pas, quand elles sont coupées, comme on renoue des bouts de fil... » Diderot demande au prince d'envoyer à Falconet cette lettre « dans laquelle, avec un peu de justice, il ne trouvera rien, je crois, qui puisse lui déplaire ».

La lettre fut communiquée à Falconet; et on l'a retrouvée dans ses papiers. Ce qu'il en pensa, nous le devinerions; et nous le savons. Cinq ans plus tard, il la relisait encore et l'annotait. Dans la marge, à côté du passage où Diderot l'accuse d'avoir altéré le texte de leur correspondance, il écrit avec colère : « Diderot, l'original existe et je puis le produire. J'écris ceci de la main gauche, étant paralytique de la droite, en 1785, quay des Théatins. » Sa rancune invective ainsi contre Diderot, qui est mort depuis un an. Diderot est mort; et Falconet, le 3 mai 1783, comme il se préparait à partir pour l'Italie, — où le tentait probablement le cheval de Marc-Aurèle, — a été frappé d'hémiplégie [29]. Il passe ses journées dans son fauteuil. Il a, près de lui, ses enfants. Un jour, il fait effort de son bâton, pour se dresser. Le bâton glisse : le vieillard retombe sur son fauteuil, lequel risque de chavirer. Par ce mouvement, le bâton se lève et semble menacer Marie-Anne, qui vient à l'aide du vieillard. La fille de Marie-Anne, enfant de six ans, croyant sa mère menacée, « a un élan sublime pour se jeter vers elle et la défendre ». C'est Falconet lui-même qui, de sa main gauche, a écrit le récit de l'incident. La mère et la petite-fille étaient habillées de blanc ; cela fit un beau groupe marmoréen. Il ajoute : « Nous l'avons tous vue, cette scène rapide ; et j'ai dit : — Les Grecs nous ont encore laissé de quoi moissonner avec gloire. Mes chers confrères, je vous présente la faucille. et que grand bien vous fasse. J'ai soixante et huit ans. je suis paralytique, et je vis encore en 1784[30]. » Falconet raconte cette anecdote à propos d'un groupe antique de Niobé qu'il n'admire pas. Son désir est de prouver que la vie moderne offre des images de beauté : nouvelle et précieuse raison de se fâcher contre l'antiquomanie. Tout infirme qu'il est, il ne lâche pas son idée.

En 1780, quand Falconet reçut la lettre de Diderot, par le prince Galitzine, il préparait l'édition des *Œuvres d'Etienne Falconet*, qui parut l'année suivante, en six volumes. La bibliothèque nationale possède un bel exemplaire de cette édition : l'exemplaire de Falconet, tout chargé de ses corrections, qu'il faisait en vue d'un autre tirage. Dans les *Observations sur la statue de Marc-Aurèle, adressées à M. Diderot*, il y avait cette phrase : « Vous croyez peut-être, mon ami, que je viens de m'amuser à battre la campagne... » Et Falconet. très fortement, a barré *mon ami*[31]. L'édition qu'il préparait en corrigeant son exemplaire de 1781 parut en trois volumes, l'année 1787. Au tome II, il publie son essai *sur deux peintures de Polygnote* : c'est tout ce qu'il a pu extraire de sa correspondance avec Diderot ; et il a rédigé son ouvrage de sorte que le nom de Diderot n'y fût pas. Dix-sept ans après la mort de Falconet, en 1808, parut encore une édition de ses œuvres, en trois volumes in-octavo. Sans doute l'avait-il préparée lui-même. Les *Observations sur la statue de Marc-Aurèle* n'y sont plus « adressées à M. Diderot », de sorte que les premières lignes de ce traité : « Quand nous disputions sur le tableau de Polygnote... » y sont incompréhensibles pour le lecteur non averti; n'importe ! et Falconet supprimait Diderot. La rancune a duré jusqu'au bout. La paralysie de Falconet n'avait pas attendri le philosophe; et, bien après la mort du philosophe, le statuaire n'avait pas désarmé.

La correspondance de Diderot et de Falconet fut longtemps inédite. En 1828, Barrière, l'éditeur des *Mémoires de Brienne*, publia dix des lettres de Diderot[32]. En 1831, Walferdin publia treize lettres de Diderot, d'après une copie appartenant à la famille de Vandeul[33]. L'édition jusqu'à présent la meilleure est celle qu'a donnée M. Tourneux dans les *Œuvres complètes* de Diderot, d'après les manuscrits que la baronne de Jankowitz de Jeszenisce, petite-fille de Falconet, déposa en 1866 au Musée lorrain. Mais la petite-fille de Falconet, d'abord, avait détruit les lettres postérieures à l'année 1773, lettres de la « brouillerie » et de l'hostilité déclarée.

Maintenant, quelle est la part que Joubert prit à cette querelle ? J'avoue que je ne le sais pas. Son intervention ne peut dater que des toutes dernières années, de l'époque où Falconet préparait ses éditions de 1781 et de 1787. Mais qu'a-t-il fait? Peut-être eut-il à négocier, de l'un des ennemis à l'autre? Je ne le crois pas : la lettre au prince Galitzine indique bien que toutes relations étaient rompues. D'autre part, Diderot, dans sa réponse au prince Galitzine, promet de revoir et corriger ses lettres. Or, il était fort occupé de son Essai sur les règnes de Claude et de Néron. Peut-être a-t-il chargé le jeune Joubert de la revision qu'il n'avait pas le temps de faire lui-même. Peut-être encore Joubert, au moment où parut l'édition des œuvres de Falconet, en 1781, publia-t-il un article de critique. Falconet dit, en note, dans son édition de 1787 : « Un écrivain aussi estimable par ses vertus que par ses connaissances a mis dans un journal quatre pages d'observations très abrégées sur mes écrits[34]. » Seulement, je n'ai pas retrouvé cet article; et je ne sais pas si cet article est de Joubert, bien que ces mots, « très abrégées », fassent songer à la concision qu'aimait Joubert.

Enfin, nous voyons un peu, — sinon très bien, — ce qu'a fait Joubert auprès de Diderot. Il n'a pas seulement assisté aux conversations merveilleuses, où Diderot lui donnait le spectacle de son esprit en belle et bénévole activité. Il a travaillé. Diderot, en quelque mesure, l'associait à ses besognes; il le lançait dans une de ses querelles. Puis, certainement, il l'a initié aux arts, dont il avait la passion, l'intelligence et la familiarité. Joubert, à cette époque, s'intéresse à la peinture : c'est un goût qu'il développa, supposons-le, à l'instigation de son maître. Je conjecture que Diderot l'emmena dans quelques-unes de ces visites qu'il aimait à faire aux ateliers des artistes. Il dut le conduire chez Pigalle, comme un jour il présentait au grand sculpteur son jeune ami le peintre Mannlich. En 1786, Joubert composera un remarquable éloge de Pigalle, où il montrera une connaissance très juste de l'artiste et de son art : l'information date peut-être du temps où il se promenait, causant, avec Diderot.

Quant au sujet de livre où Diderot l'avait engagé, c'était, je l'accorde, un sujet pour Diderot plutôt qu'un sujet pour Joubert : l'événement l'a prouvé, puisque Joubert ne s'en est pas tiré. Pourtant, c'était un beau sujet, digne de méditation. Il n'est pas indifférent que l'artiste ou l'écrivain songe tout uniment à son époque ou songe à la postérité, cherche des satisfactions toutes proches ou veuille donner à son œuvre un caractère d'éternité. Il cédera plus ou moins à la mode; il créera une beauté plus ou moins durable. Mais jusqu'où peut-il aller, dans le désir de l'absolu, sans risquer de perdre, mon Dieu, la tête et de s'évanouir dans le néant ? Problème d'esthétique et de morale, les perspectives de l'esprit; et problème, du reste, que Joubert n'a point dénigré, s'il confesse qu'il ne l'a point résolu. Longtemps après, en 1804, quand il note le souvenir de ses tentatives avortées, il y revient, à ce problème de la bienveillance universelle et des perspectives : « Questions (écrit-il). I, S'il faut, s'il est utile que tous les peuples soient mêlés et qu'ils aient un sort uniforme; ou si la séparation entre frères vaut mieux que le commun malheur. II, Des deux mondes (l'ancien et le moderne) le premier, mieux borné peut-être pour la capacité de l'esprit humain, de même qu'un horizon trop étendu détruit entièrement l'utilité et le plaisir que peut donner la perspective. Se resserrer, etc. » Ce n'est qu'une indication jetée vite sur le papier; le mot de *perspective*, Joubert cette fois ne le prend pas dans l'acception de son titre abandonné, « Des perspectives pour l'esprit. » Ces quelques lignes, très hâtives, montrent ce que la pensée de Joubert est devenue, après vingt ans : l'inverse de la pensée à laquelle Diderot l'invitait. Joubert, plus il vécut, et plus il se confina. La sagesse à laquelle il aboutit peu à peu, c'est le contraire de l'imprudence si aguichante de Diderot : nous le verrons. Quant à la postérité, il la négligera; mais, pour son usage, il la remplacera par un autre principe de grandeur et de fierté individuelle : le souci de la perfection réalisée sans nul souci que d'elle-même.

Après cela, convient-il de croire que Joubert ait profondément subi l'influence de Diderot ? Grande influence, dit Sainte-Beuve, « plus grande qu'on ne le supposerait à voir la différence des résultats »[35]. Eh ! il faut cependant que les « résultats » soient analogues, pour qu'on y saisisse les traces d'une influence. Or, Joubert et Diderot sont différents à merveille. Et nous sommes avertis : nous allons avoir l'un de ces arrangements très subtils où triomphe l'ingéniosité de Sainte-Beuve ; très subtils et industrieux, et qu'il impose à la réalité plus simple, et qu'il impose à la réalité très bien, de sorte que, si arbitraires, ils vous ont néanmoins un air de vérité. Joubert serait un « élève épuré » de Diderot, un élève platonicien de ce matérialiste, et chrétien de ce vif athée. Sainte-Beuve plaisante ? Non; et, assure-t-il, « ce n'est que par ce contact de Diderot qu'on s'explique bien en M. Joubert la naissance, l'inoculation de certaines idées si neuves, si hardies alors, et qu'il rendit plus vraies en les élevant et en les rectifiant ». On voudrait que Sainte-Beuve donnât quelques échantillons de ces idées à la Diderot métamorphosées par Joubert. C'est ce qu'il ne fait pas du tout. Il aime, en pareil cas, les exemples : cette fois, il n'en a pas trouvé.

Cette influence de Diderot sur Joubert, je ne l'aperçois pas : cette influence que dit Sainte-Beuve. Diderot : un charmant bonhomme français, vulgaire un peu, grand gaspilleur, prodigieux causeur qui trouve des idées tant qu'il en veut, qui en trouve encore quand on n'en veut plus, les idées les plus neuves et amusantes, profondes quelquefois, et qui trouve les mots les plus frappants, et qui les arrange si bien qu'il n'a qu'à écrire ce qu'il dirait, comme il le dirait, pour être un écrivain délicieux, un grand écrivain quelquefois; une tête sans cesse féconde, sans cesse laborieuse, et féconde avec une allégresse ravissante; de l'enthousiasme toujours prêt, de la gaieté qui se prodigue. Il est léger. Il a, pour les idées, tant d'amitié qu'il ne consent point à sacrifier celle-ci à celle-là. Plutôt que d'en perdre quelqu'une, il se contredit. Les idées ont mauvais caractère et s'accordent mal les unes avec les autres : il les voit se battre, dans son esprit ; et ce spectacle l'invite à sourire. Il sourit joliment et rit volontiers. Les motifs sur lesquels s'appuie le désespoir des pessimistes, il les connaît et les apprécie ; mais il leur préfère sa joie. Le désordre de son esprit ne lui est pas du tout pénible. Amateur d'idées, il ressemble à ces collectionneurs qui ont chez eux leurs objets d'art sens dessus dessous, ne les rangent pas, mais les entassent, et vivent très finement dans un trésor bouleversé. Joubert sera et, de nature, il est tout l'opposé de ce Diderot ; Joubert, logicien très attentif, idéologue certes, mais qui a soin d'accorder les idées et qui cherche, dans leur accord, leur vérité ; Joubert qui regarde comme un signe de vérité le repos où les différentes idées se tiennent ensemble, une fois faite l'opération dialectique de l'esprit ; Joubert qui a le désir de l'ordre tout de même que Diderot vit dans la richesse du désordre ; Joubert qui, dans le désordre, est éperdu ; Joubert qui, en fin de compte, a reçu les cadeaux confus de Diderot et n'en a rien pu faire.

Diderot pétille de génie, et d'un génie un peu mêlé, mêlé de tous les contrastes. Il n'est pas distingué ; il a trop d'exubérance : et puis il a une exquise délicatesse. Il est gourmand, se plaît à des goinfreries : et il est un gourmet cependant. Il est dans ses livres comme à table ; il manque de mesure : et il a toute la grâce d'un artiste. Il exulte aux anecdotes où il y a des faits et du commentaire. Il est ingénieux et fort. Il est bien portant. Il ne rêve pas beaucoup ; il se divertit avec abondance et avec choix. Il est gaillard, il est drôle. Mais il n'est pas l'un des maîtres de l'âme. Il s'adresse à l'esprit, non à l'âme. Entre lui et Joubert, il y a cette disparité, il y a ce malentendu.

Je ne crois pas que Diderot, tel que le voilà, ait eu jamais, sur Joubert, une influence positive. Une influence négative, oui. Arrivant à Paris et vivant soudain près du philosophe, le jeune Joubert attrapa de lui l'incrédulité, quelque rationalisme et un certain cynisme de l'intelligence. Diderot le détacha ou, du moins, contribua singulièrement à le détacher de ses croyances, de ses coutumes. Si l'on veut, il le déniaisa : Diderot, pour un temps, ne laissa point à Joubert l'âme avec laquelle Joubert était né. Joubert, nous le verrons bientôt occupé à se refaire son âme vraie. Diderot l'aura secoué, l'aura excité, l'aura même embrouillé.

Et Joubert ne lui gardera nulle reconnaissance.

Après la mort du philosophe, on publia quelques-uns de ses ouvrages encore inédits. Le roman de *La religieuse*, écrit en 1760, parut en 1796 ; Joubert le lut l'année suivante et en copia quelques lignes sur son carnet[36]. Le *Salon de 1767* parut en 1798. Joubert le lut quatre ans plus tard et observa que, sur un point, Diderot s'exprimait « fort étourdiment ». Diderot, qui juge des tableaux d'histoire, prétend « qu'un tyran est plus beau qu'un roi, les dieux méchants que les dieux bons » ; et Joubert : « Il prend le remuement pour de l'action » [37]. A cette époque, en 1802, Joubert écrit ces lignes un peu surprenantes : « Du Diderot, de la Mme de Staël et du Saint-Pierre fondus ensemble, mais de manière que le dernier domine fortement, voilà Chateaubriand tout entier » [38]. C'est assez drôle. En 1802, Chateaubriand, c'est l'auteur d'*Atala* et du *Génie du Christianisme* : négligeons l'*Essai sur les révolutions*, que Joubert ignore. Et l'on y voit sans difficulté du Bernardin ; passe pour « de la Mme de Staël » : mais le Diderot de Chateaubriand, où est-il ?... Sans doute Joubert le discerne-t-il dans la légèreté inventive et brillante de cette apologétique ; seulement, c'est du Diderot sanctifié, tourné ailleurs, et vers la religion : du Diderot analogue à celui que Sainte-Beuve discerne mieux que moi dans Joubert. La fausse rigueur de la démonstration, le plaidoyer très habile et qui ne va pas au fond des choses, c'est probablement là ce Diderot que Joubert aperçoit dans le *Génie du Christianisme*.

Continuons de relever les passages de Joubert qui ont trait au philosophe de ses débuts. Il écrit, en 1812 : « Diderot, etc. Fou ; non pas qu'il eût la tête folle, mais par de folles opinions »[39]. Puis : « 28 juillet 1815. Diderot est moins funeste que Jean-Jacques. La plus pernicieuse des folies est celle qui ressemble à de la sagesse ». C'est décidément un souvenir de folie que Diderot a laissé à Joubert. Et, d'ailleurs, Joubert distingue une folie de la tête et une folie des opinions ; la seconde moins grave, extérieure en quelque sorte au personnage : il n'attribue à Diderot que la seconde. Il lui a connu la tête bonne et saine, avec des idées absurdes. La folie des opinions de Diderot lui apparaît comme si manifestement visible qu'on dirait qu'il est quasi prêt à en sourire. Il la trouve moins dangereuse que la folie de Jean-Jacques ; terrible, celle-ci, « qui ressemble à de la sagesse » : à la folie de Diderot, l'on ne se trompe pas. S'y est-il trompé jadis ? Un peu de temps ; et puis il a vu clair.

En 1813, il écrit : « Diderot, etc. Ils prenaient leur érudition dans leur tête, et leur raisonnement dans leurs passions ou leur humeur »[40]. Il blâme ainsi, avec un peu d'injustice et beaucoup de vérité, Diderot et les philosophes de l'Encyclopédie. A trois ans de mourir, en 1821, quand il est parvenu à ses plus parfaites assurances philosophiques et religieuses, il montre encore plus de vivacité hostile : « Diderot. Il ne vit aucune lumière et n'eut que d'ingénieuses lubies »[41]. La brusquerie de la formule indique une réelle antipathie de l'intelligence. On ne voit pas du tout que Joubert eût conservé seulement une aimable mémoire de l'accueil que lui a fait Diderot ; et il déteste l'erreur où Diderot l'avait induit.

En fin de compte, il ne pouvait y avoir nulle entente et nulle amitié de pensée entre ces deux hommes, dont l'un se plaît à l'aventure et l'autre cherche le repos, dont l'un est un fol et l'autre un sage.

CHAPITRE III

FONTANES, SES AMIS, ET JOUBERT

Voici le très cher ami de Joubert, son camarade, le compagnon de sa jeunesse, de son espoir et de ses entreprises, Fontanes. Mais, Fontanes, on ne le voit que trop sous les espèces du Grand Maître de l'Université, noble personnage et imposant. C'est un autre Fontanes, tout autre ! que Joubert, peu de mois après son arrivée à Paris, rencontra et aima : un jeune Fontanes mélancolique et déluré.

Il n'est guère de figure, dans notre histoire littéraire, qui me paraisse plus inexactement connue. La tradition l'a toute faussée ; une tradition que, d'ailleurs, il avait bien favorisée lui-même, étant de nature un peu sournoise. Quand il devint un considérable fonctionnaire, il eut soin d'organiser sa renommée des plus respectables et, après sa mort, sa fille consacra un zèle pieux et opiniâtre à veiller sur sa mémoire : même, elle l'arrangea, et l'habilla, non sans coquetterie, et la costuma, non sans habileté honorable. La fille du feu Grand Maître de l'Université, comtesse Christine de Fontanes, chanoinesse, eut un jour une idée admirablement ingénieuse. Elle offrit à Sainte-Beuve la mission de classer les papiers de son défunt père et de les publier. Aguiché, Sainte-Beuve accepta. Et Sainte-Beuve rédigerait la notice préliminaire; il tracerait le portrait de Fontanes, pour la postérité. Sainte-Beuve ? c'était dangereux ; Sainte-Beuve, qui a beaucoup plus de curiosité que de respect, tant de malice et le goût de peindre les gens au naturel ?... Pas du tout ! Ayant confié à Sainte-Beuve la mémoire de son défunt père, et les papiers, la comtesse Christine de Fontanes tenait Sainte-Beuve. Elle sut le tenir. Une ou deux fois, il donna des signes de hardiesse : elle vous l'admonesta, de manière qu'il ne dût pas recommencer. Elle livrait au panégyriste qu'elle avait choisi les documents et renseignements qu'elle désirait qui fussent mis au jour; non les autres: les autres, elle les gardait pour elle et, en général, les détruisait. Jamais le plus indiscret de tous les critiques et le plus inquiétant chercheur d'anecdotes ne fut à ce point gêné, bouclé, condamné à la déférence. La comtesse Christine de Fontanes eut aussi la précaution de vivre longtemps, de survivre à Sainte-Beuve et de le pouvoir guetter jusqu'au bout; de sorte que, touchant Fontanes, Sainte-Beuve ne nous a pas révélé les potins.

A quel moment Fontanes et Joubert se rencontrèrent-ils ?

Dans une *Notice historique* [1], un peu médiocre et cependant précieuse, qu'il a consacrée à son frère en 1824, Arnaud Joubert dit : « M. de Fontanes venoit de faire paroître ses premières poésies. M. Joubert, qui aimoit les beaux vers avec passion, et en faisoit lui-même avec beaucoup de grâce et de facilité, s'enthousiasma pour ceux de M. de Fontanes, et n'eut ni cesse ni repos qu'il n'eût fait connoissance avec leur jeune auteur. Il n'eut pas de peine à y parvenir : M. de Fontanes cherchoit lui-même l'auteur d'un article de littérature qui avoit particulièrement attiré son attention dans un journal. Leurs âmes s'étoient entendues avant qu'ils pussent se connoître ». C'est gentil ; mais, semble-t-il, avec un peu d'art, ou d'artifice. L'article publié par Joubert, je l'ignore ; et, sur les indications si vagues d'Arnaud Joubert, comment le découvrir ? Quant aux premières poésies de Fontanes, le *Cri de mon cœur* et le *Poème sur la nature et sur l'homme*, elles ont paru dans l'*Almanach des Muses* de 1778 ; le *Cri de mon cœur* avait d'abord été publié dans les *Mélanges littéraires ou Journal des Dames*, de Dorat, au mois de juin de l'année précédente. Du reste, Arnaud Joubert écrit sa *Notice* en 1824 ; en 1778, il était encore à Montignac : il ne faut pas prendre son récit à la rigueur. Deux jeunes écrivains, qui débutaient, se rencontrèrent ; et peut-être venaient-ils de se lire mutuellement avec sympathie : ne le nions pas. Il est permis de supposer, mais il est impossible de prouver, que François de Paule Latapie, inspecteur des manufactures, connaissait le petit Fontanes, fils d'un inspecteur des manufactures et lui-même attaché à cette administration quelque temps, et qu'il présenta les deux jeunes gens l'un à l'autre.

Arnaud Joubert, dans ses « Souvenirs » inédits[2], — écrits plus tardivement et, je crois, en 1850, — dit que son frère avait connu M. de Fontanes

« dès 1778, en arrivant à Paris ». Paul de Raynal, qui d'ailleurs tenait toute son information de son beau-père, ne dit rien de plus. D'autre part, au mois de septembre 1808, Fontanes, rédigeant pour l'Empereur une note où il propose Joubert comme l'un des collaborateurs qu'il souhaiterait d'avoir à l'Université, s'exprime ainsi : « M. Joubert est mon ami depuis vingt-quatre ans... »[3]. Et ainsi Joubert et Fontanes se seraient connus en 1784. Fontanes se trompe : il a mis ce chiffre à la légère. Joubert indique une autre date, dans une lettre à Molé du 8 décembre 1804 : « Récitez-lui (à Fontanes) cet apologue si vous voulez, et ajoutez que vous êtes né l'année où nous nous sommes connus, et que vous tettiez votre nourrice quand nous étions amis comme Oreste et Pilade le furent avant nous dans les poètes... »[4]. Molé naquit en 1781 ; c'est donc en 1781 que Fontanes et Joubert se seraient connus ? En 1781, mettons, à peu près : Joubert n'avait peut-être pas très exactement présente à l'esprit la date de la naissance de Molé. Mais voici plus méticuleux. Le 22 octobre 1809, Joubert écrit à Fontanes : « Il y a trente ans et plusieurs mois que je vous aime... » Trente ans et plusieurs mois ; il faut nous en tenir là : Fontanes et Joubert ont dû se rencontrer vers la fin de l'année 1778 ou le commencement de l'année 1779 ; en somme, très peu de mois après l'arrivée de Joubert à Paris. Fontanes l'y avait devancé d'une année. Il était de trois ans plus jeune que Joubert, étant né le 6 mars 1757[5]. Il avait donc vingt et un ans, près de vingt-deux ans, lorsqu'il fit connaissance avec Joubert.

L'enfance et l'adolescence de Fontanes avaient été fort malheureuses, tourmentées de plusieurs manières.

Sa famille était originaire des Cévennes et y possédait anciennement un fief des Apennès[6]. Son père, qui eut un moment de la notoriété en Poitou, songeait à réveiller ce souvenir : il se faisait appeler « M. Fontanes des Apennès » et prenait le titre d'écuyer. Un village, entre Nîmes et Le Vigan, porte aujourd'hui encore le nom de Fontanes ; et l'on trouve, dans les Œuvres du poète, des stances composées (dit Sainte-Beuve) en 1805 « sur un village des Cévennes où se trouvait l'ancien patrimoine de ma famille et qui porte encore mon nom » :

> Sous les beaux cieux d'Occitanie,
> Je retrouve enfin ce hameau
> D'où ma famille fut bannie
> Et qui fut jadis mon berceau...

Avec un peu de complaisance, le poète découvre les ruines d'un donjon qu'il attribue à ses ancètres ; il imagine son « second aïeul » quittant avec chagrin ce séjour. Quoi qu'il en soit, les Fontanes des Apennès, protestants, subirent de pénibles tribulations. Jean Fontanes, grand-père du poète, n'était plus que marchand drapier à Auch, lors de la révocation de l'Edit de Nantes[7]. Il fallut s'en aller. Les Fontanes se réfugièrent en Suisse ; et Pierre-Marcellin Fontanes, le père de notre Fontanes, naquit à Genève le 11 septembre 1819. Il eut deux frères, qui semblent être restés en Suisse[8]. Mais lui, dès qu'il le put, revint en France. Au milieu du siècle, il est inspecteur des manufactures de draps, à la résidence de Saint-Gaudens, dans la province de Languedoc. Il s'est tiré d'affaires ; il épouse une fille noble et catholique. Il a un fils, Dominique-Marcellin. Il a aussi un beau-frère, absurde garçon qui s'intitule « filleul de la ville de Saint-Gaudens » et avec lequel il se querella. Au début de l'année 1757, les deux beaux-frères se battirent en duel, sur la place de l'église. Le filleul de la ville de Saint-Gaudens fut blessé grièvement. Pierre-Marcellin Fontanes, le coup fait, se réfugia dans l'église, réussit à s'échapper et gagna une autre province[9]. Quel était le motif de la querelle ? La religion, peut-être ; et que sais-je ? Pierre-Marcellin Fontanes s'établit à Niort et parvint à faire transférer dans les provinces de Poitou et d'Aunis ses titres d'inspecteur des manufactures. A Niort, il acquit un renom de très honnête homme, et savant. Il composa et fit imprimer à Poitiers un mémoire relatif à la culture de la garance et, joignant la pratique à la théorie, installa une garancière dans le Bas-Poitou. Il s'occupa de dessèchements à opérer sur les laisses de la mer, dans la contrée, et entretint pour ce une correspondance très assidue avec le ministère. Il prépara une notice sur l'histoire naturelle du Poitou, publia des articles dans les *Ephémérides du citoyen*, fut membre de la société royale d'agriculture et de littérature de la Rochelle ; et, quand il mourut, à cinquante-cinq ans, les *Affiches du Poitou* célébrèrent ses « vues utiles et patriotiques, son zèle, son activité, son caractère sensible et l'assemblage des vertus sociales qui l'ont rendu cher à tous les bons Poitevins »[10]. La mère de Fontanes, Dominiquette-Jeanne-Baptiste-Raymonde de Sède, était née aux environs de Saint-Gaudens en 1723. Elle est quelquefois désignée sous le double nom de « de Sède et Fourquevaux »[1]. Ces deux familles nobles étaient alliées. Elle épousa en premières noces un certain Ferrier, de qui je ne sais rien, sinon qu'elle eut de lui deux filles, Louise-Berthe et Anne Ferrier. A vingt-huit ans, veuve, elle épousa Pierre-Marcellin Fontanes, à Saint-Gaudens, et garda ses filles auprès d'elle. Elle était catholique et très pieuse. En épousant un protestant qui paraît être resté très protestant toute sa vie, elle exigea que les enfants à naître fussent élevés dans la religion catholique.

Voilà le berceau de Fontanes. Une bonne famille, des principes, de la religion, — deux religions ; — des souvenirs, très différents du côté paternel et du côté maternel : souvenirs de persécutions, de grandeur déchue ; de l'orgueil ; très petite fortune, et de bons exemples.

Louis de Fontanes fut, tout enfant, confié à un certain Père Bory, curé d'un village voisin de Niort, La Foye-Monjault. Ce Père Bory, ancien oratorien et janséniste redoutable, fit pendant quatre ans au petit garçon la vie la plus sévère et rude. Il « noircissait de terreurs » l'âme de son élève, dit Sainte-Beuve d'après la chanoinesse. Il l'envoyait, de nuit, invoquer l'Esprit-Saint dans l'église : et il fallait traverser le cimetière. Il ajoutait à ce traitement moral des duretés physiques, si bien que le gamin se sauva et allait s'engager comme mousse à La Rochelle, quand on le rattrapa. En 1790, Fontanes n'avait pas oublié le Père Bory et, commençant de sentir les inconvénients de l'incrédulité, il écrivait à Joubert : « J'aimerais mieux me refaire chrétien comme Pascal ou le Père Bory[12], mon professeur, que de vivre à la merci de mes opinions ou sans principes comme l'assemblée nationale... » Pascal ou le Père Bory : ce sont deux austérités, que Fontanes compare ainsi.

Après son équipée de La Rochelle, le petit Fontanes n'eut pas à retourner chez le terrible Père Bory : on le mit au collège des Oratoriens, à Niort. Il avait onze ans ; et il n'avait pas perdu son temps auprès du pédagogue de La Foye-Monjault, car il put entrer en seconde et être classé, dès la première année, *inter bonos*. En rhétorique, il est l'un des *insignes*. En philosophie, pendant l'année scolaire 1770-1771, *sæpissime abfuit*... [13]. Il avait un frère, de cinq ans plus âgé que lui et qui avait quitté le collège des Oratoriens avant que lui-même y entrât. L'année 1767, Marcellin lâcha la philosophie après le carnaval : *valedixit philosophiæ post bacchanalia*. C'était, ce Marcellin de Fontanes, un petit prodige. Dès le collège, il possédait mieux que personne Locke, Fontenelle et Fénelon ; « comme il connaissait *Télémaque* ! » s'écrie, plus tard, un de ses condisciples. On était surpris de « ses raisonnements » et de la « profondeur de ses idées ». Il pratiquait tous les poètes, et les latins, et les anglais, et les italiens. Il était enfant, et il composa une tragédie, qu'il ne manqua pas d'envoyer à M. de Voltaire, lequel s'en déclara enchanté. A dix-huit ans, il reçut de l'académie de La Rochelle le titre d'associé. Il se consumait de travail ; ses camarades, inquiets, tâchaient de lui arracher ses livres[14]. Les deux frères, touchés d'un pareil amour de la poésie, exaltèrent ensemble leurs muses, un peu comme feront. à Combourg, Chateaubriand et sa sœur Lucile. Une émulation lyrique animait l'adolescent et le garçon de treize ou quatorze ans. Leurs promenades les conduisaient dans les sites gracieux et mélancoliques. En 1815, M. de Fontanes, pair de France, tout chargé d'honneurs et de tristesse, fit un voyage dans son pays natal et alla seul revoir, aux environs de Niort, la fontaine du Vivier :

> Toi, dont l'urne féconde embellit ses prairies,
> L'année quarante fois a brillé dans les cieux
> Depuis le dernier jour où tes nymphes chéries
> Ont reçu mes adieux.

Il voit les rives, comme jadis vertes, et le cristal de l'eau, frais comme jadis...

> Et du temps destructeur l'inévitable injure
> N'a flétri que mes traits.

Il se rappelle son frère, ami de son jeune âge, poète, dont la muse pensive « suivait ces flots errants dans ces prés toujours verts » et qui sur la luth dirigeait les mains de l'apprenti. « Cher frère !... »

> Encor quelques moments, et la mort nous rassemble !
> Quand mes derniers soleils vont bientôt expirer,
> Au bord de la fontaine où nous chantions ensemble
> Il m'est doux de pleurer

En 1771, si le petit Fontanes montra peu d'assiduité à la classe de philosophie, ce fut en faveur de ces promenades où, avec son frère, il épanchait son premier zèle poétique. Il avait quatorze ans. Et, le 17 avril, Marcellin fit inviter Louis à la séance solennelle de l'académie rochelloise. « Fontanes aîné » lut en public son *Epître d'un vieillard à un jeune homme qui ne veut rien faire pour la société ;* « Fontanes jeune », un poème, *Young à Lorezzo, ami de son fils, sur la mort de ce fils, héroïde*[13]. Le poète des *Nuits*, mort il y avait peu d'années, était à la mode ; et à la mode, le genre de l'héroïde ; et à la mode, une poésie trempée de larmes. Un splendide succès accueillit ces deux lectures. On loua les deux muses fraternelles ; on admira « ce phénomène que les deux Corneille ne montrèrent que dans un âge plus avancé et qui n'avait pas paru depuis eux ». Tels furent les rayons d'une jeune gloire sur le front du petit Fontanes ; et les joies du triomphe se mêlaient, contraste charmant, aux accents d'une poésie plaintive.

Hélas ! arrivèrent, après les agréables douleurs de littérature, les chagrins authentiques. M. de Fontanes le père tombait malade. Marcellin, déjà lassé par les prouesses de son génie studieux, s'épuisa en veilles et en tourments. La fièvre le prit. Il eut des crises violentes et qui, passées à peine, le laissaient dans un état de sérénité philosophique. Il parlait de sa maladie « comme d'une chose qui lui était étrangère ». Le médecin dut l'avertir et lui parla d'une autre vie... « Tu y crois, mon cher fils ?... » s'écria M. de Fontanes le père. « Oui, assurément ! » répondit Marcellin. Il reçut Notre-Seigneur. Ensuite, comme un sage et un chrétien pourvu d'éloquence, il parla de la destinée, de la vertu ; il dédaigna les « légers applaudissements » qui l'avaient amusé. Il dit à son frère Louis : « Si ma conduite a été bonne, c'est tout ce qui me reste aujourd'hui ! » Pour ses demi-sœurs, les demoiselles Ferrier, il eut les attentions les plus tendres. Comme la souffrance augmentait, il s'écria : « Ha ! qu'il faut lutter longtemps ! » Et, le 17 novembre 1772, à vingt ans, il mourut. Il fut enterré dans l'ancien cimetière de Notre-Dame, auprès du clocher. Le curé de la paroisse lui rédigea une épitaphe en trois distiques latins : « *Ille poesis erat!...* » On répandit des pleurs sur tant d'espérance anéantie, sur la perte d'une poésie à la fois sensible et décente[16]. Le souvenir de Marcellin, nous le verrons, accompagna Louis de Fontanes toute sa vie.

Deux ans après Marcellin, au mois de septembre 1774, M. de Fontanes le père mourut. Et ce fut le désastre de la famille. Nous ne savons pas tout le détail des événements et, moins encore, des sentiments. Qu'arriva-t-il, pour détruire ce foyer ? La pauvreté, sans doute ; et puis d'autres alarmes. Laissant son fils et laissant ses deux filles, et n'étant âgée que de cinquante et un ans, Mme de Fontanes se retira au couvent des Hospitalières de Niort. C'était un établissement patronné par le maire et les échevins de la ville et où l'on recevait quatre-vingts pensionnaires, « jeunes personnes et femmes de tout âge, à qui la perte de leurs parents, la modicité de leur fortune ou des motifs de piété faisaient désirer une vie paisible et retirée »[17]. Mme de Fontanes ne s'est-elle pas éloignée du monde afin de gagner à l'hérétique défunt la divine miséricorde?

Le petit Fontanes de dix-sept ans eut, lui, à gagner sa vie. On le fit entrer dans la carrière où son père avait dignement servi. M. Vaugelade, sous-inspecteur des manufactures à Clermont-de-Lodève, fut nommé inspecteur général des manufactures du Poitou, La Rochelle et pays d'Aunis, avec résidence à Poitiers ; et, pour le suppléer dans les circonstances nécessaires, on nomma un « élève » résidant à Niort, le petit Fontanes : « il a, dirent les *Affiches du Poitou* en signalant sa nomination, étudié sous son père toutes les matières relatives aux manufactures de cette province, fait des tournées avec lui dans les différentes fabriques, travaillé aux mémoires qu'on lui demandait; nous le connaissons assez pour oser prédire qu'il soutiendra la réputation que son père avait si justement acquise »[18]. Il ne la soutint pas longtemps. Au bout de quelques mois, il quitta Niort et alla s'installer en Normandie, au Petit-Andely, sur les bords de la Seine. Il y était reçu par une famille de manufacturièrs avec laquelle son père avait dû être en relations. Les Flavigny, fabricants de drap, étaient, depuis des années, directeurs de la manufacture royale d'Andely, dans la rue Saint-Jacques, qui aboutit au chemin de halage de la Seine : les bâtiments existent encore. En 1790, Fontanes écrit à Joubert : « M. de Flavigny est ici (à Paris). Je suis obligé de partir ce matin à neuf heures et de le conduire aux Andelys. Il a perdu un frère qu'il adorait et trouvera peut-être son père mort à son arrivée. Vous voyés que le voyage est bien triste. Mais je ne puis refuser cette marque d'attachement à une famille avec qui j'ai des liaisons de quinze ans... » Quelle fut, chez les Flavigny, la situation de Fontanes? Il n'est pas très facile de le dire. Suivant une tradition de la famille Flavigny, Fontanes a donné des leçons à l'un des fils du manufacturier, Louis-Frédéric probablement, de quatre ans plus jeune que lui. Je me figure que les bons Flavigny prirent chez eux le petit Fontanes qui n'était pas riche et qui n'était pas gai, lui trouvèrent un emploi, un peu rémunéré, à la fabrique et acceptèrent qu'en échange de l'hospitalité il s'occupât, dans ses moments de loisir, des études de Louis-Frédéric. Un tel arrangement concorde avec ce qu'on sait de l'ancienne bonhomie française, aimable, bienfaisante, simple, et qui n'a pas tout à fait disparu, dans la province, où dure le passé [19].

Fontanes conserva un très bon souvenir des Andelys. Dans son poème du *Verger*, qu'il imprima en 1788, il dit :

J'aime des Andelys la rive pastorale.
Longtemps ma muse heureuse habita dans leur sein.
Là Corneille a chanté ; là naquit le Poussin [20].

C'est aux Andelys que Fontanes composa son poème de *La forêt de Navarre*, qui parut pour la première fois dans l'*Almanach des Muses* de 1780 :

Forêt qui, triomphant et du fer et de l'âge,
Dans les eaux de l'Iton rafraîchis ton feuillage,
Navarre, cache-moi sous ta sombre épaisseur...

Il était encore aux Andelys lorsque mourut sa mère, en 1776. Dominiquette-Jeanne-Baptiste-Raymonde de Sède, veuve de Pierre-Marcellin Fontanes, écuyer, succomba le 3 février chez les Dames Hospitalières. Elle fut inhumée le 5. En l'absence de son fils, on apposa le sceau de justice sur ses coffres et armoires, sur très peu de chose. Dans une chambre basse qui avait « son aspect sur la cour », le procureur du roi trouva une armoire de noyer à deux battants, sur laquelle il mit les scellés ; et la clef fut remise entre les mains du greffier. Puis on fit l'inventaire : un bois de lit, un petit lit rempli de plumes et deux mauvais matelas, cinq draps de lit, onze serviettes, trois chemises, sept mouchoirs de poche, un mauvais casaquin, une mauvaise jupe, une hochée de coiffes, une table et un petit pliant de bois blanc, un fauteuil et une petite chaise ; tout cela fut confié à la garde de Mme la Supérieure [21]. Mme de Fontanes, on le voit, n'avait plus que de mauvaises hardes, comme qui s'attend à ne plus longtemps vivre. Le mois suivant, Fontanes arriva et, orphelin de dix-neuf ans, il obtint son acte d'émancipation, d'accord avec ses demi-sœurs. En 1777, il partit pour Paris.

Et le voici, parmi les gens de lettres, jeune poète provincial, très remuant, très ambitieux, et mélancolique. Il apportait avec lui de la poésie toute faite. Son œuvre, en définitive peu abondante, date de sa jeunesse. Il a été poète de très bonne heure ; et puis on eut à lui reprocher sa paresse. Il devint un administrateur éminent. Mais ce n'est pas l'administration qui l'empêcha d'écrire; depuis des années, il n'écrivait plus guère : la veine poétique s'était tarie en lui anciennement.

Son état d'esprit, à vingt ans et vers l'époque où l'a connu Joubert, nous est révélé par le *Cri de mon cœur :* cri d'un Fontanes bien différent du personnage compassé qu'on se figure, bien différent du Fontanes si froid qu'il fut ensuite, au moins dans sa poésie, cri d'un Fontanes désespéré tout comme un jeune romantique.

Seize moissons à peine ont suivi ma naissance...

Il insiste sur l'âge qu'il avait quand il composa ce poème. En 1777, il le trouve déjà puéril. Dans les *Mélanges littéraires ou Journal des Dames*, en note, il souligne le renseignement du premier vers et tire de là son excuse : « J'avois seize ans quand je fis cette pièce ». L'année suivante, lorsque l'*Almanach des Muses* imprime à son tour le *Cri de mon cœur*, même note : « L'auteur avoit seize ans quand il fit cette pièce ». Dans les notes et dans le poème, il se rajeunit un peu Seize ans : et il faudrait que le poème fût de 1773. Mais Fontanes y déplore la mort de son père, lequel trépassa au mois de septembre 1774. Fontanes, quand il composa le *Cri de mon cœur*, était dans sa dix-huitième année. Peu importe; et les essais de l'adolescence ont vite fait de se démoder aux yeux d'un poète qui grandit. Le poème porte, comme Fontanes le vit bientôt, des marques d'extrême jeunesse. Il est plein de fausse littérature. Cependant, sous les espèces de la fausse littérature, il enferme le sentiment le plus sincère, et vif. Il a trop d'éloquence, et verbeuse et fabriquée ; il a aussi une sorte d'acidité intéressante ; et il contient, parmi ses cent quinze vers, une quinzaine de beaux vers.

Le poète se lamente. Il a perdu son frère, son père. Il ne parle pas de sa mère : Mme de Fontanes vivait. Il dit seulement qu'il « se traîne sans support »,

Tel qu'un fils gémissant repoussé par sa mère.

C'est une allusion à ce que fit Mme de Fontanes quand, négligeant son fils, elle se retira au couvent des Dames Hospitalières. Il dit que la vie lui est un fardeau et supplie le ciel de commander son trépas. Il ne rencontre que barbare égoïsme, indifférence. Et il s'adresse à Dieu :

Toi qui, sans mon aveu, me donnas l'existence,
Grand Dieu, parle : à souffrir m'aurois-tu destiné ?

Mais il comprend la vanité d'invoquer, en faveur d'un enfant, le maître du monde :

Monarque universel, que peut-être j'outrage,
Pardonne à mes soupirs, je connois mon erreur :
Pour un jeune arbrisseau que tourmente l'orage,
Dois-tu suspendre ta fureur ?
D'un pas toujours égal, la nature insensible
Marche et suit tes décrets avec tranquillité.
Audacieux enfant contr'elle révolté,
Je me débats en vain sous le bras inflexible
De la nécessité.

Il lui reste un poignard : il va se tuer...

Terre, où va s'engloutir ma poussière fragile,
Terre qui t'entretiens de la cendre des morts...

Et, les plus beaux vers, les voilà...

O ma mère! à ton fils daigne ouvrir un asile!
Heureux si, dans ton sein, doucement je m'endors!
Sous la tombe, du moins, l'infortune est tranquille.

Puis, les vers sont moins beaux, ou ne le sont plus du tout; et la machine poétique est un peu dérisoire. M. de Fontanes le père sort de sa sépulture, admoneste son fils, lui donne des conseils mi-stoïciens et mi-chrétiens, l'engage à vivre, à cultiver les muses, à chanter Marcellin de Fontanes et M. de Fontanes le père.

Oui, je t'obéirai, je le jure, ô mon père!

Dans les *Mélanges littéraires*, ce poème était accompagné d'une « lettre à M. Dorat » qui en est le précieux commentaire. Fontanes s'était promis de cacher les timides essais de son enfance. Il n'écrivait que pour se consoler de ses malheurs. Il avait résolu de vivre au fond d'un désert : « la solitude convient mieux à l'infortune, qui veut au moins se plaindre en liberté, que ces prisons fastueuses où des esclaves imitent les travaux et les vices d'autres esclaves... » Il se disait : « Tu es malheureux, tu es sans appui, tu es trop fier pour ramper; végète donc dans une retraite ignorée. Paris n'est pas fait pour toi! » Il ne peignait, poète, que ses douleurs et la campagne qu'il avait sous les yeux. Il était le farouche ami de la vérité et de la vertu... « Je me contentois de répandre mes plaintes dans des vers toujours dictés par mon cœur. J'ai eu pour atelier le bord des mers, les forêts, le sommet des montagnes. Je n'ai tracé que des scènes lugubres, analogues à ma situation. Ma poésie doit avoir des traits un peu sauvages et peut-être barbares : je n'ai point assez vécu à Paris pour former mon goût... » Il assure que, de loin, Paris l'épouvantait : « Un homme de dix-huit ans... » (Et il continue de se rajeunir : il est arrivé à Paris ayant ses vingt ans...) « pouvoit-il espérer d'être accueilli dans la république des lettres?... » Dans cette république où M. de Voltaire lui-même n'est pas à l'abri des attaques !... « Ainsi, me disois-je, coulons dans le silence des jours déjà trop agités et dont (ma foible santé l'annonce) le terme heureusement sera court. Tel étoit le plan que je m'étois formé. Je vous vis alors... »[22]. Ce jeune Fontanes a certainement subi l'influence de la littérature sentimentale et larmoyante. Dans sa lettre et dans son poème, il présente, si l'on veut, son personnage littéraire; mais le fait d'avoir choisi ce personnage est un signe. Qu'on lise ces premiers écrits de Fontanes, on y surprend des vérités. Il se tire de la désespérance par la littérature, et par le désir de la gloire, enfin par la volonté d'arriver. « Je vous vis alors... » dit-il à Dorat ; et, aussitôt, tout parut s'arranger. Nous saisissons très bien ici, sous l'ornement littéraire, la sincérité de Fontanes : l'ambition va le sauver. Et il aura une remarquable puissance d'activité ; il aura même de l'entregent ; il aura même l'art de l'intrigue. Il est, affirme-t-il, de chétive santé, au point d'attendre la mort assez prochaine. Ainsi, à Londres, dans la pauvreté, le jeune Chateaubriand se croit poitrinaire et condamné : d'ailleurs, il vivra ses quatre-vingts ans et ne sera guère malade. Fontanes, lui, ne dépassera pas soixante-quatre ans. Mais il aura toute la force nécessaire pour être bien coureur, homme de ressources, gai, gros mangeur.

A vingt ans, et quand il vient de débarquer à Paris, il a de l'adresse. Il sait se faire des relations ; il ne lui faut que peu de mois pour réussir à publier ses vers ; et ses vers sont appréciés sur le champ. Au mois de janvier 1778, la correspondance de Grimm analyse l'*Almanach des Muses* et signale « quelques morceaux d'un jeune auteur qui paraît pour la première fois dans la lice poétique, M. de Fontanes »; elle ajoute : « ces premiers essais annoncent le talent le plus distingué pour la poésie en général et particulièrement pour le genre didactique et pour le genre descriptif ». C'est que, dans le même *Almanach des Muses*, Fontanes donnait aussi un « Fragment d'un poème sur la nature et sur l'homme », où il y a de beaux passages de poésie philosophique et où la nature dit à l'homme :

Tous les jours, pour servir tes caprices nouveaux,
De mes riches saisons variant les travaux,
J'épuisois les tributs que m'apporte l'année :
Tous les jours, ta mollesse à se plaindre obstinée
Demandoit à la fois, dans ses vœux inconstans,
Les trésors de l'automne et l'espoir du printems.

Le *Cri de mon cœur* a dû toucher très vivement Joubert. Il était, lui aussi, troublé, fort sensible. Les vers de Fontanes sont bien à la mode du jour.

On y aperçoit du Jean-Jacques et du Jean-Baptiste Rousseau ; et ils avaient pourtant une séduisante nouveauté. Fontanes n'était pas sans agrément, avec sa jeunesse douloureuse ; il n'était pas sans prestige, ayant imprimé des poèmes dans l'*Almanach des Muses* et dans le *Journal des Dames* et déjà possédant des relations. Ces deux jeunes hommes firent une franche amitié de débutants. Joubert était l'aîné ; mais Fontanes avait une avance de renommée et d'habileté. C'est Fontanes qui conduira Joubert.

Il semble que Dorat fût la première connaissance que Fontanes ait eue à Paris dans le monde littéraire ; et Joubert dut assez vite pénétrer dans le bel entourage de ce poète alors illustre et chez l'amie de ce poète, la comtesse de Beauharnais. Dorat, dit Sainte-Beuve, un « singulier patron » ! Sainte-Beuve en parle à son aise ; et Fontanes a premièrement le patron que le hasard lui propose. Sainte-Beuve méprise Dorat ; mais Dorat était un personnage, très utile à un petit poète qui souhaitait de se faire imprimer.

Au début de l'année 1777, en effet, le pauvre Dorat, qui n'est plus tout jeune, a dépensé en plaisirs et de toutes manières la plus grande partie de sa fortune. Il prend, succédant à Mercier, la direction du *Journal des Dames*, où l'imprudent compte gagner six mille livres bon an mal an. Les *Mélanges littéraires ou Journal des Dames, dédié à la reine*, — titre nouveau, — finirent de paraître l'année suivante, après avoir été, pour Dorat, la cause de mille ennuis, et voire d'une descente de police avec saisie. Dans les bureaux du journal, sis rue de Tournon et en face de l'hôtel de Nivernois, le bon Dorat logeait les livres de publicistes un peu inquiétants, comme cet abbé Viel, qui avait filé, laissant là les bouillons de son *Journal anglois*. La communauté des libraires-imprimeurs de Paris, que Viel avait omis de payer, fit saisir le *Journal anglois :* Dorat passa de mauvais jours. Puis une faillite survint, la faillite La Combe : il fallut renoncer aux *Mélanges littéraires*[23].

Le *Journal des Dames* n'était pas en très grande faveur. Du temps de Mercier, La Harpe écrivait, dans le *Mercure* : « A l'égard du *Journal des Dames*, je ne sais en quel endroit du monde on le trouve, et je ne l'irai pas chercher... » Et, dans sa correspondance russe, en 1777 : « M. Dorat a publié un prospectus du nouveau *Journal des Dames*, qui n'a pas paru assez ridicule pour être amusant... » Et Fréron, dans l'*Année littéraire* : « Je viens enfin de déterrer un exemplaire du *Journal des Dames*! » Pareillement, Grimm, on l'a vu, ne fait dater que de l'*Almanach des Muses* le début de Fontanes. Polémique des coteries et dédains de gens arrivés! Le jeune Fontanes avait raison de voir les choses autrement. Il est, dans sa lettre à Dorat, tout ému de juste gratitude : « Je vous vis alors, et je compris qu'il y avait plusieurs classes dans la littérature. Je trouvai autant de consolation dans votre cœur que de secours dans vos conseils. Vos encouragements réveillèrent en moi cet amour de la poésie avec lequel je suis né, et qu'il me seroit impossible d'éteindre. J'osai me hasarder, par vos avis, dans une carrière où ma jeunesse fera sans doute plus d'un faux pas... » C'est Dorat, dit Sainte-Beuve, qui avait trouvé ce titre, le *Cri de mon cœur*; et Fontanes, plus tard, rougissait de ce titre exubérant : car il avait changé d'esthétique. Dès l'époque de son début, la qualité sentimentale de ce poème le tourmentait un peu ; il s'excusait sur son âge et sur son désir « d'entreprendre de plus grands travaux ». Il promettait au public un poème « plus digne de ses regards », où il a tâché d' « exprimer les vérités de la physique » : déjà il songeait à se guinder. Le *Cri de mon cœur* est le péché de son adolescence.

Déjà il préférait au *Cri de mon cœur* le *Fragment d'un poème sur la nature et sur l'homme*. Ce ne fut pas l'avis de Dorat. Sans doute le directeur des *Mélanges littéraires* eut-il à choisir entre diverses poésies que lui soumettait le petit Fontanes : et il choisit le *Cri de mon cœur*, dont il remarqua et les imperfections et la vive originalité. Le goût de Dorat, dans ce temps, nous est d'ailleurs attesté par une autre publication de son journal.

Le hasard lui avait mis entre les mains un volume qui venait de paraître en Suisse, à Yverdon, sans nom d'auteur, *Les aventures du jeune D'Olban, fragment des amours alsaciennes*. Singulier volume ! Un drame en prose, en trois « journées » ; et les différents épisodes sont encadrés de poèmes qui n'ont pas trait à l'action : poèmes lyriques, le *Chant de guerre du Schwartzbourg*, *l'Oiseau*, *la Rose*, *le Chêne*. L'oiseau, la flèche du chasseur le tue ; et, la rose, l'orage la détruit. Le poète plaint la rose et l'oiseau. Tragiques anecdotes de la nature, et qui associent la nature à la souffrance humaine, et qui accompagnent la tragédie des cœurs tourmentés ; intermèdes, pour ainsi dire, musicaux et qui donnent le ton de l'harmonie sentimentale. L'un des personnages du drame déclare : « Un beau morceau de musique, un morceau bien compris, bien senti est le meilleur traité de morale ; la musique élève l'esprit à la connaissance de la grande harmonie de la nature ». D'Olban est un jeune homme désespéré qui, de la vie, n'a éprouvé que des « peines affreuses », comme Fontanes : peines réelles et que multiplie son âme exaltée. Partout il n'a rencontré que dur égoïsme, comme Fontanes. Sous un nom d'emprunt, D'Olban, devenu Sinval, vagabonde. Il est recueilli par un vieux capitaine de navire, le capitaine Birck, bon drille et que déroute ce garçon « qui n'a jamais le mot pour rire et n'a jamais fumé une pipe ». Sinval ne veut-il pas épouser la fille adoptive du capitaine ? C'est pour le consoler que la lui offre le généreux Birck. Mais il aime la nièce du capitaine : celle-ci est mariée. Or, il a tué pour elle, en duel, un rival. Elle est mariée ? Dans les ruines du château de Honak, à la pointe d'un rocher, Sinval tient ses pistolets. Il s'appuie contre un pan de mur. Sans chapeau, les cheveux sur la face, les habits en lambeaux, la voix altérée, il chante l'hymne de son dernier jour : « Mon heure est arrivée, l'heure où je verrai pour la dernière fois le ciel et la terre, où je penserai pour la dernière fois à Nina. La nature va m'échapper et mes yeux ne verront pas se coucher le soleil qui s'est levé si brillant sur mon dernier jour... Amour ! voici donc le sacrifice que je te ferai... Le brouillard du matin me dérobe les montagnes lointaines... O ruines ! sièges de la sourde destruction, recevez mon âme gémissante ! » Et il se tue. Ainsi, non d'un pistolet, d'un poignard, — « il me reste un poignard ! » — songeait à terminer ses jours infortunés Fontanes, dans le *Cri de mon cœur*. Mais la littérature l'a sauvé.

Il y a quelque analogie de déraison poétique et, même si le mot semble prématuré, de romantisme entre le jeune Fontanes et le jeune D'Olban. Dorat, qui avait publié dans son numéro de juin 1777 le *Cri de mon cœur*, donna dans son numéro d'octobre la plus grande partie du *Jeune D'Olban*. Cette publication l'effrayait un peu : « C'est, disait-il, le chaos des pièces anglaises ; mais il en part quelquefois les mêmes éclairs, les mêmes mouvements de sensibilité, qui valent bien l'alignement méthodique de toutes les périodes du jour. Que nous devenons froids, petits et raisonneurs !... Il s'est introduit je ne sais quel purisme pédantesque, je ne sais quel esprit grammatical qui rétrécit l'âme, rétrécit l'imagination, éteint les hardiesses, s'oppose à tout élan passionné, anéantit la poésie et défigure l'éloquence. » N'est-on pas surpris de trouver ces lignes sous la signature de Dorat, parfait modèle de ces poètes dont il est si las ? Il veut du nouveau, de l'audace et de la passion. C'est qu'il vieillit, s'attriste et se démode : il commence à ne plus aimer les petits vers, son triomphe passé. La curiosité qu'il montre lui fait honneur ; elle est poignante et caractérise un moment où la poésie française a dû sentir son marasme. D'ailleurs, en publiant les *Dernières aventures du jeune D'Olban*, Dorat ne renonçait pas soudainement à ses habitudes littéraires : il corrigea et arrangea, très librement, le texte venu d'Yverdon.

L'année suivante, l'auteur du *Jeune D'Olban* faisait parvenir à Dorat quelques élégies où l'on était prié de reconnaître « le ton sauvage qu'inspire la vue des Alpes et de l'Apennin ». Il disait : « Longtemps réfugié au sein de leurs glaces éternelles, je ne sais si je suis de mise au milieu d'une grande ville et c'est avec quelque méfiance que je viens y porter un ton et des mœurs étrangères »[24]. Le ton nouveau et les mœurs étrangères, voilà précisément ce qui enchantait l'ennui de Dorat, comme l'avaient aguiché la verdeur provinciale et la spontanéité préservée d'un Fontanes auquel il suggérait ces mots de fougue et de naïve passion, le « cri de mon cœur » Une sorte de malaise naturel à toutes les âmes leur rend fastidieux leurs plaisirs et mène chacun de nous, mène l'histoire humaine de contraste en contraste. Sans cesse nous nous échappons hors de nous et cherchons un nouvel exotisme. Une époque turbulente aboutit aux bergeries ; les petits vers salonniers se convertissent en imaginations farouches ; Dorat vieilli se plaît au chant des muses un peu sauvages et à leur cri ; bientôt les plus subtiles élégances vont tourner à la révolution.

L'auteur des *Elégies* et du *Jeune D'Olban* était, en 1777, un garçon de vingt-trois ans, Louis Ramond. Né à Strasbourg, d'un père méridional, trésorier de l'extraordinaire des guerres, et d'une mère alsacienne, — il n'en faut pas davantage pour qu'on découvre en lui « l'esprit souple et agile qui règne aux bords de la Garonne » et « la sensibilité rêveuse qui caractérise les races du Nord »[25], — Louis

Ramond se faisait appeler Ramond de Carbonnières, du nom d'une terre que possédait sa famille aux environs de Montpellier [26]. Trois influences le dirigèrent : la nature, où il se promenait éperdument, visitant la Basse-Alsace, la Suisse, grimpant aux montagnes, accomplissant des prouesses de gymnastique et de rêverie ; Shakespeare, qu'il lut avec enthousiasme ; et un écrivain, très jeune encore, déjà célèbre, Gœthe. Il est tout pénétré de Shakespeare, quand il écrit les *Dernières aventures du jeune D'Olban*, drame où il ne suit pas nos règles théâtrales, où il recherche les libertés anglaises, varie et multiplie les épisodes et invente des types tels que son vieux Birck, bonhomme shakespearien. Mais l'âme de cette œuvre bizarre est proprement wertherienne. Victimes d'une mélancolie analogue, le jeune Werther et le jeune D'Olban se ressemblent. *Werther* avait paru en 1774. Trois ans plus tôt, Gœthe, âgé de vingt-deux ans, achevait à l'Université de Strasbourg ses études de droit [27]. Ramond ne l'a point connu : il n'était qu'un adolescent, lorsque s'en alla Gœthe, abandonnant la maison du greffier Salzmann et les tendres amours de Frédérique Brion. Mais il connut, peu de temps après, les amis de Gœthe, ses admirateurs, la petite troupe des étudiants de tous pays que Gœthe avait émerveillés et que *Werther* alarmait délicieusement. Il connut un extraordinaire Jacob Michael Reinhold Lenz. Ce Livonien, né en 1751, avait étudié la théologie à Kœnigsberg : il vint à Strasbourg. Gœthe et son jeune Werther ne manquèrent pas de le bouleverser. « Plaignez mon héros, ne l'imitez pas », écrivait Gœthe, comme Chateaubriand détournera son lecteur du « vice nouveau » que *René* consacrait. Un Gœthe résiste le mieux du monde à une telle imagination, comme Chateaubriand se guérira très bien des émois de son héros malade. Ramond pareillement triompha du pessimisme poétique de sa jeunesse : un emploi dans l'Etat le fortifia, et aussi l'étude constante de l'histoire naturelle. Mais le pauvre Lenz, moins vigoureux et plus crédule, prit *Werther* au sérieux et mourut de cette erreur. Il fut la victime des chagrins que supporta Gœthe sans fatigue : je le comparerais à Lucile, qui mourut pour les motifs de René. Ramond, qui a voyagé avec lui, l'a vu, sur le pont de Schaffhouse, délirer plus d'une heure, les yeux au fleuve [28]. Lenz, Gœthe parti, fut amoureux de Frédérique Brion ; il a composé des poésies qu'on a longtemps attribuées à Gœthe ; il courut après Gœthe, à Weimar. Gœthe l'avait fasciné : Gœthe et Werther. A Weimar, il commit plusieurs excentricités ; on l'expulsa. Schlosser, beau-père de Gœthe, le recueillit à Emmendingen. Il était quasi dément. On le crut mieux ; on le lâcha : il disparut.

Ne sommes-nous pas très loin de Joubert, avec ce Lenz ?... Oui ; cependant, j'ai trouvé, dans les papiers de Joubert, un feuillet de son écriture où je lis : « A monsieur Lenz. A sa cendre. — Malheureux Lenz ! toi que ta famille et ta patrie ont rejetté parce que ton âme valoit mieux que les âmes qui t'environnoient, toi qui ne reçus de la gloire que le sceau d'infortune qu'elle imprime à ses favoris ; toi que n'ont pu consoler ni l'admiration stérile de ta nation ni l'impuissante amitié de ceux qui co-noissoient ton cœur ; innocente victime ! tu n'as pas voulu poursuivre une carrière hérissée de tant de ronces, et dédaignant le repentir tardif des méchants qui t'avaient repoussé, tu t'es hâté de chercher l'azile où l'on se repose des fatigues de la vie... Cruel! en quittant le monde où tu nous laisses, tu ne nous as pas dit un dernier adieu! eh bien, j'irai vers ces mers glacées dont les rivages recèlent ta cendre; j'irai porter sur ta tombe ce Dolban que tu aimas, et ces larmes que tu as vu tant de fois couler pour toi. — 3 octobre 1780 ». Copiée de la main de Joubert, cette lyrique invocation — qui étonne quand on la croit de lui — n'est pas de lui, mais de Ramond.

La première édition du *Jeune D'Olban* [29], dédiée à Lenz, ne lui est dédiée qu'en trois mots : « A monsieur Lenz ». Suit une préface en deux lignes : « Voici les erreurs, les infortunes des cœurs sensibles ; lis, âme froide, et condamne! » Mais la longue invocation à la cendre de M. Lenz n'est pas là. En 1829, Charles Nodier publia une « nouvelle édition » de cet ouvrage. Il dit qu'il a eu entre les mains un exemplaire du *Jeune D'Olban* « chargé d'un *ex-dono* autographe et d'une foule de corrections qui ont été suivies avec grand soin dans l'édition actuelle ». L'*ex-dono*, Charles Nodier, qui l'empruntait à « l'exemplaire autographe de M. Ramond », le publiait : et c'est exactement, avec la date même du 3 octobre 1780, le texte que Joubert a copié.

Où et comment Joubert a-t-il connu cette dédicace? Il était mort depuis cinq ans lorsque Nodier la publia.

Entre l'édition de 1777 et la réimpression de Nodier, deux éditions parurent. L'invocation s'y trouve-t-elle? Je n'ai pu me procurer ces deux éditions. Mais l'une, sous ce titre, *Le chant de Schwartzbourg*, a paru en 1789; l'autre (dit Quérard) au début du XIXe siècle. Or, après son départ d'Emmendingen, Lenz avait disparu : on savait qu'il s'était dirigé vers la Russie. En 1780, ses amis le crurent mort, comme en témoigne la dédicace de Ramond. Il n'était encore que fou. Il mourut à Moscou, douze ans plus tard. Eh! bien, en 1789, on savait qu'il n'était pas mort. Ramond dut renoncer à la dédicace préparée le 3 octobre 1780, jetée sur le papier sans doute au moment où le bruit de la mort de son ami lui arriva. Si, comme je le crois, Nodier dit vrai, s'il publie cette invocation pour la première fois en 1829, d'après l'original inédit, nous devons supposer que Joubert, lui, l'a tenue directement de Ramond. Bref, Joubert a connu l'auteur de ce *D'Olban*. Le jeune Gœthe de *Werther*, ce fol de Lenz et Ramond, précurseur du romantisme, représentent une idée de la littérature et de la poésie avec laquelle on eût pensé que Joubert n'avait jamais rien eu à démêler. Le fait qu'il ait copié de sa main cette page, à lui communiquée par l'auteur, prouve qu'il a connu Ramond, prouve aussi que cette poésie et cette littérature l'intéressèrent un moment. Il s'est vite repris, s'il fut touché. Mais nous le voyons, lors de son premier séjour à Paris, mêlé à toutes sortes d'écrivains, averti de diverses esthétiques.

En 1781, Ramond publia ses *Lettres de M. William Coxe*. L'ouvrage eut beaucoup de succès : on prétend qu'il a mis à la mode le voyage en Suisse.

Ramond traduisait Coxe et ajoutait aux lettres de Coxe un commentaire pratique et pittoresque par lequel il préludait à ses admirables récits de voyages. Joubert et Fontanes lurent les *Lettres de M. William Coxe* et le commentaire de Ramond : le souvenir du *Jeune D'Olban* se ranima en eux. Ils présumèrent, dit un certain Marlin (dans son triste jargon), que « le personnel de l'auteur devait répondre » à son talent. Donc, ils cherchèrent l'auteur ; ils le trouvèrent... « Mais que virent-ils ? Un vilain petit fat, aussi laid qu'orgueilleux ! [30] » Voilà le résumé de Marlin, qui n'a pas de génie, mais qui est de bonne foi. Marlin, prodigue épistolier, raconte à l'un de ses amis, le 18 juillet 1787, la visite de Joubert et de Fontanes à Ramond. Joubert et Fontanes venaient de la lui raconter ; mais la visite est bien de six années antérieure à la lettre de Marlin, si elle a suivi de près la publication des *Lettres de William Coxe* et le 3 octobre 1780, date de l'invocation à la cendre de M. Lenz. D'ailleurs, Ramond n'est pas exactement laid, dans les portraits qu'on a de lui. C'est un buste par le baron Triqueti et c'est une gravure de la collection dite des membres de l'Institut ; mais alors, un vieux Ramond de la fin de l'Empire ou de la Restauration : le visage est fin et la bouche, qu'on devine un peu édentée, a des lèvres minces, bien dessinées, pincées ; une physionomie énergique et narquoise. Le plus jeune Ramond que je connaisse est du temps de la Législative ; un Ramond qui a passé de dix ans les vingt-cinq ans à peine sonnés qu'il avait quand il reçut la visite de Joubert et de Fontanes [31]. Il n'est pas laid, si je ne me trompe ;

mais, fat, oui, assez bien. Les sourcils, très noirs, font sur les yeux, très noirs, un accent circonflexe ; des narines très dessinées ; à la commissure des lèvres, il y a une ombre très marquée, l'ombre d'un sourire extrêmement moqueur, d'un sourire habituel, retenu, dédaigneux : universelle et continuelle raillerie. Et de l'orgueil ; aucune indulgence : il faut, pour cela, beaucoup d'orgueil. Il est probable que Ramond, par son air de suffisance, choqua ses visiteurs et ne détesta point de leur déplaire. Il n'avait pas l'aspect de ce qui, dans les *Élégies* et le *Jeune D'Olban*, les avait séduits. La maladie werthérienne, il s'en était guéri promptement. Il publiait ses volumes de mélancolie déraisonnable, que déjà il avait commencé, par monts et par vaux, ses courses de paysagiste, de géographe et de savant. Pour chasser les nuées de l'esprit, le grand air est bon. Ramond déçut ses visiteurs, et probablement volontiers.

Il était arrivé à Paris vers le moment où y arrivait Joubert, mais bien différemment, sûr de lui, glorieux, muni de quelque argent, déjà quelqu'un dans son pays, avocat. Dans une lettre à son ami M. de Saint-Amans, il dit : « De là (de Suisse), je ne fais qu'un saut à Paris, où j'arrivai en 1778... Les salons de la haute finance me sont ouverts et je les étudie à ma façon. Bientôt, je m'ouvre l'entrée de la haute magistrature et les portes de l'hôtel de La Rochefoucauld, sanctuaire alors de la philosophie... » Il connut la duchesse d'Anville, le président de Farcheville et Malesherbes, qui l'accueillit avec bienveillance. Il connut aussi la belle Mme de Sérilly, — dont le mari était, à la trésorerie des guerres, le collègue de M. Ramond le père ; — et il lui dédia la traduction des *Lettres de William Coxe*. Tout cela n'est pas du tout le monde où, petits hommes de lettres sans fortune et sans élégance, Joubert et Fontanes font péniblement leur chemin. Ramond dut les recevoir avec impertinence.

Il ne resta pas longtemps à Paris. L'année même où le virent Joubert et Fontanes, il partit, pour devenir, en Alsace, à la cour de Saverne, conseiller intime du cardinal de Rohan. C'est ainsi qu'il rencontra Cagliostro et, par son maître, fut mêlé à l'affaire du collier. Sa bonne santé spirituelle et sa véritable honnêteté le préservèrent des folies et des imprudences. Il fut député à la Législative ; sous la Terreur, il eut des ennuis et passa quelques mois en prison, dans le Midi. Sous l'Empire et la Restauration, il fit une agréable carrière, jusqu'à être préfet et baron. Désinvolte, fier, un peu farouche, ne trouvant aucun succès digne de déranger son indépendance et, à toute société, préférant la solitude pyrénéenne, il a écrit de beaux livres, où il y a des pages admirables de justesse, de couleur, d'exacte poésie.

Marlin, par qui nous savons que Ramond déplut à Joubert et à Fontanes, ajoute : « Cependant, ils ont continué de trouver son livre bon. » Signe d'impartialité méritoire ! Son livre, c'est, dans le récit de Marlin, la traduction des *Lettres de William Coxe*. Mais c'est aussi le *Jeune D'Olban*, si Joubert n'entendit pas seulement avec plaisir et voulut même copier l'invocation à la cendre de M. Lenz. Drôle de chose, très démodée, un peu absurde, assez belle par endroits, et romantique, et germanique à souhait, ces *Dernières aventures du jeune D'Olban* ! Le poète du *Cri de mon cœur* et son ami parfait, son Pylade ou son Oreste (comme il dit), crurent un instant qu'ils aimaient ce lyrisme venu d'Allemagne. Or, Fontanes sera le partisan décidé de la poésie très classique ; et Joubert sera l'homme au goût le plus fin, le plus français, curieux certes, mais peu romanesque. Joubert cependant gardera une prédilection pour *Werther*, sinon pour le *Jeune D'Olban*, qu'il oubliera.

Je crois que Fontanes a connu Dorat par la comtesse de Beauharnais. Et la comtesse de Beauharnais? Par le mari de cette dame.

Un pauvre mari, Claude de Beauharnais ; un brave homme et qui, dans la marine royale, avait fait une belle carrière : en 1733, à quatorze ans, l'un des gentilshommes-gardes de la marine ; puis, commandant de l'artillerie au Canada ; en 1754, capitaine de galiotes d'artillerie et des bombardiers du roi dans les ports et à la suite des armées navales ; en 1756, chevalier de Saint-Louis et capitaine des vaisseaux ; en 1759, pourvu de lettres patentes qui lui érigeaient en comté sa châtellenie des Roches-Baritaud. Commandant de la *Bellone*, il avait donné des marques de sa valeur, essuyant un combat de cinq heures contre deux vaisseaux anglais[34]. Un roman parut en 1771, *Les Sacrifices de l'amour*, ou *Lettres de la vicomtesse de Sénanges*. Pas de nom d'auteur : et l'auteur était Mme de Beauharnais, en collaboration tacite avec Dorat. C'est un roman, qui, sous des noms supposés, peint des gens véritables et raconte ou arrange leurs anecdotes. Le vicomte de Sénanges : Claude de Beauharnais. Seulement, on vieillissait l'infortuné : on lui donnait cinquante ans de plus que sa femme, au lieu de vingt-un. Puis, on le travestissait en un terrible seigneur, dur et même brutal, dangereux pour sa femme et pour les adorateurs d'icelle. Restif de la Bretonne, plus tard, recueillera cette opinion et, dans l'*Histoire des compagnes de Maria*, ou *Épisodes de la vie d'une jolie femme*, Maria est la comtesse de Beauharnais et le comte de Beauharnais est un « barbe-bleue ». En vérité, il n'était pas du tout cela ; mais il sut réunir aux vertus d'un mari pacifique les scrupules d'un galant homme. Il s'éloigna, laissant la comtesse vivre avec beaucoup de fantaisie. Il lui faisait une pension très suffisante et demeurait aux environs de La Rochelle, où il avait de belles propriétés. Il fut, je crois, en relations avec M. de Fontanes le père, homme (on s'en souvient) précieux, qui s'entendait en culture et qui, desséchant les terres marécageuses, améliora la région. Les motifs qu'avaient eus les époux Beauharnais pour accomplir séparément leurs destinées, l'une à Paris, l'autre dans la campagne d'Aunis, ne supprimaient pas toute correspondance entre eux. Le comte venait quelquefois à Paris et la comtesse allait à La Rochelle quelquefois : elle y va, par exemple, si elle a quelque tristesse dans Paris, une comédie que le parterre siffla, une peine de cœur. Je suppose que le petit Fontanes se fit recommander par le comte de Beauharnais à la comtesse, poétesse et qui tenait un salon littéraire.

Celle-ci, une femme étonnante, une assez bonne femme, un peu ridicule, et qui avait pour la littérature une passion malheureuse : elle se rattrapait sur les littérateurs. Née Mouchard, fille de François-Abraham-Marie Mouchard, écuyer, seigneur de la Garde-aux-Valets, de Croix-Champeaux et de Chamboneil, receveur général des finances de Champagne; née Mouchard et — ceci est plus grave — née en 1738, de sorte qu'à l'époque où elle nous intéresse elle a passé la quarantaine. Elle s'est mariée à quinze ans et a vite fait mauvais ménage. Néanmoins, les premiers temps, elle supporta Beauharnais qui au surplus n'était pas là, mais naviguait. Puis Beauharnais abandonna le service; alors ce fut moins tenable et, vers 1762, chacun alla de son côté. Elle était fort jolie; elle avait des cheveux admirables, elle avait un embonpoint gracieux, elle avait des yeux charmants et des regards qu'on « entendait ». Elle n'était pas un miracle d'intelligence ou d'esprit; mais elle avait une physionomie tout à fait piquante et à laquelle la naïveté de la pensée donnait un charme rassurant. Une gentille femme, zélée avec méthode, prétentieuse de langage et anodine de caractère, obligeante, capable de dévouement, constante assez pour n'avoir pas deux amants à la fois, complaisante, flatteuse à l'égard des gens de lettres, patiente à leurs manies, à leur fatuité, ingénieuse à les consoler de leurs déboires et à les réconforter de son assentiment, amie de judicieux conseil, non exempte de vanité littéraire et modeste aussi. Elle eut des qualités ravissantes : elle savait écouter; et, les auteurs qui, venus le soir, la tenaient jusqu'au matin pour lui donner la primeur d'un manuscrit, elle leur prêtait une attention courageuse. On lui était reconnaissant de ce qu'elle fût, pour ainsi dire, une grande dame, sensible, exempte de préjugés, aimablement familière et, tout de même, gardant son air d'aristocrate et, quand elle aurait pu s'entourer de gens du monde, préférant les littérateurs.

Son étude et son triomphe, ce fut de ne pas vieillir et de lutter, avec un art victorieux, contre les inconvénients de la maturité. Les méchants, là-dessus, plaisantaient et colportaient cette épigramme de Le Brun :

> Chloé, belle et poète, a deux petits travers,
> Elle fait son visage et ne fait pas ses vers.

Le détestable La Harpe, si curieux de toutes calomnies, satisfait déjà des moindres médisances, ne manquait pas d'envoyer à son correspondant de Russie l'épigramme de Le Brun ; et il la commentait, disant que, si Mme de Beauharnais faisait son visage, « cet ouvrage-là ne valait pas mieux ». Il ajoutait pourtant : « à l'exception de ses yeux, qu'elle ne saurait faire, et qui sont beaux ». Qu'elle se peignît, ce n'est pas douteux. Mme Bochsa, née Georgette Ducrest, qui n'est pas méchante et qui aime toute la famille de Joséphine, confesse que la figure de Fanny était « une vraie palette ». Elle lui reproche un peu d'afféterie dans ses propos. Mais, quoi ! Fanny rachète ces défauts légers par sa bonté, Fanny qui « ne refusa jamais de se servir de son crédit pour obtenir de nombreuses grâces »[33]. Son crédit fut splendide lorsque sa nièce Joséphine eut épousé le général Bonaparte, si prévenant pour les Beauharnais de tout âge et de toute sorte.

Fanny recevait maints littérateurs. Mais le dieu du logis, c'était Dorat; les demi-dieux, les amis de Dorat. Et, comme le poète des *Baisers* n'avait pas beaucoup d'ennemis, il y avait chez la muse une agréable variété de poètes, crottés ou non, plusieurs philosophes, Mably par exemple et, grand admirateur de la jolie dame, Buffon. Un dimanche, elle va voir, au jardin du Roi, le naturaliste célèbre. La porte s'ouvre, avec fracas; l'huissier annonce la comtesse Fanny de Beauharnais. Quelle toilette! et, principalement, la coiffure! « une coiffure de plus de dix-huit pouces de hauteur, toute remplie de plumes, de pierreries, de dentelles, de sujets de porcelaine ». Sa robe! une robe « dite à l'anglaise, vaste panier, était garnie de dentelle ». Fanny levait et agitait en marchant un éventail immense, « dont elle jouait, avec de petits airs tout à fait plaisants ». M. de Buffon s'empresse vers la visiteuse. Il lui prend la main, la conduit à un sofa « qui disparaît sous l'ampleur des paniers », l'interroge sur ses poésies. Elle raconte qu'elle va concourir en vue de prix académiques; elle raconte les procédés flatteurs qu'a pour elle l'académie de Lyon. Deux poètes l'ont accompagnée au Jardin du roi : M. Lemierre, poète tragique, très vaniteux, gonflé, impertinent et qui regarde autour de lui en clignant; et M. de La Harpe, encore plus vaniteux, envieux, capable d'insolence, un homme qui a de l'autorité, qui en voudrait davantage et dont il faut qu'on subisse l'ascendant, quitte à le trouver ridicule ensuite. Ce La Harpe, naguère Fanny ne le recevait pas : il était brouillé avec Dorat ; mais la visite au Jardin du roi se place dans les années qui ont suivi la mort de Dorat[34].

Les robes, les atours et l'atiffement de Fanny se remarquaient. On se moquait d'un luxe qu'elle portait sur elle tout entier, sans modération, tandis qu'elle épargnait sur le menu de ses dîners. La chère était médiocre, chez elle, et parcimonieuse : défaut, quelquefois, de ces femmes savantes et qui se figurent qu'en négligeant les nourritures, elles affirment la suprématie de l'esprit. Le costume, elles ne le négligent pas : c'est la parure de leur beauté spirituelle. Dans les *Nuits de Paris*, au quatorzième volume, — car l'auteur n'est pas concis, — une image représente le Spectateur Nocturne, Restif lui-même, qui amène Marion, sa fille, à Mme de Beauharnais. Et Fanny est charmante, assise sur un petit canapé que ses larges paniers recouvrent. Une taille très fine, cambrée et qui porte en avant la gorge voilée d'un fichu. Mais, sur la tête, le drôle d'arrangement ! L'on dirait d'un pâté, ou d'une tour de citadelle, ou d'un tuyau de poêle. En haut et en bas du bizarre cylindre, des créneaux, que sais-je ? ou des baldaquins, volants de dentelle peut-être et une frange ; du centre de ce cylindre, prolongeant l'axe, une plume (il me semble) d'autruche part, s'incline en arrière et fait comme un drapeau sur un monument[35].

Fanny aimait qu'on parlât d'elle ; et il n'est pas jusqu'à ses farderies, sujet de quolibets, qui ne lui devinssent motifs de célébrité. Dans les *Sacri-*

fices de l'amour, elle n'omet pas ce trait de sa renommée. Elle est, sous le nom de la marquise de Sénanges, une créature idéale, un être de rêve et de poésie. Les femmes, désespérant de rivaliser avec elle, la jalousent. Témoin, sous le nom de la marquise d'Ercy, cette Cassini à qui l'auteur prête ce perfide langage : « On lui reproche de n'être rien moins que naïve et d'avoir la rage de faire l'enfant ; on prétend que rien, si ce n'est son âme, n'est plus artificiel que son teint. » Voici la réplique : « Je laisse à la nature, qui seule préside à tous ses charmes, le soin de venger son teint des outrages de la jalousie ; c'est son âme qu'il importe de faire connaître et respecter... »[36]. Son âme, oui ! Quant à son visage, Fanny ne laissa point à la seule nature le soin de le venger. *Les sacrifices de l'amour* sont de 1771. Or, dans l'*Almanach des muses* de 1772, « recueil des poésies fugitives de 1771 », il y a une « Epître à madame la comtesse de B***, qu'on accusait de mettre du blanc et qui se frotta le visage en présence de l'auteur » :

> Je dois réparer mon outrage...
> Oui, ce beau teint, il est à vous :
> Il n'est pas moins vrai que votre âme !

Le poète se repent. Mais il excuse son erreur. Eglé est si blanche qu'on peut croire qu'elle met du blanc ou, les autres femmes, du noir. Telle est sa taille que vous diriez qu'on lui garnit ses corps. Et sa bouche, vous jureriez qu'adroitement elle y sait coller des pétales de roses. Mais non : elle a frotté son visage en présence de l'auteur !

Et la sincérité du visage garantit la loyauté de la taille. L'auteur du poétique témoignage, c'est « M. le marquis de Pezay », qui en vérité s'appelle tout uniment Masson, le « petit Massonnet » qui a un petit talent de poète et un prodigieux génie d'intrigant, qui se pousse jusqu'au roi, se lance dans la politique par des chemins occultes et manque de très peu la réussite d'un favori, le succès d'un homme d'Etat. Ce n'est rien, Pezay, qu'un malin, mais si malin qu'il attrape ou dérobe l'admiration, la déférence de Mirabeau, de Sénac de Meilhan, de Tilly. Certes, si les attraits de Fanny ne sont pas plus réels que le marquisat de Masson, dit Pezay, voilà des attraits empruntés. Mais Fanny appréciait le témoignage du faux marquis, Pezay étant le frère de cette Cassini, marquise d'Ercy dans le roman et qui calomniait le teint de Mme de Sénanges. Pezay fut l'un des fidèles de Dorat : on le vit, quand il eut le dévouement de contredire sa sœur en vers et d'affirmer que la maîtresse de son ami était, de nature, blanche et rose.

La liaison de Fanny et de Dorat brillait, à cette époque, de son éclat le plus vif. Elle était avouée, reconnue, vantée. D'ailleurs le poète partageait son cœur et, à Fanny, ajoutait Mlle Fanier, comédienne. Fanny le savait. Fanny et Fanier s'entendaient le mieux du monde et, comme deux mortelles à qui un dieu accorde ses faveurs, elles méprisaient la jalousie. Elles gâtaient le dieu, si aimable, joli, coquet, heureux, si gai, qui souriait comme un fat, et qui n'était point fat, tant il avait l'art de composer les grâces de son personnage. Ses vers, qui naissaient ou qui fleurissaient avec une fine et facile abondance, lui faisaient des couronnes de gloire élégante et lui enguirlandaient sa renommée Du reste, il avait beaucoup de talent et, parce qu'aujourd'hui cette poésie a passé de mode, on est injuste à son égard. Il écrit avec nonchalance, mais en un temps où, même avec nonchalance, on écrit bien. Il a de l'abandon, de l'esprit, de la gentillesse ; il a du sentiment ; il mêle à son badinage, quelquefois, un peu de mélancolie. Quand il est le meilleur, il a déjà le ton de Musset, le ton des poésies familières, et non le lyrisme des *Nuits*, mais la frivolité causante et bavarde, le sans-gêne amusant de *Namouna*, par exemple. Et, quand il est meilleur encore que jamais, il a un ton qui est de lui. Le chevalier Bonnard lui écrivait, avec obligeance :

Nous tous, faiseurs de madrigaux,
De stance, épître familière,
Tes soldats et non tes égaux,
Marchons gaiement sous ta bannière
En répétant tes vers nouveaux.

Il répondit :

Va, nous marchons sous la même bannière.
Ton compagnon, ton ami, ton égal,
Ainsi que toi je marche en volontaire.
Briguant tous deux dans une aimable guerre
Le prix du cirque et les profits du bal,
Le grand honneur qui naît d'un madrigal
Et du plaisir la cocarde légère,
On nous a vus aller tant bien que mal
Du Gnide au Pinde et du Pinde à Cythère,
C'est à Ferney qu'est notre général :
En cheveux blancs, professant l'art de plaire,
Il a vieilli sans maître et sans rival.

Voilà de jolis vers, et qui ont leur accent. Galanterie, et militaire ; un vif entrain ; le goût de confondre le service de Mars et le service de l'Amour ; une gaillardise d'autrefois et qui fleure bon le temps où se fit la guerre en dentelles, l'amour en crânerie. Mousquetaire, Dorat le fut quelques mois, peu de mois, mousquetaire dans la première compagnie ; il s'amusa. Mais il avait une tante bien janséniste, qui le tira de la dissipation, crut l'en tirer, l'ôta des plaisirs où il était, le laissa en quérir d'autres. Baste ! il était mousquetaire dans l'âme et il le demeura quand il chercha, faute du laurier belliqueux, le laurier poétique. A Feuillancour, près de Marly, Dorat, Bertin, Bonnard et les deux Parny sont de jeunes militaires, délicats et voluptueux, qui font des vers, de la musique, des sottises, boivent crû et amènent des belles dans leur logis qu'ils nomment la Caserne. Et, on l'a vu, le chevalier Bonnard appelle tous leurs camarades des « soldats », rangés sous la même bannière de poésie légère et cavalière. Aux conquêtes d'amour, ils sont très allants, très galants. Un peu d'afféterie orne leur vivacité ; un peu d'héroïsme relève la langueur de leur sensibilité. Dorat, parmi eux, est le chef, et très artiste. Ses volumes, autant d'exploits, il veille à les parer de belles images. Les *Baisers*, enrichis d'estampes, se vendent un louis : il ne guigne pas le succès populaire. Un louis, les *Baisers* du chevalier Dorat, Grimm note qu'à tout prendre les baisers des filles d'opéra coûtent moins cher.

Petites moqueries : ce n'est rien. Dorat triomphe dans la poésie légère. La grande poésie lui serat-elle défendue? Il écrit une tragédie de *Régulus* et triomphe à la Comédie française. Les comédiens ont fait « une grande dépense en décorations et en habits »; et l'on voit, sur le théâtre, l'arrivée de la flotte carthaginoise. Il faut que Grimm, peut-être sans plaisir, constate le transport des applaudissements : « Tous les jeunes poètes s'embrassaient, se félicitaient; c'était, suivant eux, le triomphe de Melpomène... » Après cela, Grimm, pincé, fait mille objections. Qu'importe?... Et Fanier, dans la *Feinte par amour*, qu'on donnait en même temps que *Régulus*, a obtenu des applaudissements « inexprimables ». On n'ignore pas qu'elle est la maîtresse de l'auteur : ainsi, l'on applaudit le poète et l'amoureux. Fanny est aux anges!... En 1770, Dorat n'a que trente-six ans; Dorat se présente à l'Académie. Fanny écrit à M. de Voltaire et lui recommande la candidature de son amant. M. de Voltaire appelle Fanny « belle muse française ». Les deux amants — laissons Fanier — mènent un joli train victorieux.

Mais, à l'époque où les jeunes Joubert et Fontanes entrent dans la société de Fanny et de son poète, ce n'est plus cela. Le poète, après les plus folles dépenses, n'a plus le sou et n'a plus de santé. S'il a pris le *Journal des Dames*, c'est pour y gagner un peu d'argent. Il y perdit ce qui lui restait et y perdit ce qu'il n'avait pas. Il dut recourir à des subterfuges. Fanny s'adresse pour lui à Beaumarchais : « Monsieur, il n'y a qu'une somme de vingt mille francs qui puisse le tirer de cette crise... » Beaumarchais n'a pas vingt mille francs à prêter, à donner, — c'est tout un, — vingt mille francs à débourser tout de go. Il fut obligeant et paya, en moins d'une année, huit mille quatre cents livres[37]. Le pauvre Dorat n'a plus cette gaieté, cette fierté « qui faisait croire à son génie ». Il cesse d'être pimpant, d'être mousquetaire ; il se détache de sa poésie, en désire une autre, quand il s'éprend de poèmes lugubres, désespérés, publie le *Cri de mon cœur* et le *Jeune D'Olban*. Il a perdu ses deux amis préférés : Colardeau, rêveur et doux, qui, par sa « faiblesse aimable »[38], avait tant d'agrément, et Pezay. Il s'est marié, en outre ; mais il néglige sa femme. Dans les derniers temps de sa vie, coiffé, poudré, plus tendre que jamais, il ne bouge de son fauteuil. Mais il veut, très souvent, qu'on le descende et qu'on le porte chez Mlle Fanier. Fanny vient le rejoindre là ; et, entre les deux femmes qu'il aime, il achève ses tristes jours. Il mourut au printemps de 1780.

Alors, Fanny fut très malheureuse ; puis, comme elle avait la passion de la littérature, elle publia une *Epitre à l'ombre d'un ami*, poème assez fade. Et Le Brun :

> Dorat n'est plus. Savez-vous ce qu'on dit ?
> Que Beauharnais en a perdu l'esprit.

Dans le salon de Fanny, quel désarroi ! Plus de désarroi, peut-être, que dans son cœur. Les *Mémoires secrets* disent : « On assure que c'est un M. Laus de Boissy qui a remplacé de toute manière Dorat chez Mme la comtesse de Beauharnais. » Laus de Boissy — nous ne saurions affirmer le contraire — fit donc un bout d'intérim auprès de Fanny. Mais le véritable survivancier de Dorat, ce fut un personnage ignoble et que nous retrouverons, Cubières ; le déplorable Cubières qui, en 1813, écrit à M. de Fontanes, Grand maître de l'Université : « Vous scavés que madame la comtesse Fanny de Beauharnais est morte le 2 de juillet courant ; elle était pleine d'estime et d'admiration pour vous, et vous et moi avons fait une grande perte. J'étais son ami depuis trente-trois ans... Je n'ai pas besoin auprès de vous d'autre protecteur que vous-même. Nous sommes, vous et moi, de très anciens amis[39]. » L'on traîne ainsi, dans une existence bien magnifique, les vieilles relations d'une jeunesse aventureuse.

Fanny n'était point sotte ; et, après quelques mois de trouble, ayant perdu Dorat, elle parvint à se faire un autre salon, d'une autre qualité, d'une qualité moins jolie. Le temps des mousquetaires est passé ; le temps du badinage aussi. L'on approche des mauvais jours. Et les habitués du nouveau salon que Fanny constitue, ce seront, auprès de Cubières, les Restif de la Bretonne, les Mercier, les Grimod de la Reynière. Avant cela, les Joubert et les Fontanes se sont éclipsés, ou à peu près.

Fontanes est au fort de son activité poétique. Il travaille comme il ne travaillera plus guère. Il sera bientôt paresseux : il ne l'est pas encore. Ou bien, s'il a des velléités de l'être, son ambition l'excite. Il restera ambitieux ; mais il recourra aux vertus de l'intrigue, dont il aura la maîtrise. Il cherchera des places, des honneurs, des profits : il ne désire encore que la gloire et, pour réussir, ne compte que sur le mérite de ses œuvres. Voici sa période naïve, estimable. Il a du zèle, et il a du style. Tout de suite après le *Cri de mon cœur*, il est en possession de sa doctrine littéraire, de son esthétique et de sa volonté. Il accomplit, sans génie, les prouesses de son talent.

Chateaubriand l'appelle « le dernier écrivain de l'école classique de la branche aînée » ; il ajoute : « avec Chénier ». Puis : « Si l'on réduisait les écrits de M. de Fontanes à deux très petits volumes, l'un de prose, l'autre de vers, ce serait le plus élégant monument funèbre qu'on pût élever sur la tombe de l'école classique. » Ceci encore : « Fontanes, en paraissant, tua l'école affectée de Dorat... » Je ne crois pas du tout que Fontanes ait tué l'école de Dorat. Celle-ci mourait toute seule, et de sa belle mort, avec Colardeau, Pezay, Dorat lui-même et avec la mode qui l'avait mise en faveur. Dorat, le romantisme de Fontanes l'a séduit. Soudain, Fontanes tourne court : il n'est plus romantique et il est, comme le dit Chateaubriand, tout classique ; il l'est obstinément. Mais il réagit contre la petite poésie à la Dorat, quand il prétend constituer une grande poésie, et qui prenne d'amples et augustes sujets : l'astronomie, la nature. A cet égard, il a quelque analogie avec André Chénier : cependant, ne les comparons pas. N'allons pas non plus mépriser Fontanes. Il écrit bien, trouve de jolis vers, développe avec art la période poétique et a de vrais bonheurs d'expression. L'ennui, c'est la noblesse continue et morne du langage et de l'idée ; c'est la monotonie des tours, le déroulement des alexandrins sans surprise; c'est la fabrication, très bonne, mais trop docile à des recettes éprouvées. Chénier fait, sur des pensers nouveaux, des vers antiques; Fontanes, sur des pensers peu nouveaux, des vers anciens : des vers déjà un peu surannés en leur temps, et qui n'ont pas pris une patine depuis lors.

Un écrivain très lettré, qui se souvient de ses fortes études, connaît parfaitement les modèles et leur doit d'être un excellent ouvrier ; quant à ses dons personnels, une ingéniosité parfois délicieuse, de la sensibilité, de l'imagination : voilà Fontanes, dans ses poèmes. Or, il avait d'autres dons personnels, un caractère, un tempérament très vif, très amusant. Fontanes, c'est bien autre chose que les poèmes de Fontanes : et voilà le triste de l'histoire. Un garçon turbulent, fougueux, passionné ; un libertin, coureur de filles et de femmes ; et non pas un élégiaque : il a le goût du plaisir, il y est de premier ordre. Exubérant ; et, quand il est dans la joie, il fait claquer ses doigts comme des castagnettes. Une de ses maîtresses sera folle de son air « vaurien ». Et il a belle figure, les traits charmants, le nez au vent, des yeux qui donnent à rêver aux demoiselles, une voix qui les alarme. Il sait leur parler, les divertir et les convaincre. Il a toute la mélancolie désirable pour l'ornement des amours ; il a une gaieté bon enfant, pleine de ressources, une grâce gentille Eh ! bien, tout cela, dans ses poèmes, a disparu : il n'y a pas un seul de ses poèmes qu'anime son admirable gaieté ; le vaurien ne se voit pas. Fontanes se fit, de la littérature, une idée qui certes a de la beauté : il la voulut mettre à l'écart de ces contingences, l'humeur d'un chacun, la fantaisie des cœurs et les incidents des journées. Il a conçu la poésie sous les espèces de l'éternité. Telle fut son erreur principale et aussi l'erreur de son école, qu'on pourrait appeler le classicisme posthume; car elle dure et survit de la façon la plus artificielle après la mort de la pensée classique Il impose l'éternité à la littérature, tandis que l'éternité en pourrait provenir. Son idée littéraire eut, pour lui, des inconvénients particuliers : elle ne concordait pas avec ses qualités originales. En lisant ses poèmes, on sent toujours qu'il n'est pas là; ou bien, on sent qu'il se guinde. Il s'est guindé, toute sa vie, dans ses œuvres. C'est dommage. L'originalité ardente de sa nature, il la supprime; ou il ne l'emploie qu'à ces menues trouvailles, la parure de ses plus ennuyeux poèmes. Que de talent, subtil et, d'habitude, en pure perte !

L'*Almanach des Muses*, en 1780, publia *la Forêt de Navarre*, poème que Fontanes avait, sinon écrit, esquissé lors de son séjour aux Andelys et où Sainte-Beuve a noté « des vers heureux et simples, de ces vers trouvés, qui peignent sans effort ».

Ils ne sont plus, ces jours où chaque arbre divin
Enfermait sa Dryade et son jeune Sylvain,
Qui versaient en silence à la tige altérée
La sève à longs replis sous l'écorce égarée...

Un beau couplet de lyrisme païen commençait par l'évocation de la Dryade et du jeune Sylvain contenus dans les divins arbres; mais la tige altérée, les longs replis de la sève égarée sous l'écorce, les inversions gâtent le vers ; le mouvement poétique se perd. Musset, qui regrette le temps « où le ciel sur la terre marchait et respirait dans un peuple de dieux... » a, pour dérouler le thème, son génie et l'abondance romantique. Et rappelons-nous le merveilleux panthéisme de l'*Hermès* !... Fontanes, au prix de Chénier, est peu de chose. Mais :

> Le poète aime l'ombre, il ressemble au berger...

et surtout :

> L'oiseau se tait, perché sur le rameau qui dort...

voilà de jolis vers. Sainte-Beuve, qui les approuve, note aussi que Fontanes corrigea sévèrement son poème :

> L'oiseau se tait, perché sur la branche immobile...

Et ce n'est plus rien. Pareillement, Fontanes avait essayé de quelques rejets, pour varier la coupe de ses alexandrins. Il se repentit et il supprima ces libertés de sa métrique. Son goût devint de plus en plus régulier. En outre, *la Forêt de Navarre* avait paru à peine dans l'*Almanach des Muses*, Garat en fit, dans le *Mercure*, la critique assez méchante. Sainte-Beuve dit que Fontanes « faillit en être découragé ». Chateaubriand dit la même chose; et je crois qu'il emprunte à Sainte-Beuve ce renseignement : mais il ajoute que Fontanes avait « une frayeur horrible de la critique ». Il était orgueilleux, impatient; et il pratiquait un genre qui, conforme à ses opinions, n'allait point avec sa nature. De là, en dépit du dogmatisme, beaucoup d'incertitude.

Fontanes traduit en vers l'*Essai sur l'homme*, de Pope. Il écrit, en vers, l'*Essai sur l'astronomie*, et *la Chartreuse de Paris*, et *le Jour des morts dans une campagne*. Tous ces poèmes sont du même temps. L'*Essai sur l'homme* et *la Chartreuse* parurent en 1783 et l'*Essai sur l'homme* valut à Fontanes les éloges difficiles de La Harpe. C'est le moment de son plus bel entrain littéraire. L'*Almanach des Muses*, en 1782, contient une poésie qu'adresse à M. de Fontanes le chevalier de Parny :

Jeune favori d'Apollon,
Vous vous ressouvenez peut être
Qu'autrefois au sacré vallon
Le même jour nous vit paroître ..

Oui, l'un et l'autre, ils avaient paru dans l'*Almanach des Muses*, en 1778, Fontanes avec le *Cri de mon cœur* et le fragment d'un *Poème sur la nature et sur l'homme*, Parny avec trois élégies où il chantait Éléonore...

Vous preniez un chemin pénible et dangereux.
Je n'osai m'engager dans cet étroit passage ;
Je vous souhaitai bon voyage,
Et le voyage fut heureux...
A de moindres succès, mes vers doivent prétendre.
Les belles quelquefois les liront en secret ;
Et l'amante sensible, à son amant distrait
Indiquera du doigt le morceau le plus tendre.

Dans le même recueil de l'*Almanach des Muses*,

en 1782, M. Flins des Oliviers donnait une « Elégie à Monsieur de Fontanes » :

C'est à toi de chanter la céleste Uranie...

Et, en note : « M. de Fontanes a fait un poème sur l'Astronomie et en a entrepris un autre en six chants sur la Nature. Il va publier incessamment une nouvelle traduction en vers de l'Essai sur l'homme, de Pope. » M. Flins des Oliviers annonce, en outre, comme devant paraître le prochain hiver, trois livres d'élégies dont il est l'auteur, *Les Amours*, précédés d'un essai sur la poésie érotique. Ces jeunes poètes ne sont pas fainéants ou timides. Ils ont hâte de se lancer et organisent bien leur notoriété commençante. Fontanes, parmi eux, est le grand poète, le servant d'Uranie et des muses graves. Il a déjà son détracteur : et c'est Garat; son dévoué critique : et c'est La Harpe; ses émules, Parny et Flins des Oliviers.

Celui-ci, Claude-Marie-Louis-Emmanuel Carbon de Flins des Oliviers, présentons-le sans retard. Son portrait, je l'emprunte aux *Mémoires d'outre-tombe*. Chateaubriand l'avait connu en 1789, et d'autant mieux que Flins alors tombait amoureux de Mme de Farcy, la sœur de Chateaubriand. Mme de Farcy, du reste, se moquait du soupirant, lequel « prenait bien la chose, car il se piquait d'être de bonne compagnie ». Mais, le portrait, le voici : « On ne pouvait voir quelque chose de plus laid : court et bouffi, de gros yeux saillants, des cheveux hérissés, des dents sales, et malgré cela l'air pas trop ignoble... » Pas trop ignoble ; et l'on comprend la gaie vertu de Mme de Farcy. Quant à la vie que menait Flins, Chateaubriand la donne comme un exemple des arrangements auxquels recouraient alors les gens de lettres, dans Paris : « Flins occupait un appartement rue Mazarine, assez près de La Harpe, qui demeurait rue Guénégaud. Deux Savoyards, travestis en laquais par la vertu d'une casaque de livrée, le servaient ; le soir, ils le suivaient, et introduisaient les visites chez lui le matin... Flins, qui n'avait qu'une petite pension de sa famille, vivait de crédit. Vers les vacances du Parlement, il mettait en gage les livrées de ses Savoyards, ses deux montres, ses bagues et son linge, payait avec le prêt ce qu'il devait, partait pour Reims, y passait trois mois, revenait à Paris, retirait au moyen de l'argent que lui donnait son père ce qu'il avait déposé au Mont-de-Piété, et recommençait le cercle de cette vie, toujours gai et toujours bien reçu[40]. » Un bohème, et qui, de son mieux, rend hommage à la vie élégante. Chateaubriand, dans ses mémoires, ne ménage pas les gens de lettres qu'il a connus à vingt ans. Flins n'est pas celui qu'il traite le plus mal ; il ne le méprise ni ne le haît : il s'amuse de se rappeler un si drôle de corps. Mais, premièrement, à l'époque où son grand orgueil était d'avoir publié dans l'*Almanach des Muses* un poème signé « le chevalier de C*** », le souvenir de ces littérateurs excitait, non sa verve, sa déférence. Flins donna une comédie, *le Réveil d'Epiménide* ; et, à propos d'Epiménide, Chateaubriand, dans l'*Essai sur les Révolutions* : « Il (Epiménide) a payé son tribut à notre révolution, en fournissant à M. Flins le sujet de son ingénieuse comédie. » Mais, en 1826, préparant la nouvelle édition de l'*Essai*, Chateaubriand rédige cette note : « Le nom de Flins est ici inattendu; mais c'est un tribut qu'un jeune auteur payait à une première liaison littéraire. J'avais beaucoup connu M. Flins, homme de mœurs douces, d'un esprit distingué, d'un talent agréable, et ami particulier de M. de Fontanes [41] ». Ainsi, les choses sont remises au point.

Carbon de Flins des Oliviers, du même âge que Fontanes, était Champenois; et il s'en est vanté :

> Qu'on m'apporte une lyre et ces vins pétillans
> Dont la mousse fameuse illustre ma patrie...

Son père avait, à Reims, la charge de maître des eaux et forêts. Le jeune homme arrivait à Paris, vers le même temps que Joubert, peu après la mort de Voltaire. Il ne songeait qu'à la littérature; plus sage, son père lui paya une place de conseiller à la cour des monnaies. La cour lui laissait des loisirs. Il guetta l'occasion de révéler sa poésie : en 1779, à la fête académique de la Loge dite des Neuf sœurs, il lut *Voltaire* [42], poème falot qu'il avait d'abord destiné à l'Académie française. Deux ans plus tard, il concourait, à l'Académie française, pour le prix de poésie. Le sujet, — un poème sur la servitude abolie dans les domaines du roi, — n'eut pas de chance : par deux fois, en 1780 et en 1781, l'Académie ne put décerner le prix. Elle put, la seconde année, accorder des mentions élogieuses, l'une à Flins, l'autre à un poète qui refusa de se nommer, le chevalier de Langeac [43]. Les deux poèmes sont médiocres. Un passage de Langeac est aussi mauvais que le reste, mais témoigne des sentiments à la mode. On félicitait le roi qui avait aboli le servage ; et, le compliment principal, ce n'est pas à lui, c'est à Voltaire qu'on l'adressait :

> Si ta voix, soixante ans, prêcha l'humanité,
> Voltaire, enfin Louis, te couvrant de sa gloire,
> Du bonheur de son peuple honore ta mémoire :
> Ta sensible raison règne encore après toi.

L'année suivante, le sujet, pour le prix de poésie, fut « au choix des auteurs ». Florian, qui eut le prix, avait su incliner comme on le souhaitait son inspiration : il intitulait son poème Voltaire et le serf du mont Jura. Cette fois, Voltaire n'a pas de rival : son disciple Louis XVI disparaît modestement, au gré des opinions nouvelles.

Flins avait toujours des mentions ; et il n'avait que des mentions. Rivarol s'est assez bien moqué de lui : « Conseiller à la cour des monnoies, jeune homme inconnu par une foule de pièces du plus haut genre et que l'Académie françoise a mentionnées en vain dans ses concours, M. de Flins des Oliviers en est resté aussi obscur que s'il avoit eu le prix [44] ». Et Le Brun :

> Carbon de Flins des Oliviers
> A plus de noms que de lauriers.

Ah ! la vie littéraire, en ce temps-là, n'était pas

toute aménité ! Flins, parfois, songeait à quitter Paris pour la campagne :

> Là, Virgile à la main, je puis trouver encor
> Les vergers où l'abeillle avec un sourd murmure
> Vole et pétrit sa liqueur d'or
> Des parfums de la rose et du sang de la mûre...
> Quelquefois, échappant aux ennuis de la ville,
> Fidèle au nœud sacré par le temps affermi,
> Tu viendras, cher Fontane, embellir mon asyle
> De la présence d'un ami.
> Tu verras mon amante à te plaire empressée
> D'un modeste souris accueillir ton retour,
> T'offrir une boisson qu'elle-même a pressée...

Etc... Flins ne manquait pas d'une grâce légère. Dans les grands sujets, il est moins bon. Du reste, son véritable talent, de petite portée, il le trouvera bientôt.

Joubert, lui, est bien différent de ces poètes et de tous ces vains personnages qui, autour de lui, se trémoussent et ne le dérangent pas de son étude. Parmi eux, il n'aime que Fontanes. En fait de poésie, il n'aime — et jusqu'à nous déconcerter — que la poésie de Fontanes et, d'une autre manière, la poésie de l'antiquité : en 1783, il a traduit, très joliment, quelques remontrances d'Hésiode à son frère indolent Persès. Principalement, il est philosophe. Il continue à s'interroger sur la bienveillance universelle et sur les perspectives dont l'esprit a peut-être besoin. Il lit Platon, résume les découvertes physiologiques de ce penseur, lit Descartes et de plus récents, tels que La Mettrie, dont il examine la théorie relative au bonheur. Ce La

Mettrie cherchait « une espèce de bonheur qui fût également facile et qui pût convenir aux riches, aux pauvres, aux sots, aux gens d'esprit, aux honnêtes gens et même aux méchants : — recherche folle ! » répond Joubert. Quelquefois sa méditation le porte assez loin vers la métaphysique ; et l'on se demande, s'il n'a pas des velléités de divination kantienne, lorsqu'il écrit : « Je serois porté à croire qu'il est des idées qui nous viennent de nos formes intérieures. » Il épilogue sur les phénomènes de l'instinct : l'oiseau qui n'a jamais vu de nid fait son nid pourtant ; et les formes de ce nid n'ont-elles point de l'analogie avec la « constitution *intérieure* » de l'oiseau ? Il faudrait le savoir, dit Joubert. Partant de là, n'est-il pas sur le point de transformer les idées innées en catégories de l'entendement ?... D'habitude, ses pensées philosophiques ont un caractère plutôt moral, politique et social, comme l'y invite le thème que Diderot lui a proposé.

Dorat, les mousquetaires et Parny l'intéressent beaucoup moins. Je ne sais pas exactement ce qu'il pense du poète des *Baisers*, dans ces premières années de sa vie parisienne. Un peu plus tard, en 1789, il traite avec dédain « ces petits maîtres que nous n'avons eus qu'un moment, au temps de Dorat ». Plus tard, mais beaucoup plus tard, il aura pour Parny du mépris et du dégoût. Il écrira : « Parny. Des blasphèmes miéleux et des ordures vernissées... Il a mis les vases sacrés dans les latrines et parfumé avec de l'encens les ordures des mauvais lieux. Enfin, il a souillé le ciel, sali les temples et mis sur les autels de la porcelaine et du musc. Il a le cœur et l'âme eunuques. Il ne se montre insinuant que parce qu'il est énervé. Son impuissance a quelque grâce. Enfin le *puritas impuritatis* de Juste Lipse est fait pour lui. Véritable Spadon. » Cela, qui est rude : en 1807. Sans doute, un quart de siècle plus tôt, et quand du reste Parny ne paraît encore qu'un élégiaque, Joubert eut-il plus d'indulgence pour l'amant d'Éléonore et l'ami de Fontanes.

En tout cas, et bien que dès cette époque Joubert ait l'allure d'un jeune sage, ne le séparons pas du monde où il lui est donné de regarder les Parisiens et, en somme, l'humanité. Evidemment, jeune sage, il flétrit le luxe : « On dit qu'il faut dix mille mains pour former une épingle. Il en est de même de tous les objets de notre luxe. Un pompon... » Oh ! les pompons, dentelles et menus colifichets de porcelaine qui aggravaient votre coiffure, Fanny de Beauharnais !... « Un pompon occupe presque autant d'hommes qu'en occupa la plus haute pyramide de l'Egypte... » Plus haute que votre coiffure, ô Fanny !... « Je ne connois pas de réflexion aussi propre à rendre ridicule et mesquin aux ïeux d'un homme sensé tout ce qui sert d'ornement à nos maisons et à nous-mêmes... » Joubert ajoute, en jeune sage qui n'est point un ascète pourtant : « Oh ! que nous sommes loin d'être sensuels, puisque nos sens ont des plaisirs si difficiles et si chers ! » A cet égard il considère qu'en Asie l'on entend beaucoup mieux la volupté. Surtout, il a lu Rousseau ; et il invective contre les babioles et perversités de la civilisation : la nature lui semble meilleure et plus raisonnable. Il s'attendrit sur les êtres qui confient leur tranquille et pauvre bonheur à l'innocence et à la simplicité : « Cette pauvre créature qui se rend heureuse en regardant l'eau qui coule n'est-elle pas vraiment intéressante? Elle fredonne un air qu'elle a entendu chanter dans la maison des riches et chacun des tons de cet air lui rappelle quelque objet particulier de leur opulence. Et la vue idéale d'une multitude d'objets de luxe détruit un moment en elle le sentiment de son extrême pauvreté. Goûte le plaisir de ne rien faire, innocente créature, d'autant plus digne de le goûter que tu es femme. Oublie tes haillons, ton grabat, ta bassesse. Vois avec quelle magnificence la terre se revêt de sa robe de verdure et présente à tes pieds des fleurs à fouler. Le ciel te sert de lambris, le soleil te regarde, et nul être n'est en ce moment favorisé d'un plus superbe spectacle que celui qui s'étale à tes ïeux. »

Mais, ce qu'il vitupère, ce qu'il immole aux saines vérités de la nature, les mensonges trop compliqués de la richesse et du faste, il faut qu'il l'ait vu. Je crois qu'à ce titre la société l'intéresse et tout le spectacle des mœurs contemporaines. Il a vu le salon de Fanny, la subtilité de ses poètes et adorateurs; et, avec Fontanes, avec Parny, Flins et d'autres, il a vu, pour tout dire en un mot, les filles. Elles ont éveillé, tenons-nous là, ses curiosités d'observateur. Il a noté plusieurs de ses remarques : « On voit par le bas de leurs jambes... » Il les a rencontrées, mettons, au Palais royal... « qu'elles aimeroient à montrer tout ce qu'elles ont de beau. Et ce plaisir de montrer sa beauté est naturel surtout aux femmes dont les formes sont plus belles que le visage... Marchons et faisons désirer aux hommes de pouvoir nous considérer couchées : c'est ainsi qu'elles semblent dire. » Il leur consacre divers paragraphes, souvent rédigés avec une mâle franchise et parfois avec brutalité : « Ce qu'il y a de moins virginal entre nos sens, c'est le tact. Aussi remarquez qu'une (jeune) fille ne touche rien comme une femme, ni une femme chaste en son âme comme celle qui ne l'est pas. On pourroit à ce seul indice connoître le tempérament moral des femmes. Du moins soïés certain, quand vous en voïés qui prennent tout à poignée qu'il n'est rien qu'elles refusassent d'empoigner. » Il n'est pas pharisien, mais au contraire se fie à la seule raison pour décider avec sympathie sur le compte d'une fille qui « se montre nuë aux ïeux de son amant » : elle ne blesse pas la « pudeur publique », si elle garde le mystère qui augmente le prix des voluptés.

Ce qui étonne Joubert, ce qui excite son attention, puis sa réflexion, c'est le soin perpétuel qu'ont les filles, et les moins fines parmi elles, de se donner « un air oisif, un air délicat et un air paré ». Oui, certes, il comprend : c'est que l'oisiveté prépare singulièrement à la volupté; la délicatesse des manières ou du corps en suppose l'image et la parure le désir ». Mais il admire la « sagacité » qu'il faut à des personnes d'une classe grossière pour « deviner tout cela ». Il ajoute, et c'est charmant : « Elles aiment aussi à se donner un air enfantin, parce qu'il suppose l'exemption de tous soucis. » Peut-être leur attribue-t-il, dans son émerveillement, plus de calcul et de rouerie qu'elles n'en ont. Il a observé leurs manèges ; il a cru deviner leurs astuces, démêler leur philosophie. Il n'est point encore allé jusqu'à connaître leur innocence ou, du moins, leur naïveté, si spontanée et si active. Il ne sait point encore tout le secret de l'ingénuité féminine. Là-dessus, il n'a pas fini ses écoles et il n'est pas hors de page. Pour connaître les femmes, ce qui lui manque jusqu'à présent, c'est d'avoir aimé une femme. Conduisons-le à aimer Agnès Lebègue, dame Restif de la Bretonne.

CHAPITRE IV

RESTIF DE LA BRETONNE

Celui-là, quel homme ! Il avait une espèce de génie : il avait plusieurs espèces de folie. Absurde et sage, atteint de manies que les médecins de l'esprit cataloguent, libidineux jusqu'à l'érotisme et orgueilleux jusqu'à l'extravagance, et misérable, digne de compassion, d'amitié, il a répandu le récit de ses malheurs dans quelque deux cents volumes. Quand on va se lancer à le lire, on ne sait pas le voyage qu'on tente, les pays qu'on traversera, longs déserts d'ennui, oasis charmantes ou belles, campagnes où fleurissent les vertus naturelles, et villes immenses, pareilles à de mauvais lieux. On n'avance pas vite et, sans cesse, on revient sur ses pas, on piétine, on recommence un morne itinéraire. Mais le gaillard qui vous conduit a une allure impérieuse. Puis il vous découvre des sites que sans lui l'on n'aurait pas vus. Il vous les montre avec un zèle, par instants fastidieux, et qui vous convainc pourtant. Si le spectacle ne vaut rien, l'homme est drôle. Ses pires toquades vous ont un air de philosophie ; son ignominie a de l'héroïsme. Et il gesticule, et il se démène : il est ridicule, et il est touchant. Il vous entraîne, même si, de lassitude, souvent, vous le suivez mal.

Quel homme ! Un visage inoubliable. On n'est pas sûr qu'il soit horrible; mais on le voit et il vous hante. Un visage inquiétant, de satyre, et non de joyeux drille de la fable, chèvre-pieds qui prend ses ébats dans la forêt mythologique, joue de la flûte et divertit ses victimes heureuses; non : le satyre moderne, vagabond sans gaieté, luxurieux, morose et bouffi. Un gros nez aquilin, aux ailes fortement dessinées; une bouche épaisse, aux lèvres charnues, demi-ouvertes et gourmandes; tout le bas de la figure gros, boursouflé, les joues un peu tombantes; à droite et à gauche du menton, des enflures adipeuses. Et, tant de bestialité, une spiritualité singulière la rehausse. Le front est large, solidement construit, bien découvert, les cheveux rejetés vers la nuque et, devant les oreilles, continués en favoris courts. Quels yeux ! Noirs et grands, brillants et qui ont une extraordinaire intensité de regard; des yeux, disait Humboldt, « tout en flammes »[1]. Le bavard Diderot, je le remarquais, a autour de sa bouche diserte et préservée les zones de ses rides. Restif le curieux et j'allais dire, songeant à ses curiosités principales, Restif le voyeur a toutes ses rides autour des yeux, comme si l'usage ou l'abus d'un organe se marquait et se soulignait ainsi. Le miracle, c'est la résistance de l'organe : il a écarté sa fatigue; il l'a en quelque sorte, poussée et chassée dans les environs. La bouche de Diderot n'est pas atteinte, ni l'œil de Restif. L'œil de Restif a toute sa netteté, son éclat. Les rides plissent les paupières et n'y font pas de poches lourdes, mais y dessinent des accents; puis, elles partent de l'angle des paupières et, vers les tempes, remontent, serrées les unes contre les autres, de l'une à l'autre plus relevées et, la plus haute, verticale. Un large sillon sépare les deux arcades sourcilières; et les sourcils, très noirs, longs comme des cheveux, les sourcils et les cils, très abondants, protègent l'œil, si précieux. Voilà Restif, sa curiosité perpétuelle Nicolas-Edme Restif de la Bretonne, le spectateur nocturne, le guetteur d'aventures, de vilenies et de maraudes, policier romanesque, fureteur et fouinard au coin des rues, au coin des âmes[2].

Il n'est pas grand; mais il est robuste : un paysan râblé, un peu voûté par l'habitude de se pencher pour écrire, et voûté comme un vigneron. Le costume : orgueilleuse défroque! Il a écrit comme on se vante d'un exploit : « Depuis 1773, jusqu'à ce jour 6 décembre 1796, je n'ai point acheté d'habits! » [3] Cela se voyait. Il était sale et sentait fort, en bon cynique. Il ne montrait pas de linge et boutonnait son vêtement. Sur l'habit, de forme surannée, il portait — coquetterie et signe extérieur de son originalité — un large et long manteau bleu, agrafé au col et qui l'enveloppait. Du reste, le manteau se raccourcit peu à peu, quand Restif, à maintes reprises, dut en rogner les bords trop effiloqués. Il se drapait là dedans et, de la main droite cachée sous l'étoffe, il ramenait un des pans à l'épaule. Un grand chapeau de feutre à larges bords, un chapeau comme il était seul à en avoir.

En tête des *Nuits de Paris*, il s'est ainsi fait représenter, dans un paysage parisien, dans les ténèbres où l'on distingue un enlèvement de fille, des voleurs crochetant une porte, et le guet à cheval, et le guet à pied : « que de choses à voir, lorsque tous les yeux sont fermés ! » Lui, chemine, majestueux. Il est le spectateur nocturne ; et il est le hibou spectateur : un hibou, posé sur la calotte du chapeau, semble un cimier. Restif est la dupe enchantée de sa mascarade. Il accomplit son rite quotidien, sa mission de noctambule, avec une gravité comique ; il prend au sérieux sa persévérante lubie.

Sans le hibou symbolique, mais toujours accoutré de même, on le voit souvent l'un des personnages des estampes qui ornent ses œuvres. Il est facile de l'y reconnaître à son costume et à son étrange figure. Il avait son dessinateur préféré, Binet ; son graveur, Berthet, quand il les pouvait payer. Autrement, il se contentait de moindres artistes. Les uns et les autres, il les dirigeait et leur fournissait le croquis : il ne dessinait pas mal. Il exigeait que les pieds des femmes fussent incroyablement petits, la chaussure très fine, les talons très hauts : il avait à ce propos une doctrine, amoureuse et un peu morbide. Il exigeait que le corsage fut rondelet ; la taille, flexible comme un roseau ; et la femme, extrêmement longue, avec la tête toute petite. Voilà son idéal féminin, sur lequel il ne transigeait pas. Des robes luxueuses, d'une soie que le burin devait rendre brillante, luisante... Il ne transigeait pas sur cet idéal, dans l'estampe ; mais dans la réalité, oui, on le devine !... Et les estampes sont, en bonne logique, dérisoires, figurant des êtres tels que Dieu n'en a point créé ; tout de même, elles ont une grâce aguichante. Au milieu de ces élégances, on l'aperçoit, lui, drôle de bonhomme et emmitouflé de son large manteau : il est en colère et casse tout avec rage : ou bien il caresse une fille ; ou bien il garde la pose philosophique de l'observateur. Dans les *Nuits*, une estampe nous fait assister à l'un des soupers que donnait La Reynière. Restif est l'un des convives : et, placé entre l'un des frères Trudaine et le gros Sébastien Mercier, il a son chapeau sur la tête. C'est afin qu'on le reconnaisse. Peut-être aussi était-il enrhumé. Un jour, La Reynière, qui l'invite à un repas annonce qu'eu égard au rhume de M. Restif on aura soin de chauffer la salle ; puis M. Restif restera couvert [4]. Dans la plupart des estampes, il est nu-tête ; mais il a toujours son grand manteau bleu [5]. Et il est comique, en tel atour de Diogène, parmi les falbalas de ses héroïnes. Un éditeur de Neuwied-sur-le-Rhin qui, en 1789, publiait sous ce titre, *Monument du costume*, des planches de Moreau le jeune, se figura que Restif était à Paris l'arbitre des élégances : et il le chargea de commenter les belles images !

Quand Joubert et Fontanes se lièrent avec Restif, il avait cinquante ans. Il était né le 23 octobre 1734 [6], en Bourgogne, dans le village de Sacy, entre Auxerre et Avallon. Il s'appelait tout uniment Restif; La Bretonne est le nom de la ferme où ses parents habitaient. Son véritable nom, voici ce qu'il en dit : « Notre nom s'écrit indifféremment Restif, Rectif ou Retif : cependant je préfère le premier, eu égard à l'étimologie, qui n'est pas ici seulement indicative, mais absolue ; le mot de Restif, venant de *rester*, signifie qui est porté à rester, à ne pas avancer. Mais, si notre véritable nom était Rectif, alors son origine serait plus noble et marquerait la rectitude d'esprit qui semble naturelle à notre famille... » Autant de folies ! Il savait peu de latin et il avait l'entrain dogmatique des primaires. Il avait aussi de la vanité. Il raconte que l'ancien nom des Restif était Monroyal ou Montroyal « et que le surnom de Restif ou Retif y fut joint en 1309, à l'occasion du templier Jean de Montroyal qui, lors de la destruction de l'ordre du Temple, fut un de ceux qui le défendirent par des discours pleins de force et de vérité devant les commissaires du roi Philippe le Bel et du pape Clément V... » Bref, il aurait des Templiers dans sa famille !... Son grand-père avait composé une généalogie des Restif et les faisait descendre de l'empereur Pertinax, dont il n'est pas douteux qu'en latin le nom signifie « rétif ». Et notre Restif, dans la *Vie de mon père*, donne tout cela pour une « plaisanterie singulière » ; ailleurs, il dit que ce n'est pas tout à fait une imagination. Cubières assure que, si des fats l'ennuyaient, il « se soulevait de toute la hauteur de son âme » et leur citait bravement son ancêtre Pertinax, empereur de Rome[7]. Il se vante aussi d'un Charles Restif, du faubourg Saint-Amatre à Auxerre, qui, en 1582, protestant, rédigea au nom de ses coreligionnaires une requête au roi Charles IX. Puis : « J'ai ouï dire que nous avions des parents en Angleterre » qui avaient fui la persécution « et qui traitèrent de Restifs ceux qui restaient en France ». Et il conclut : « Nous avons eu des alliances très relevées...... » Ces six points remplacent les détails qu'il serait en peine de donner. Mais : « Tous nos titres ont été perdus... » C'est dommage ? Non : « Les seuls titres dont nous prétendions nous glorifier, mes frères et moi, c'est de ceux de mon père. » Titres de belle honnêteté : il fallait s'en tenir là ; c'était plus sûr.

Son père : un laboureur de Sacy en Bourgogne, un très digne homme. Et la *Vie de mon père* est un beau livre, sentencieux, chargé de ces moralités qui étaient à la mode : un beau livre pourtant. Restif l'a écrit à quarante-cinq ans, âge où l'on retourne à son passé avec un sentiment plus vif encore si l'on a vécu dans le désordre et si l'on se rappelle sa jeunesse comme un temps de vie ordonnée. Ainsi Restif se souvenait, philosophe troublé, du bonhomme qui, sur aucune chose, n'avait aucune incertitude, et qui était dur, n'ayant pas de doute, et qui était souverain chez lui. Monselet (qui, même en littérature, avait le goût délicat d'un gourmand) cite avec une fine admiration quelques lignes du *Paysan perverti* ; c'est une lettre qu'Edmond, jeune homme qui a quitté les champs, reçoit de sa mère, une vieille paysanne : « Mon Edmond, je t'envoie des chausses de filoselle, avec des culottes de fort-en-diable, deux vestes et l'habit de bouracan pour te faire brave les dimanches et fêtes. Je t'embrasse de tout mon cœur. Ta mère [8]. » Je ne sais pas quel il faut être, né en quel pays et quand, pour ne point aimer, en effet, et avec attendrissement, ce peu de lignes où s'accordent si bien les mots et la pensée, où survit une vie ancienne qui a trouvé toute l'expression, rapide et sûre et pittoresque, de son cœur simple et amical, de sa coutume lente et de son intention jolie. Dans le *Paysan perverti*, dans la *Paysanne* et dans plusieurs de ses ouvrages, Restif a donné cette note si juste et si émouvante de ses souvenirs enfantins, qui emplissent la *Vie de mon père* et qui en sont le charme. Novateur et le plus échauffé des réformateurs, le plus hardi à vous improviser des politiques et des sociologies, Restif ne touche point à la merveille que, dans le village de Sacy en Bourgogne, réalisait l'ancien usage. Il a fait, de cette campagne où il est né, de ces campagnards dont il vient, une peinture à peu près admirable d'évidente vérité. Je ne crois pas qu'il existe une meilleure image de la campagne française au temps de Louis XV. Où Restif ne vaut rien, c'est quand il se dépêche de consigner ses découvertes récentes, niaiseries et vagues idées qui lui passent par la cervelle. Mais, la campagne de Sacy, et son enfance paysanne, c'est une longue et lente acquisition de sa pensée, de sa mémoire et de son habitude. Alors, il n'a qu'à écrire, et fût-ce vite, selon ses torts : il est une manière de grand écrivain.

A Sacy en Bourgogne, où son père menait la charrue, Nicolas-Edme était un petit garçon qui gardait les troupeaux, et qui polissonnait plus qu'un autre, et qui était Daphnis avant même l'âge de ce berger, Daphnis étonnamment lubrique. Son enfance est un roman de sensuelle gaminerie. Voilà son commencement ; et il continuera : toute sa vie est une perpétuelle concupiscence. Je ne dis pas qu'il n'y ait nulle forfanterie dans l'excès de ses aventures prématurément galantes; quand il imprime la liste des vingt enfants naturels qu'il avait à vingt et un ans, peut-être se flatte-t-il ?. Mais il continuera de se flatter ainsi — ou d'être dupe, avec une fatuité complaisante — jusqu'à un âge avancé. Dès qu'une fille qu'il a remarquée dans Paris devient mère, il ne doute pas d'être père : abusait-on de sa crédulité ? je crois qu'il suffisait à son illusion. Il apprit à lire, tout seul, dans la Bible, tandis qu'il gardait les troupeaux. Il avait un demi frère, l'abbé Thomas, sous-maître des enfants de chœur à l'hospice de Bicêtre. On envoya Nicolas-Edme à Bicêtre ; et, comme ailleurs, il polissonna : les religieuses ne lui imposaient pas. L'abbé Thomas quittant Bicêtre, Nicolas-Edme fut confié à un autre de ses frères, curé de Courgis. Il polissonna encore ; mais, pour une fillette, Jeannette Rousseau, il conçut la plus timide et fervente passion, qui toujours lui fut précieuse et dont il eut la mémoire embaumée. Il grandissait : on le mit en apprentissage à Auxerre, chez un imprimeur qu'il appelle M. Parangon. Mais il y avait une Mme Parangon, modèle de toutes beautés et vertus. Nicolas-Edme fut amoureux de sa patronne ; gredinement, il la posséda et, plus tard, il vénéra comme une sainte la céleste personne qu'il n'avait pas respectée. Quand il eut terminé son apprentissage, en 1755, il vint à Paris. Chez des imprimeurs, à l'Imprimerie royale, chez Knapen, chez Quillau, il travailla pendant quatre années à peu près. Il n'abandonna ce métier que tardivement ; et, même après qu'il eut son renom de littérateur, il y revenait par moments, si la pauvreté le voulait. Il a composé lui-même, à la casse, des parties entières de ses ouvrages : parfois, il rédigea de cette façon, n'ayant rien écrit d'abord et composant d'un seul coup dans sa tête et dans le composteur. En fait de typographie, comme en fait de toutes choses, il se forgea des théories ; il abomine les Didot, les « peu réfléchissants » Didot, qui suppriment de leur alphabet l'S long. Précisément, il avait, lui Restif, inventé de réserver l'S long pour un emploi tout particulier : les Didot devaient conserver l'S long, pour Restif ! [10]... Il exigeait d'avoir un système typographique nouveau, et tout à lui ; un vocabulaire nouveau, et tout à lui ; une orthographe nouvelle, et toute à lui ; une syntaxe, une morale. C'était un fol ; et il faut sans cesse le répéter.

En 1760, il se marie... Je ne dis pas qu'alors il tombe dans la débauche : il y reste et, pour ainsi parler, s'y évertue. Ce qu'il fait, ce n'est pas de tromper sa femme : il vit dans la luxure, avec une assiduité crapuleuse. La liste de ses liaisons, il l'a donnée et commentée. Ce sont des liaisons quelquefois et, plus souvent, des rencontres. Une fille qui a le pied petit, le soulier mignon, il la suit, l'agace : et elle ne lui refuse rien. Dans les rues, il chasse et trouve son gibier : si la fille a vraiment le pied comme il l'aime, il l'amène à Binet, son dessinateur, pour les estampes. Mais il a premièrement tiré parti du modèle, pour son plaisir. Quel chien !... Et la lecture de ses innombrables chienneries est ennuyeuse. Lui, ne s'ennuie pas. En outre, il se persuade qu'il accomplit ses devoirs d'écrivain. Car il observe, et il les peindra, les mœurs d'une grande ville : peinture franche et telle que jamais on ne l'a osée; voilà sa prétention. Puis, l'autre objet qu'il examine, c'est lui-même. Il s'est promis de révéler, de « dévoiler » le cœur humain. L'exemplaire qu'il a choisi, pour son expérience et pour sa démonstration, c'est le cœur qu'il connaît le mieux, le cœur de Nicolas-Edme Restif. Et il le soumet, ce cœur, à un examen très varié : il modifie les circonstances, afin de tout savoir. Il se dégrade, pour montrer comment se dégrade le cœur humain. Et il s'écrie : « Mon lecteur, je suis sincère; il le faut : j'expose ce que nul avant moi, pas même Rousseau, n'avait exposé : la vie complète d'un homme. Ce n'est pas ici une jolie fadaise à la Marmontel... C'est un utile supplément à l'histoire naturelle de Buffon, à l'esprit des lois de Montesquieu et à Montaigne, que je vous présente[11]. » Et l'on discerne sa notion de la littérature : « utile », par les renseignements qu'elle fournit aux moralistes et législateurs; scientifique, un supplément à l'histoire naturelle de Buffon; cynique enfin, car il ne s'agit pas de divertir gentiment. Sa littérature : un témoignage, un document.

Cependant, il s'amuse! Et il prétend amuser son lecteur. Tous ses livres sont plus ou moins obscènes ; mais il en a écrit un qui l'est plus que les autres : *l'Anti-Justine*. Avertissement : « Il n'est rien qui contribue au bonheur autant qu'une lecture agréable. Fontenelle disait : *Il n'est point de chagrin qui tienne contre une heure de lecture*. Or, de toutes les lectures, la plus entraînante est celle des ouvrages érotiques, surtout lorsqu'ils sont accompagnés de figures expressives... » Il donne ainsi la théorie, comme il a donné l'exemple, de la pornographie. Mais, s'il intitule son livre *l'Anti-Justine*, c'est pour réagir contre l'erreur du marquis de Sade. Il reproche à ce gredin d'avoir déconsidéré la charmante pornographie par des cruautés ignobles : « Mon but est de faire un livre plus savoureux que les siens, et que les épouses pourront faire lire à leurs maris ; un livre où les sens parleront au cœur ; où le libertinage n'ait rien de cruel pour le sexe des Grâces ; où l'amour, ramené à la nature, exempt de scrupules et de préjugés, ne présente que des images riantes et voluptueuses... » D'ailleurs *l'Anti-Justine* est une ignominie, un abondant trésor de dévergondage.

Ce qui caractérise la pornographie de Restif, c'est le mélange du réel plaisir et de la prétention philosophique. On n'a jamais été plus licencieux, et avec moins de bonhomie. Ce satyre avait de risibles volontés de réformateur. Son *Pornographe* est un plan de débauche organisée, policée, unifiée, qui fait de l'Etat le maître, le despote et l'artiste succulent des caresses et autres gaietés. Il était socialiste ; et l'on a dit que les Babeuf, les Saint-Simon, les Proudhon lui doivent quelque chose, que tout le fouriérisme est déjà dans Restif[12]. Sa *Mimographe* réforme le théâtre national ; ses *Gynographes* proposent à l'Europe un « règlement pour mettre les femmes à leur place et opérer le bonheur des deux sexes » ; son *Andrographe* propose à toutes les nations un « règlement pour opérer une réforme générale des mœurs et, par elle, le bonheur du genre humain » ; son *Educographe* est un « nouvel Emile » ; son *Thesmographe* est une « réforme générale des lois » ; que ne réforme-t-il ? Bien entendu, réformant tout, il compte sur l'État, comme au surplus les autres réformateurs. Il le charge de vilains métiers : c'est qu'il ne songe qu'au bonheur de l'humanité ; ce bonheur, il ne l'imagine que voluptueux. Des farceurs le persuadèrent que Joseph II, à Vienne, avait organisé, selon le *Pornographe*, un admirable système de prostitution : et il en était énormément fier. Toute cette partie de son œuvre, la réforme universelle, est une prodigieuse caricature, et involontaire, des turlutaines que les autres fous ont énoncées avec un peu plus de discernement. Lui, Restif, ne se méfie pas ; il ne craint pas le ridicule et il s'abandonne à son imagination, qu'il a extravagante. Pour lui, le seul empêchement au bonheur de l'humanité, c'est l'hypocrisie individuelle et sociale. Supprimez l'hypocrisie, aussitôt l'humanité rayonne d'allégresse. Elle se livre aux chers instincts ; et elle se dilate de félicité. Il n'y a plus qu'à combiner, pour chaque citoyen de la voluptueuse république, le maximum de liberté et de commodité. La niaiserie de Restif, et des autres, c'est de ne voir qu'hypocrisie dans les sentiments, préjugés et principes qui gênent la luxure ; et c'est de croire que les lois transforment les mœurs ; et c'est... On n'en finirait pas !

Laissons les idées sociales de Restif : elles sont absurdes. Mais Restif, peintre de son temps et peintre du débauché qu'il était, ne le méprisons pas. Brunetière le méprisait, comme le précurseur de Zola ; et il réservait à « quelques rares amateurs de gravures » la *Paysanne pervertie* et *Monsieur Nicolas*. Certes, Restif écrit des saletés. Il écrit souvent mal, et presque toujours négligemment. Il le sait et, comme de tous ses défauts, il s'accuse de celui-là volontiers, avec bonne foi et avec orgueil. Il déteste La Harpe qui, dans le *Mercure*, l'a maltraité : « Mais qu'y a t-il de commun entre M. de La Harpe et moi ? Je n'ai aucune de ses qualités ; il n'a aucun de mes défauts ; il versifie bien, il est correct, réglé, sage ; je ne versifie pas, je suis incorrect, désordonné et je porte quelquefois la chaleur de mon style ou la liberté de mes tableaux à un excès peut-être condamnable... [13] » Que lui importe ? Son affaire n'est pas de bien écrire, mais de saisir et puis de rendre la réalité, le plus de réalité possible et une somme considérable de réalité. Il se vante de la quantité de son œuvre. En 1791, publiant le premier tome de l'*Année des dames nationales,* il imprime au revers du titre, dès le haut de la page et en gros caractères ces lignes provocantes : « On sera peut-être curieux de savoir combien l'auteur a composé d'histoires en tout, y compris les *Nuits de Paris* et sans compter *Monsieur Nicolas* ? Seize cent trente-deux, au moins ! » Et, en 1791, ce n'était pas fini. L'auteur de seize cent trente-deux histoires au moins et en attendant mieux n'est pas et ne peut ni ne veut être un écrivain très attentif. S'il a rêvé de réformer l'orthographe et n'a point évité l'absurdité de l'orthographe phonétique, c'est que les doubles lettres l'impatientent : son imagination va vite ; et il n'a pas le temps d'écrire des lettres inutiles.

Restif écrit tout le temps, et plus que de raison. De 1773 à 1783, dans les dix années qui ont précédé sa rencontre avec Joubert, il a publié soixante et dix-huit volumes. Là dedans, que de fatras! Là dedans, les quarante-deux volumes des *Contemporaines* : des amis, des correspondants de hasard, lecteurs contents des premiers tomes, lui envoyaient des « canevas » sur lesquels il brodait avec plus de hâte que d'art. A quoi bon tout cela? On l'eût fâché en le lui demandant. Tout cela, c'était de la réalité. En fait de réalité, tout lui paraissait bon à recueillir; tout, et jusqu'aux bribes.

Les reproches qu'on a formulés contre le réalisme, on doit les adresser à ce Restif. Mais enfin ce Restif a été, plus que nul écrivain d'hier ou d'à présent, un réaliste. Ce qu'il était, il l'a été jusqu'à l'excès et au delà, je le veux bien, de tout excès permis : il l'a été pleinement et, parfois, joliment. Les anecdotes des *Contemporaines* sont, presque toutes, médiocres : là encore, il est un réaliste, et plus que jamais, si, dans un tel amas de portraits et petites scènes, il n'ajoute quasi rien de son cru à la réalité, vue par d'autres ou par lui. C'est, je l'avoue, qu'il se dépêche : et c'est aussi qu'il a le projet de tous les réalistes entêtés de leur doctrine, le projet de laisser la réalité toute seule et sans qu'intervienne l'artiste. Il n'y a plus d'artiste : on n'a fait que copier; l'artiste a eu l'abnégation de disparaître. On a copié tout simplement des bouts, des tranches de réalité, sans choix, sans composition. C'est ridicule? C'est le ridicule affiché du réalisme. L'ennui qu'on éprouve et, souvent, auquel on succombe, en lisant Restif, a plusieurs causes. D'abord, la sensualité continue n'est pas longtemps révoltante : elle devient fastidieuse; et, la sensualité du prochain, l'on n'en a que faire. Puis la négligence de l'écrivain lasse l'attention. Mais surtout, l'ennui de Restif est dans son idée même du réalisme, dans son idée vraie du réalisme. Une exacte peinture de la réalité médiocre est médiocre aussi. Restif n'en souffre pas, tant il aime la réalité. Il ne tolère pas que son lecteur donne des signes d'abattement : « L'ouvrage que vous venez de voir, lecteur, est pris dans la belle nature... Malheur sur celui que ces lettres... » Il s'agit de la *Paysanne pervertie*, roman par lettres... « n'auront pas ému, touché, déchiré ! Il n'a pas l'âme humaine; c'est une brute ! » La menace vous intimide.

Dans la préface de *Monsieur Nicolas*, il dit : « Je disséquerai l'homme ordinaire, comme Jean-Jacques Rousseau a disséqué le grand homme. » Trait de modestie ? Non; mais il entend se distinguer de Rousseau. *Monsieur Nicolas*, c'est, en somme, les « confessions » de Restif. Or, les seize volumes de *Monsieur Nicolas* ont paru de 1794 à 1797. Les *Confessions* furent imprimées en 1782 : et Restif les a lues. Il a subi l'influence de Jean-Jacques : il le sent bien, quand il se débat contre cette influence. Il date de 1777 une dédicace de *Monsieur Nicolas* : « A moi... cher moi, le meilleur de mes amis. » Dédicace antidatée, car les *Confessions* s'y trouvent, par mégarde, mentionnées. Cependant il avait commencé avant 1782 son *Nicolas* ; et il est sincère autant que drôle dans cette déclaration : « Il existe deux modèles de mon entreprise : les confessions de l'évêque d'Hippone et celles du citoyen de Genève. J'ai beaucoup du caractère d'Augustin; je ressemble moins à J.-J. Rousseau. Je n'imiterai ni l'un ni l'autre. J'ai des preuves que J.-J. Rousseau a fait un roman ; et, pour Augustin, ses confessions ne sont qu'un apologue... » Il promet plus de vérité, la vérité entière et méticuleuse, sans rien omettre, fût-ce le vulgaire et l'insignifiant. C'est ce qu'il annonce, quand il oppose au « grand homme » qu'a peint Rousseau l' « homme ordinaire » qu'il peindra. Il ne choisira pas ; c'est le contraire de l'art : c'est le réalisme. La doctrine vaut qu'on la réfute. Et il y a quelque beauté dans ce grand amour qu'a eu Restif pour la réalité entière, dans son jaloux désir de ne dédaigner rien de la « nature » et d'en tout ramasser.

Le *Nicolas*, avec tous ses défauts les plus choquants, est un ouvrage extraordinaire. Immonde, oui ; et plein d'admonestations très morales. Jamais on n'a tant parlé de la vertu que dans ces milliers de pages indécentes. Et Restif se châtie vertement : « Je ne suis qu'un avorton, sans force, sans énergie, sans vertu! » Il s'injurie : « Tu seras méprisé des plus méprisables des hommes! »[14] Mais, en note, il indique les noms de ces misérables : c'est la liste de ses ennemis. Quand il se compare à de telles gens, il admire et son génie et sa vertu. Il se lamente : il interrompt sa jérémiade pour se vanter avec la plus grotesque forfanterie. De ces diverses manières, il aboutit à une sorte de lyrisme singulier.

Les amis de Restif, que Joubert connaîtra, ne sont pas mal assortis au très baroque Nicolas : ce sont, pour le moins, des originaux. D'ailleurs, en 1783, Restif est brouillé avec ce Nougaret, à qui jadis il donnait une de ses maîtresses pour femme et que maintenant il raille sous le nom de Gronavet ; il est brouillé avec Crébillon fils, qui cependant l'a obligé ; il est brouillé avec Linguet, l'avocat bouillant qu'il estimait dans le temps où lui, Restif, était prote chez Quillau ; avec Laya, qu'il accusera de lui avoir chapardé le sujet d'une comédie. Il est au plus mal avec ses éditeurs, qu'il accuse de le voler. Il est au plus mal avec les censeurs, avec ceux même qui lui sont favorables et qui ont quelque mérite à le protéger. Il est au plus mal avec les journalistes qui pourraient le défendre : il les accuse de le calomnier, quand les perfides notent l'obscénité de ses ouvrages ; et, qu'ils soient de Paris, de la province ou du dehors, il leur adresse de vertes répliques. Il est généralement considéré comme un écrivain, disons, ordurier. Cela le fâche, car il a souci de la vertu, qu'il offense à tire-larigot. Pourtant, on est curieux de lui. On l'invite à dîner : on le montre à des gens du monde, qui sont aises d'approcher un tel phénomène. C'est ainsi que, chez le prévôt des marchands Le Pelletier de Morfontaine, il rencontre la divine marquise de Montalembert et soudain ressent pour elle une admiration passionnée. Mais, en 1784, Mme de Montalembert se retire au couvent : terrible chagrin de Restif, qui au surplus ne l'a pas vue deux fois. Elle lui demeure si présente à la pensée qu'il continue de la croire auprès de lui : et il parle à cette absente, si présente qu'elle lui répond !

Ses amis réels, c'est Butel Dumont, Beaurieu. Mercier, La Reynière... Butel-Dumont, l'économiste, est l'un des censeurs royaux; et il s'entremet dans les affaires compliquées où Restif serait en mauvais point. Beaurieu? Gaspard Guillard de Beaurieu, naturaliste et philosophe. était contrefait comme Esope, son maître et son modèle. boiteux et d'une laideur repoussante. Plus âgé que Restif de six ans; pour le costume, le genre de Restif : mais beaucoup plus sale. Plus excentrique : chapeau de Crispin, manteau à l'espagnole, souliers carrés et haut de chausses. Jadis l'ami de Jean-Jacques; et son *Elève de la nature*, en 1766, passa pour être de Rousseau. Très pauvre. Et on lui demandait : « Pourquoi ne songez-vous pas à vos affaires? » Il répondait : « C'est que j'aime beaucoup trop l'honneur et le bonheur pour aimer la richesse. » Très simple et bon. Il adorait les enfants; il leur composa un *Abrégé de l'histoire des insectes*, un *Cours d'histoire naturelle*, un *Cours d'histoire sacrée et profane*. Il avait de la bonhomie et, dans la conversation, des trouvailles de style qui n'embellissent pas ses ouvrages. Il disait : « Le temps est une dormeuse qui nous mène doucement à l'éternité. » Il mourut dans la détresse, le 5 octobre 1795, à l'hôpital de la Charité. Restif l'aimait; et, le 10 vendémiaire an V, adressant une supplique au Directoire, il termine ainsi[15] : « Je me jette avec confiance dans votre bonne volonté! On a secouru trop tard mon ami Beaurieu! »

Sébastien Mercier, c'était un gros homme à la figure avenante, souriante, grasse, un peu fade; un bavard, et qui écrivait comme il parlait. Sa philosophie : les opinions courantes, et hardies naguère, il les adopte ; il les arrange de son mieux, il les embrouille même. Il est bien étourdi, léger, pompeux, futil, expansif. Peu importe : il vaut quelque chose, et beaucoup, par son zèle de « descripteur ». Toute sa vie, il a décrit. A cet égard, il a de l'analogie avec Restif. Il est un réaliste, lui aussi. Ces deux hommes ont fait avec passion l'inventaire de ce qu'ils avaient sous les yeux, le bilan d'une civilisation qui allait sombrer. S'ils avaient eu la prescience de la catastrophe révolutionnaire, ils n'auraient pas recueilli plus soigneusement leur collection de portraits, de tableaux et d'esquisses. Et, si tel ne fut pas exactement leur projet conservatif, notons pourtant qu'ils ont prévu les transformations immenses : Mercier, l'auteur de *l'An 2440*, programme d'une réforme universelle et « conforme à la raison » ; Restif, que tourmente la sensation du temps fugitif et qui écrivait en 1788 : « De tous nos gens de lettres, je suis le seul qui connaisse le peuple. Prenez garde, magistrats, une révolution se prépare ! [16] » Mais il ne faut pas mettre en comparaison Restif et Mercier : avec tous ses défauts, Restif est un autre homme que le peintre diligent du *Tableau de Paris*. Il a plus de génie, et même plus de talent.

Dans le *Journal des Dames*, puis dans le *Tableau*, Mercier, par deux fois, avait célébré l'auteur du *Paysan perverti*. Au mois d'octobre 1781, dans le *Journal de Neuchâtel*, il célèbre les *Contemporaines* [17]. Restif écrivit à Mercier. Sa lettre est du 23 mars 1782 [18] : il vient seulement de lire son éloge. Il remercie et, du moment qu'on l'aime, il parle de lui volontiers, de lui, de ses ouvrages, de sa *Paysanne*, qu'il est en train d'écrire, et dont il n'a rien lu à personne, et qu'il prierait M. Mercier d'entendre si M. Mercier n'était point à Neuchâtel, mais à Paris : « Il y a dès le premier volume une soixante-treizième lettre qui m'a encore tiré des larmes à une cinquième lecture, j'étais suffoqué à la première. Cet ouvrage est plus fort dans un genre que le *Paysan* ; et ce genre est la bonhomie villageoise, la piété patriarcale, la tendresse maternelle, la dignité de père de famille. Tout cela est exprimé... dans un style simple, mais nombreux, et si naïf qu'il fait quelquefois sourire... La dernière lettre est digne d'Young ou de Shakspeare... » Pauvre Restif, qui a le cordial besoin d'être admiré ! Au premier signe de la sympathie, il s'abandonne avec confiance. Puis, comme il sait ce qu'il veut faire et, somme toute, ce qu'il fait ! Sa définition de la *Paysanne*, un peu outrée de compliments, est la justesse même. Sur les écrits de Mercier, il va plus vite : « Votre *Tableau* vous fait une réputation brillante. »

Cette lettre du 23 mars 1782, Mercier, par la faute de ses déplacements, ne la reçut que le 29 août. Sans retard, il écrivit à Restif[49] : « J'ai à vous narrer l'historique de vos grands succès dans toute la Suisse. Votre nom y est devenu l'égal des plus grands noms... » M. Mercier, lui, est malade et sort peu. Il demeure au Grand Montrouge, « près le château » : M. Restif ne le viendrait-il pas voir ?... M. Restif alla certainement voir M. Mercier, qui avait de bonnes choses à lui raconter. Depuis lors, ils furent amis ; et ils se prouvèrent leur amitié par de mutuels compliments. Restif eut soin de n'être pas en reste : « Mercier ! ô rare et sublime courage ! Toi dont les productions vertueuses... [20] » etc. Cette réciprocité officieuse excita l'ironie, dans la gent littéraire. Le *Petit Almanach de nos grands hommes*, de Rivarol, consacre aux deux amis ces deux articles : « *Mercier* (*M.*) Voyez M. Rétif de la Bretonne. » Et : « *Rétif de la Bretonne* (*M.*) Voyez M. Mercier. »

Dire que leur amitié fut sans nuages, non. Quelle amitié de Restif évita les tribulations ? Il avait si mauvais caractère ! ou, plutôt, il avait un caractère si ombrageux ! La douceur de Mercier, sa mansuétude et la sincère admiration qu'il professait pour son tempétueux ami, retardèrent les éclats. Il se montra bon, dévoué ; il se mêla de ce qui ne l'eût pas regardé si Restif n'avait pas été friand de compassion : Mercier, plus d'une fois, s'entremit dans les querelles familiales de Restif. Plus tard, il essaya de le faire entrer à l'Institut : Restif lui en sut gré. Mais, ce qui protégea le mieux leur camaraderie, c'est l'absence. En 1781, pour écrire et publier moins dangereusement son *Tableau de Paris*, Mercier s'était fixé à Neuchâtel, où il séjourna quatre années. Cependant, il vint de temps en temps passer quelques semaines à Paris : c'est ainsi que firent connaissance avec lui et Restif (on l'a vu) et Joubert. Restif un jour se promène et traverse le pont Saint-Michel : « Je vois un homme grave, en chapeau rond, en habit de velours bleu-ciel. Je pensai que c'était un ministre du Saint-Evangile. Je m'approchai. C'était Mercier. » Voilà un bon croquis, fin, coloré, rapide ; et Restif a le talent de ces petits crayons aquarellés.

Quant à Joubert, pendant l'été de 1783, il lit le *Tableau de Paris* et il en note certains passages. Il y a, dans ses papiers, un petit cahier qui, aux dernières pages, contient six paragraphes empruntés au premier tome du *Tableau*. Ce ne sont pas des citations textuelles, mais bien des résumés, des refaçons, et où le style serré de Joubert se substitue aux phrases diffuses de Mercier. Beaucoup plus librement et avec une telle liberté que toute l'analogie est dans le sujet, Joubert, dans ce même cahier, traite à sa guise, des « tableaux de Paris » : les musiciens de nuit, les chansons triviales, la Morgue, les Sourds-Muets, les portes de Paris. Quel était son projet ? Voilà ce que je ne sais guère. Il reprend des motifs que, sans doute, Mercier lui paraît avoir bousillés et qui valaient la peine d'être exécutés plus joliment. Destinait-il à quelque journal ou recueil ces petits essais ? Je l'ignore. Les croquis parisiens étaient à la mode : on en publiait dans les *Etrennes mignonnes* et ailleurs.

Ces fragments d'un « tableau de Paris » par Joubert ont de l'agrément. Sur les *Musiciens de nuit* : « Ce sont les vielleuses et cette multitude de jongleurs, violons, cors de chasse, hautbois, qui courent les rues, et vous donnent une musique délicieuse sous vos fenêtres pour une petite pièce d'argent. Cette musique est ravissante pendant le silence de la nuit et dans le lointain d'une multitude de rues désertes ; les hommes les plus insensibles ne peuvent l'écouter sans émotion.

Pauvres malheureux ! vous êtes les bienfaiteurs de l'humanité. Vous donnés souvent un sentiment de joïe à l'homme affligé ; et le pauvre couché dans son galetas, et triste, se réveille et se réjouit aux sons de vos instrumens agréables. C'est par vous seuls qu'il jouit du bienfait des beaux-arts. Il n'entrera jamais dans le temple de l'harmonie. La voix de Colombe lui sera toujours inconuë, mais vous avés rendu l'harmonie populaire et triviale. Vous la conduisés dans les rues et vous faites entendre gratuitement à l'indigent les plus beaux airs de Grétri, de Monsigni, de Philidor et les charmantes chansons de Dezaides. Hélas ! l'oreille du pauvre est si souvent blessée par les paroles ; je vous bénis, ô vous qui la consolés par des sons. Ces musiciens qui marchent par petites troupes parcourent aussi la ville pendant le jour. En été, vous croiriés être quelquefois dans cette ville de Bagdat dont parlent les Mille et une nuits, où les rues étoient arosées d'eaux de senteur et où les maisons retentissoient de chansons d'alégresse. Les bouquets qui sont entassés dans les quarrefours et qui embaument l'air, les musiciens ambulans qui concertent de distance en distance, une multitude d'honêtes gens aux fenêtres ; tout cela réuni a quelquefois un charme inexprimable et dont il est difficile de concevoir une idée. » C'est joli.

Joubert, qui aime les musiciens ambulants, blâme ce qu'on chante par les rues. Les chansons, dit-il, sont « la morale du peuple » et la police a tort de permettre qu'on entonne publiquement des grossièretés « avec des gestes plus révoltans que les paroles ». Jadis, on chantait « quelque bonne histoire de miracles ou d'obsession du diable » ; on chante maintenant « des chansons de guerre plus crapuleuses encore que les mœurs de nos soldats, ou des chansons d'amour plus grossières que les amours des porcherons ». Il demande la couronne civique pour l'homme de talent « qui ne dédaigneroit pas de travailler quelquefois pour les filles du peuple et qui, leur aprenant à exprimer avec simplicité des sentimens honêtes, leur aprendroit à les sentir. Seroit-ce donc une gloire médiocre, que de donner de la pudeur à la beauté qui n'en a plus, dans les dernières classes, surtout à Paris ? » Certes ! mais alors, qu'est-ce que Restif deviendra ?...

Joubert décrit avec horreur la Morgue ; on disait, la Morne : « c'est un lieu digne de son nom. C'est un cachot environé de murailles épaisses et noires ; une humidité perpétuelle en coule sur le pavé... » Tout à l'heure, il comparait Paris à la délicieuse Bagdad des contes : c'est un aspect de Paris. Mais : « O qui pourroit dire et compter en combien de manières la vie est enlevée à l'homme sain et robuste, dans cette capitale malheureuse, et par combien de moïens on y peut mourir ! » L'air vicié, le vin empoisonné, la vile nourriture, les hôpitaux sordides, la honte, le désespoir, les accidents, rixes et assassinats : autant de causes qui rendent la mort « assez commune ».

Le chapitre des portes de Paris est amusant : « Au lieu de ces magnifiques portes qui annonçoient les villes anciennes, vous ne trouvés à l'entrée de Paris que des guichets. Cette superbe capitale est fermée par de tristes barrières de sapin où des commis qui vous fouillent ont l'air de vous dévaliser... » Joubert se plaint aussi des portes des églises : il les déclare étroites et petites, « comme si la maison de Dieu de devoit pas avoir plus que tous les autres édifices l'air de l'accueil et de l'invitation... » Et les théâtres ? « On conoit l'histoire de ce jeune homme qui mit l'épée à la main contre son ami, se croïant conduit dans une maison de force en se voïant dans le vestibule de l'ancienne Comédie Françoise au milieu d'une multitude de barrières et de soldats... » Trop de sentinelles ! Vous en voyez aux portes des églises les jours de grandes fêtes, devant les hôtels des particuliers qui donnent un bal ; « pendant les huit premiers jours de l'année, vous voyés deux soldats en faction devant la boutique de Le Sage pour garder ses pâtés, et les bonbons de quelques confiseurs sont ainsi gardés à main armée ». Joubert conclut : « En général, tout respire à Paris la gêne, la contrainte, la précaution ; mais ce n'est qu'à ce prix qu'on y jouit de la tranquilité. » Il ajoute : « Heureux empire ! si chaque partie de ton administration avoit été aussi aprofondie que la police... »

Joubert voyait de temps en temps Mercier. Le 14 janvier 1787, il note : « Mercier rencontré dans un caffé. Quelle opinion il a des arts. Il n'estime dans l'architecture que le maçon. Une belle statue n'est pour lui qu'un objet inutile de luxe et de décoration. Il n'estime pas plus un beau tableau qu'un beau diamant. Il m'a dit qu'il vouloit incessamment publier un ouvrage pour prouver l'inutilité des beaux arts. Il s'exprimoit sur cet objet avec beaucoup de verve et de clarté. Il parloit de cela vraiment avec l'éloquence que donne une inimitié vive, réfléchie, et décidée. » Voilà Sébastien, sa faconde et ses doctrines. Il prétend que la littérature soit l'auxiliaire des lois et il la soumet à la morale ; il en fait « l'école des vertus et des devoirs du citoyen ». C'est mépriser l'art ; et là-dessus Joubert ne sera point de son avis, même si la verve du Tableautier l'amusa, au café, un jour.

L'opinion définitive, mais tardive, de Joubert sur Mercier, je la trouve dans une note spirituelle et judicieuse du 20 juin 1803 : « A Mercier. Le monde n'auroit pas assés de papier pour recevoir tant d'écritures, ni les curieux assés d'yeux et de temps pour les lire, ni l'esprit assés d'attention pour les entendre, ni la mémoire assés de cases pour loger tous ces souvenirs ! » Ah ! le fatras de Sébastien !...

Autre ami de Restif : Grimod de la Reynière ; et, celui-là, encore un toqué. En 1784, il venait d'avoir ses vingt-cinq ans. Restif le connaissait depuis quelque dix huit mois ; il l'avait rencontré le 22 novembre 1782 chez la dame veuve Duchesne, éditeur, auprès du poêle : « et, de ce moment, nous contractâmes (dit-il en 1791) une amitié qui ne finira jamais »[21]. Une amitié qui finira ; mais Restif eut, pour ce Grimod, des sentiments affectueux. Il le vit en beau. Un jour, se promenant avec des dames, il entre chez le marchand de gaufres, pour la collation de l'après-midi[22]. Et l'on aperçoit « un grand beau jeune homme en noir, aux cheveux longs », qui a mille attentions pour les dames et les fait placer commodément. L'on admire ce jeune homme : « Sa conduite, répond Restif, ne doit pas vous surprendre ; c'est l'homme le plus poli du royaume. Loin de ressembler à nos fats du jour, M. De La R***, né de parens opulens, s'est étudié à se donner toutes les vertus opposées aux travers du siècle. On est frivol : il a voulu être appliqué; on est dédaigneux, impertinent : il a voulu se montrer affable et ne considérer que le mérite personnel... Cet homme si poli, que vous voyez, est extrêmement franc avec les grands quand il se trouve avec eux. Il leur dit véraciquement, simplement, froidement ce qu'il pense ; mais son improbation est recouverte du vernis de la politesse. Croiriez-vous, madame, que ce jeune homme si aimable a des ennemis ? C'est sa véracité qui les lui a faits ; et je tremble qu'une légère affectation de singularité, qu'on grossit déjà dans le monde, ne lui cause un jour bien des peines ! Quand on est comme lui, il faut endormir l'envie et non pas l'éveiller... » Je crois qu'il était possible de voir ainsi le jeune La Reynière. On put aussi le voir autrement. Plusieurs de ses contemporains le décrivent comme un personnage des plus repoussants, et comme un infirme. Il n'avait pas de mains, soit qu'un porc les lui eût mangées quand il était petit, soit qu'il fût né ainsi et, l'on ajoute, les pieds bots. Les pieds bots, ce n'est pas sûr. Les mains : la gauche n'était « qu'un prolongement qui se terminait par une sorte de griffe » ; la droite, une sorte de « pince »[23]. Il paraît qu'un Suisse industrieux lui fabriqua des mains artificielles.

Dans une lettre qu'il adresse en 1780 au bailli de Breteuil, amant de sa mère, il dit : « Vous avez pensé qu'étant né sans mains, vous pourriez m'offenser impunément... » Il avait eu, avec ce bailli, une altercation Quant au visage, nous avons un portrait de lui, par Boily, à seize ans. Visage désagréable, front fuyant, nez en bec de perroquet, et un air d'impertinence triste.

Avec tant de disgrâces, le jeune Grimod n'est pas antipathique. Il a de la vivacité, de l'enjouement, de l'esprit ; et il a un attrait bizarre, la poésie d'un malheureux, l'absurdité pathétique d'un homme qui met de l'entrain dans son désespoir et joue sa vie, toute sa vie, dans la combinaison d'une satire. Telle est, en effet, la signification de ses excentricités principales, et des plus choquantes, et de tout le scandale qu'il a fait. Je ne l'aime pas beaucoup ; cependant, il m'apparaît comme une âme blessée, très douloureuse : certes, il n'a pas donné à sa douleur un joli tour, mais que d'amertume !... Son père, le fermier général, d'une famille qui avait, dans les derniers temps, prospéré à merveille, laissant à Lyon des parents modestes et voire charcutiers, était un excellent type de parvenu, sot, sans méchanceté, occupé de deux ambitions, peindre et chanter, pusillanime et qui, les jours d'orage, enfermé dans sa cave, ordonnait qu'on battît le tambour plus fort que ne retentissait le tonnerre. Sa femme le menait, et le trompait ; sa femme, assez belle, et qui recevait avec magnificence, mais « attaquée de noblesse ». Née de Jarente, et noblement née, écartée de la cour par son mariage de finance, elle enrageait de cet inconvénient; sa fortune la revanchait et « sa maison, disait Grimm, était l'auberge la plus distinguée des hommes de qualité ». Pour les gens du commun, elle ne se dérangeait pas, demeurait dans ses appartements : il fallait un duc, pour qu'elle descendît. Le petit Alexandre-Balthasar-Laurent, qui ne lui faisait point honneur, eut à souffrir d'elle. Il composa, de son chagrin, de sa rancune et de sa générosité naturelle, une philosophie, — c'est beaucoup dire, — un type d'existence. Plus on l'offensait, et plus il tenait à montrer, lui, sa doctrine. Restif l'a compris, quand il le présente soucieux de « ne considérer que le mérite personnel ». A vingt ans, Grimod distingue et célèbre comme un grand homme un certain Longueville, écrivain public qui a son échoppe au Palais-Royal; puis il consacre du nom de philosophe sublime son fameux et inepte M. Aze, fils d'un boucher du quartier Saint-Jacques-la-Boucherie. La littérature le tente, parce que la méprise Mme de La Reynière, sa mère. Il donne des comptes rendus au *Journal des théâtres*, au *Journal helvétique*, se fait agréer à l'académie romaine des Arcades et obtient son diplôme sous le surnom pastoral de Nerino. On voulait qu'il fût magistrat; mais il n'accepte que d'être avocat, disant qu'il défendra, le cas échéant, son père, au lieu d'avoir à le faire pendre. Les visiteurs, il leur fait demander s'ils réclament M. de La Reynière « sangsue du peuple » — c'est son père, — ou M. de La Reynière l'abri de la veuve et de l'orphelin. Cet illustre souper qu'il donna le 1er février 1783, dans l'hôtel que le fermier général a construit place Louis XV, souper qui excita les curiosités, coûta dix mille livres et répandit la gloire insolente de l'amphitryon, c'est une bravade; et c'est une caricature; et c'est un subtil rébus de malignité. Les invitations rédigées sous la forme d'un billet d'enterrement, le catafalque dressé sur la table en guise de surtout : un blâme à l'adresse de Mme de La Reynière, qui avait négligé les funérailles de son amie Mlle Quinault, la comédienne. Et Grimod n'a invité que de petits bourgeois, afin de protester contre l'entichement. Et il se félicite des potins qui courent et qui lancent son prochain livre. Les gens de lettres dont il fait sa compagnie, il les choisit parmi ceux qui ne sont pas du monde. Il organise pour eux ces « déjeûners dînatoires » ou « déjeûners philosophiques » qui ne révèlent pas encore ce maître de la gourmandise que Grimod deviendra et où l'on ingurgite énormément de café au lait : ce sont des assemblées « semi-nutritives », il l'avoue [24]. Restif goûtait infiniment ces réunions, — « parties très amusantes, dans lesquelles je trouvais réunis les trois agréments, d'une société particulière, d'une société de café bien composée, et d'un muséon rempli de jeunes gens d'un mérite distingué » [25]. Joubert en était. Restif, parmi les relations qu'il a faites avec plaisir chez La Reynière, cite « MM. Chénier, Trudaine frères ». Quel Chénier?... Restif mentionne les amis de La Reynière qu'il a connus de 1782 à 1784 : André Chénier a de vingt à vingt-deux ans; Marie-Joseph, de dix-huit à vingt ans. Le voisinage des Trudaine indique, semble-t-il, André; c'est l'époque où André, qui a quitté Strasbourg et le régiment d'Angoumois, revient à Paris et se lance parmi les gens de lettres. Et je voudrais qu'il s'agît d'André, pour que, fût-ce chez ce fou de La Reynière, Joubert eût au moins aperçu le divin poète. Mais Joubert a parlé de lui comme d'un poète qu'il admirait, de qui Pauline de Beaumont lui récitait les œuvres, non comme d'un garçon qu'il eût jamais connu.

Restif ne se lasse point de vanter les déjeuners philosophiques : « Ces déjeuners avaient pour but la réunion de tout ce qui avait quelque mérite, soit à la capitale ou dans les provinces. Ils consistaient en café au lait, en thé, en tartines de beurre avec des anchois. Ils commençaient à onze heures et finissaient à quatre par un aloyau ou un gigot de quinze à dix-huit livres. On ne buvait que du cidre avec la viande. On était libre avec décence. On pouvait amener qui l'on voulait, deux, trois, quatre personnes. Le café était faible et l'on ne risquait rien d'en prendre tant qu'on pouvait. La dose était de vingt-deux tasses... La conversation roulait sur toutes sortes de matières. Ensuite, on faisait des lectures de manuscrits ; les poètes..., les dramatistes... Les parents du jeune homme désapprouvaient ses déjeuners, et peut-être avaient-ils raison : mais nous et le public ne pouvions que les approuver. Ils ont cessé à sa captivité, demandée par sa famille, en 86 [26]. » Oui ; pour que l'extravagant se tînt un peu tranquille, on le mit dans une abbaye de Domèvre, loin de Paris, près de Nancy. Ce fut un chagrin, pour La Reynière et, très sincèrement, pour Restif. Mais lui-même, Restif, ne blâme pas outre mesure les parents du jeune homme déraisonnable. Il les connaissait. Je ne sais pas comment s'y était pris La Reynière pour présenter au fermier général, à la fermière, ce bohème inquiétant. Quoi! Restif, en ce temps extraordinaire, eut la réputation d'un moraliste ; je ne suis pas sûr que les parents alarmés n'aient aucunement compté sur l'auteur des *Contemporaines* pour ramener leur fils à la sagesse. Le touchant, c'est que Restif en éprouva de bons scrupules. Il raconte qu'il refusait à Grimod de l'emmener dans ses courses nocturnes : « Ce jeune homme a des parents, dont la tendresse se serait alarmée d'absences trop fréquentes et trop prolongées dans les nuits... »[27] Voilà un bon Restif. Mais il avait en Grimod la confiance la plus amicale. Comme ses meilleurs amis, il le mêlait à ses histoires de famille. On lit, dans *Monsieur Nicolas* : « Aujourd'hui même, 29 janvier 1784, j'ai conté toutes mes peines à M. Reynière fils ; et il en a frémi[28]. »

Ce La Reynière, c'est une relation pour Restif, lequel, auprès d'un tel écervelé, n'a rien à perdre en fait de limpide raison. Mais, pour Joubert? Eh! bien, Joubert fréquenta chez cet écervelé. Même, il l'a jugé favorablement, et à peu près comme Restif : «... Jeune homme plus sage que singulier, puisque toute sa singularité consiste à vouloir sans cesse se rapprocher de la vie commune en se supposant né dans la médiocrité. Il met sa philosophie à se conduire avec la même simplicité, la même application au travail, la même frugalité que s'il n'était pas fils d'un millionnaire. On sent combien les gens du monde sont intéressés à ridiculiser une conduite qui est pour eux une satire cruelle : aussi ne l'ont-ils pas épargné : ils ont voulu lui faire avaler la coupe du ridicule jusqu'à la lie : mais ce jeune homme l'a repoussée avec une fermeté noble, et l'a renversée sur l'habit de ceux qui vouloient la lui faire boire. » Si l'on est surpris de voir Joubert défendre ainsi, et sur ce ton de plébéien révolté, le fils du fermier général, Grimod l'Araignée, c'est aussi qu'on ne connaît pas bien le jeune Joubert d'avant la révolution. Pour nous le révéler prochainement, il y aura un autre fol, ami de lui et de Restif et de Grimod, Marlin dit Milran.

François Marlin, né en 1742, — et ainsi de huit ans plus jeune que Restif, de douze ans plus âgé que Joubert, — était un Bourguignon, comme Restif, et un Dijonnais, fils de très humbles gens. Son père, Georges Marlin, est dit « domestique » dans l'acte de décès de François Marlin[29]. Cependant, les Marlin se vantaient d'une alliance avec Buffon, le bisaïeul ou trisaïeul de cet écrivain célèbre ayant peut-être épousé une Marlin[30]. Quoi qu'il en soit, Georges Marlin ne paraît pas avoir été un très bon homme, ni particulièrement, un bon père. François, tout jeune, fit l'anagramme de son nom, changeant Marlin en Milran, de manière à ne porter point le nom d'un homme qu'il détestait : il se fit appeler Milran, toute sa vie, et garda « un fond de répugnance » pour Marlin. Son enfance fut pénible : donc, il s'embarqua et, pilote, navigua. Un peu plus tard, il quitta la marine et obtint à Paris un emploi de cent écus dans l'administration des vivres de mer. Son rêve aurait été d'entrer dans le corps des ingénieurs géographes ; il eut un moment l'idée de s'adresser à

M. de Buffon, qui l'appuierait de son influence : la timidité l'empêcha. D'ailleurs, il se plut à Paris et sut se lier avec des gens de lettres. La littérature le tenta et Fréron lui proposa une affaire : « On mettait alors toutes les histoires en anecdotes et le prix en était fait à un louis la feuille. M. Fréron me proposa les anecdotes américaines ; et, m'étant mis bientôt à l'ouvrage, j'allais, dès que j'eus broché quelques feuilles, les montrer à mon mentor littéraire qui me dit : C'est trop bien pour cela ! Ces mots *trop bien* me firent croire que je ne devais pas perdre un si précieux travail dans une collection méprisée de ceux mêmes qui l'avaient entreprise ; et je conçus l'idée d'une histoire générale d'Amérique... » Voilà François Marlin : c'est un homme qui prend tout au sérieux, et qui a quelque timidité, mais beaucoup plus d'orgueil. Un M Béjot voulut bien mettre sa bibliothèque à la disposition du jeune employé, grand dévorateur de livres et qui ne tarda guère à négliger le bureau. François Marlin fut envoyé à Brest, avec un traitement de sept cents livres : il se maria. Puis il eut, à Quimper, une « commission pour les blés et les bois ». De là, on le fit passer, avec la même charge, à Cherbourg ; et c'est alors qu'il vint à se lier avec Restif : quelle imprudence !

Désormais, Milran — car il faut lui laisser le nom qu'il préfère — sera le type accompli du sincère imitateur et, disons plus, de l'homme qui subit, à ne s'en plus défaire, l'influence d'un autre homme. Il est habité par l'âme d'un autre homme ; il devient, pour ainsi dire, un double du héros qu'il admire, une doublure de Restif. Rien ne le préparait à une telle aventure, ni son passé, ni son caractère. Il n'a point cette espèce de génie obscur et trouble qui bouillonne dans le cerveau et l'œuvre de son maître ; il n'a aucun génie. Il était un petit bourgeois sans bêtise et qui, parti de bas, avait eu l'adresse d'arranger sa destinée ; il possédait et ses opinions naturelles et même ses honorables préjugés. Arrive Restif : et il est bouleversé. Restif a écrit la *Vie de mon père*. Et lui, Milran, n'a point un bon souvenir de son père ; mais, en quatre volumes in-octavo, il écrira *Jeanne Royez ou la bonne mère*, qui est un roman vrai, qui est exactement une « Vie de ma mère ». Cette mère était une très bonne femme, dite « Jeanne Royer » sur l'acte mortuaire du fils. Avec un zèle infini, avec tous les détails, toutes les tendresses lyriques, tout le réalisme et l'épanchement d'un Restif, Milran raconte la vie de cette bonne femme ; il y mêle, selon l'exemple de son maître, son histoire. *Jeanne Royez* ne parut qu'en 1814 et quand Restif était mort. Mais Milran l'avait écrite en 1794 et 1795 ; et alors Restif avait accepté l'hommage du livre, hommage que voici, daté de Paris 15 décembre 1795 : « Auteur profond du *Paysan et de la Paysanne pervertis*, auteur ingénieux de l'*Homme volant*, historien moral et varié des *Contemporaines*, fils sensible qui nous avez retracé dans votre père les vertus patriarcales, c'est à votre exemple et sur vos encouragements que j'ai osé esquisser ici la vie d'une bonne mère : agréez cet ouvrage et puisse-t-il quelquefois humecter vos joues de pleurs ! J'en ai baigné mes tablettes en plus d'un endroit, au récit des faits que je transmettais sur le papier... » Avant *Jeanne Royez*, il avait publié, « le deuxième mois de la république », un ouvrage en deux volumes, qui est une grande folie, et dont voici le titre : *Petite histoire de France, ou revue polémique d'un grand historien ; ouvrage à l'ordre du jour : suivi d'un recueil de lettres anecdotiques en partie relatives à la Révolution ; et précédé d'un voyage à Jersey, fait et publié en 1786, par l'auteur de Salluste aux Français.* Honnête Marlin, dit Milran, sage administrateur des vivres de mer, commissionnaire pour les blés et les bois, Restif l'a induit en absurdité !... *Salluste aux Français*, une brochure de dix-sept pages, ce n'est rien ; ce n'est qu'un titre : *Salluste aux Français de 1792, essai de traduction ou comment on doit traduire et ce que l'on doit traduire, depuis le 10 auguste dernier, par un Sans-culotte.* Oui ; sous l'influence de Restif, l'honnête bourgeois et tranquille employé est devenu sans-culotte. Il a déniché dans Salluste des passages qui ont quelque rapport à des faits qui ont quelque analogie avec les faits nouveaux ; il les traduit : et, par son intermédiaire, Salluste s'adresse aux Français de 1792. La date du 10 août lui est chère, comme le début des temps modernes ; et il écrit, au lieu d'août, « auguste » : c'est une manie qu'il tient de son maître. Quant à la *Petite histoire de France*, bien qu'en deux volumes in-octavo, elle est extrêmement petite en effet. Résumé de l'Histoire du président Hénault, c'est à peine si elle occupe quelques dizaines de pages dans le premier tome, entre la relation du voyage à Jersey et les nombreuses « lettres anecdotiques », celles-là tenant plus d'un tome et demi. Publier sa correspondance : encore une manie de Restif, et qu'adopte Milran. Par malheur, il ne publie que ses lettres, celles qu'il a écrites, non celles qu'il a reçues. C'est dommage, car il a reçu des lettres de Joubert, et qu'on préférerait aux lettres de Milran. Néanmoins, les lettres de Milran sont précieuses : plusieurs, adressées à Joubert; d'autres, à divers amis et, parfois, relatives à Joubert. Nous en aurons fini avec la bibliographie de Milran si nous signalons les quatre volumes in-octavo de *Voyages en France et pays circonvoisins depuis* 1775 *jusqu'en* 1807, publiés en 1817 ; voyages où ne brille pas un vif talent, mais où l'on voit assez bien l'état des villes et des provinces à des moments que Milran date avec précision. Moins il a de génie et d'imagination, plus on a confiance en lui : ses témoignages sont valables.

La Révolution ruina ce bonhomme ; et surtout les idées révolutionnaires, qu'il avait attrapées de Restif, lui tournèrent la tête. La seconde partie de son existence paraît avoir été malheureuse. Il s'était retiré à Dijon ; les livres qu'il publiait lui coûtaient de l'argent, loin de lui en rapporter. Il n'avait plus ni fortune ni amis. Sa fille, Tullie, habitait Marseille et vivait à peindre des fleurs : il lui reprochait de l'avoir abandonné [31]. Il mourut à quatre-vingt-cinq ans, le 15 décembre 1827, dans la misère. Les témoins dont les noms figurent sur son acte de décès sont deux voisins, l'un menuisier, l'autre ouvrier en laine.

A Cherbourg, vers la fin de 1783 ou le commencement de l'année suivante, Milran lut par hasard les *Contemporaines*, dont la première édition venait de paraître et qui excitèrent si bien son enthousiasme qu'il écrivit à la veuve Duchesne, pour lui demander les autres ouvrages du même auteur. Restif l'apprit, par la veuve Duchesne ; et il écrivit à son admirateur. Peu de temps après, Milran vint à Paris et ne manqua pas d'aller voir le romancier : « Il me reçut comme un compatriote et avec une distinction flatteuse ; son accueil m'encouragea ; je répétai ma visite et il m'en fit plusieurs, en sorte que nous devînmes un peu plus que de simples connaissances[32]. » Ils devinrent des amis, et justement à l'époque des pires ennuis conjugaux de Restif, à l'époque de Joubert et de Fontanes.

Restif de la Bretonne, Beaurieu, Sébastien Mercier, Grimod de la Reynière, François Marlin dit Milran : voilà le monde où Joubert et Fontanes vont entrer, sur la fin de l'année 1783. N'oublions pas Mme Restif de La Bretonne, l'attrait de cette compagnie : l'attrait, pour Joubert ; et, pour Restif, le tourment, la haine, l'horreur.

Il l'avait épousée en 1760. La précédente année, le travail manquait, chez les imprimeurs de Paris. M. Parangon, d'Auxerre, lui offrit une place dans son atelier : c'était le salut. Pauvre Restif ! c'était la fatalité. S'il faut l'en croire, M. Parangon se vengeait. M. Parangon n'ignorait plus les privautés qu'autrefois avait prises le jeune apprenti auprès de Mme Parangon. Celle-ci était morte, depuis lors ; et M. Parangon nourrissait un vif ressentiment. Sur le conseil de ce jaloux rétrospectif, Nicolas-Edme épousa une petite-cousine des Parangon, Agnès Lebègue. M. Parangon, le perfide, savait que la jeune Agnès était une fille perdue : si nous en croyons *Monsieur Nicolas*, il l'avait eue pour sa maîtresse ; et il traitait Nicolas-Edme un peu comme Nicolas-Edme l'avait traité. Au surplus, dans toute cette histoire, Restif entasse une telle quantité d'infamies sur la réputation de sa fiancée et de sa femme qu'on y est ébaubi. S'il fallait défendre Agnès, les arguments ne manqueraient pas ; quand à l'accuser, c'est plus facile encore : et quel embarras !

Agnès était, dit Restif, la fille de Pierre Lebègue, apothicaire et qui fut apothicaire-major à l'armée du Bas-Rhin[33]. Elle avait, lors de son mariage, vingt ans[34]. Jolie? certainement. Une mère abominable, qui l'a dépravée. Sans fortune : et Restif n'a pas le sou. Restif se brouille avec M. Parangon. Il est sans place ; il va gagner sa vie à Paris, sa vie et celle de Mme Restif, comme il pourra. Il a vingt-six ans et ne songe pas encore à écrire : il publiera son premier volume à trente ans passés. Il est typographe et ne trouve pas d'ouvrage à son gré.

Je crois que c'est Agnès qui, la première, eut des idées de littérature. Restif raconte qu'en 1761 la jeune femme avait autour d'elle, et fort empressés à la trouver charmante, trois hommes, dont un certain « Johnson, se disant Anglais, dont le vrai nom était Cahuac, fils de réfugié, nouveau converti » ; et que les trois galants tirèrent au sort qui aurait la jolie Agnès : ce fut Johnson. Et les deux autres ne s'éloignèrent pas. En 1762,

Agnès était prise de la « fureur du bel esprit ». Elle se mit à lire passionnément les femmes auteurs, les Sévigné, les Deshoulières. Elle perdit son temps à imiter ces modèles et, pour Johnson-Cahuac, elle composa quantité de lettres [35].

A n'en pas douter, voilà le grief principal. Certes, parmi les rancunes de Restif, il y a les infidélités d'Agnès : et Restif, abondant, les relate sans ménager ni elle, ni seulement lui, et ni son lecteur. On est révolté de la profusion facile avec laquelle ce mari déshonore sa femme et se déshonore lui-même : on est frappé de voir qu'à une femme si dévergondée il n'oublie pas de reprocher le « bel esprit ». Somme toute, au point où sont les choses, que lui importe le bel esprit d'Agnès ? A un assassin, reprochez-vous des peccadilles, des manières communes ou un parler prétentieux ? Le bel esprit d'Agnès, ce ne fut point, aux yeux terribles de Restif, une petite faute. Sans doute Agnès, férue de littérature, négligea-t-elle sa maison. Restif, aussi, se croyait humilié par une femme si délicate et qui affichait un grand dédain pour le souci matériel de l'existence. Il était d'une autre nature, et paysanne; il voulait qu'une femme demeurât discrètement au logis, à la cuisine par exemple, et eût soin de l'économie, des repas, du vêtement. Il a, chez lui, les opinions de son père, le rude métayer de Sacy en Bourgogne. Il n'est pas un littérateur, à cette époque, mais un ouvrier typographe et qui entend, la journée finie, trouver son repas, la table mise. Agnès a des élégances qui le fâchent, des relations qu'il ne supporte pas; elle reçoit des hommages qui excitent sa jalousie et qui blessent sa fatuité. Quand il sera littérateur, eh! tout n'en ira que plus mal. Agnès s'avisera d'écrire, non plus des lettres, des romans et des comédies. Alors, il y aura, de lui à elle, une autre jalousie, et non plus conjugale, une jalousie d'auteur. Cela semble bizarre; et c'est la vérité pourtant : jamais on ne soupçonne trop de vanité absurde dans une âme où la littérature devient une fureur. Et ce Restif, c'est bien le type et c'est le monstre du littérateur furieux.

Il a aussi la dignité de son métier, car il travaille sans relâche : quand il n'écrit pas, il cherche de la matière à écrire; ses turpitudes même, il les tourne à la littérature, il les y consacre. Pauvre Restif! et il enrage de ne pas avoir qu'à travailler. Comme il se dévoue à la littérature, il dévouerait sans repentir à la littérature sa femme; oui! mais non pas comme elle l'entend : d'une autre façon! L'écrivain, ce n'est pas elle : c'est lui. Dévouée à la littérature, Agnès serait dévouée à l'écrivain. Elle arrangerait autour de l'écrivain la vie calme, la vie sans inquiétude, la vie laborieuse. Elle n'écrirait pas! Elle aurait soin de l'écrivain, qui est Restif, le seul Restif. Tout cela semble à Restif raisonnable, logique, évident. Son égoïsme, il ne le voit pas. Ce qu'il voit, c'est Agnès qui gaspille trop de papier, trop de plumes et d'encre : il le lui reproche avec une acrimonie dérisoire, avec une colère d'avare. Il est avare de papier, de plumes et d'encre, et enfin de tout l'attirail de la littérature : il épargne, lui, ses outils, se contente de griffonner sur des feuillets quelconques, des chiffons; et il les couvre, jusqu'aux marges, de son écriture tassée, de son encre sale que crache le bec usé de sa plume. Agnès ne se gêne pas. Et Agnès, pour ses fadaises, a des succès de coterie. Il est jaloux ; il est, plus exactement, envieux. Il publiera, contre Agnès, un pamphlet d'une violence déchaînée : et, dans ce réquisitoire, il mettra, comme des preuves égales de son légitime courroux, les déportements d'Agnès et quelques fragments des comédies qu'elle composait.

Agnès Lebègue, dame Restif de la Bretonne, si elle a eu des amants, les formidables fredaines de Restif l'excusent un peu. Et elle n'était pas cette « catin » que Restif a trop insultée : Joubert ne l'aimerait pas et l'honnête Marlin ne l'estimerait pas. Ajoutons, pour en faire un certain cas, le témoignage de Cubières. Après avoir, dans sa notice sur la vie et les ouvrages de Restif, traité Agnès de « la plus méchante des femmes », il se corrige, en note, comme suit : « C'est d'après un récit verbal fait par M. Restif de la Bretonne, que je parle ainsi de Mme Restif de la Bretonne, née Lebègue ; mais ce récit a pu être dicté par la mauvaise humeur et par d'autres sentiments que j'ignore. Quoi qu'il en soit, j'ai eu l'honneur de connaître Mme Restif dans les dernières années de sa vie, et elle m'a toujours paru infiniment respectable, par ses mœurs, son honnêteté, son esprit et son caractère. » Puis, il y a les faits, et tels que nous les tenons de Restif lui-même. Peu de temps après son mariage, comme Restif ne gagnait point assez d'argent, Mme Restif travailla courageusement pour le ménage, donna des leçons, fit des éducations de jeunes filles et eut chez elle des pensionnaires. A divers moments d'extrême pauvreté, elle se mit à « travailler en modes »[36]. Nous la voyons, si la clientèle manque à Paris ou bien si les bisbilles conjugales tournent à l'intolérable, quitter Paris et aller à Joigny, où elle vend des chapeaux. Elle paraît avoir été ainsi absente pendant trois années, jusqu'en 1781, où le triste ménage essaya d'un raccommodement[37]. Je ne crois pas du tout qu'Agnès fût une gourgandine et une sotte.

En 1806, après la mort de Restif, Cubières, qui préparait sa notice et avait besoin de renseignements, s'adressa donc à la veuve, et divorcée, de son héros. Il a publié la réponse, d'un ton parfait. Mme Restif note que « des malheurs que toute la prudence humaine ne pouvait prévoir » l'ont séparée de « cet homme de mérite »; le « démon de la discorde » avait « empoisonné l'esprit de cet homme naturellement bon » : depuis vingt ans, elle n'a rien su de lui. Elle dit qu'il était fort charitable : « Si un vieillard, homme ou femme, lui demandait l'aumône, il le conduisait dans une petite auberge, pour lui faire donner un ordinaire et une chopine de vin. Pour refuser un homme âgé, il aurait fallu qu'il n'eût rien sur lui. Il est aussi fâcheux pour les pauvres que pour lui que ses affaires aient mal tourné; mais malheureusement, comme il avait mis son patrimoine dans l'impression de ses œuvres, il se trouva ruiné par les assignats et autres causes dont il ne put se garantir par rapport à sa grande bonté... » Il y a de la dignité, dans cette lettre Puis, la littérature en est absente : Agnès était devenue raisonnable, si jadis elle ne le fut pas. Le temps, qui avait adouci les vives blessures et les mauvais souvenirs, avait apporté à la pauvre femme une tardive sérénité, une sagesse calme et douloureuse. Elle ne veut se rappeler que la bonté de son terrible époux, la bonté qu'il témoignait, non pas à elle, à d'autres, à bien d'autres : sa personnelle malchance, elle l'attribue à ces hasards que la prudence humaine ne dompte pas.

Lui, Restif, garda ses rancunes. On a retrouvé une série de lettres qu'il adressa vers la fin du siècle à des amis de province, le ménage Fontaine, de Grenoble, — amis que, d'ailleurs, il ne connaissait que comme ses admirateurs spontanés et correspondants bénévoles : — lettres souvent admirables de tristesse et de dolente confiance ; lettres d'un vieux Restif, très misérable, très abandonné, que touche délicieusement une marque de sympathie et qui se réfugie avec empressement dans une amitié, même lointaine et inefficace. Fontaine est garde-magasin des équipages militaires ; il a lu quelque ouvrage de Restif et s'est épris de l'auteur : la citoyenne Fontaine partage ce sentiment. Or, en 1797, il y a quatre ans que Restif a divorcé, douze ans qu'il est séparé de sa femme : Restif n'a pas cessé de maudire Agnès. Il l'appelle « la pire des femmes » ; et il conjecture amèrement qu'il aurait été heureux « avec une épouse digne de sa confiance » : mais, quoi ! « trente ans de douleurs et d'infâmes trahisons » furent la suite de son mariage. « Tout mon malheur vient d'avoir eu pour compagne une incapable de gouverner ; une femme qui, saisie de la maladie du bel esprit, au lieu de s'occuper de son ménage, employa son temps à écrire des lettres, que des hommes intéressés à la séduire avaient la fausseté de louer. Nous étions sans fortune ; il fallait du travail, de l'économie : je travaillais peu lucrativement ; ma femme dépensait en papier, encre et plumes, et ne faisait rien. Nous fûmes misérables. De là, le désordre des mœurs, d'une femme encore jeune, qui saisissait des ressources fantastiques et trompeuses. De là, le dégoût du ménage ; elle galopa, voulut faire des éducations, et toujours elle consuma ce que j'avais gagné. De là, des reproches, la séparation... » Ses torts à lui, les a-t-il oubliés ? Plus facilement que les torts d'Agnès ! Pourtant, un jour, sincère comme d'habitude, il a une vue très nette de son histoire et ne refuse pas toute responsabilité : « Le bonheur d'une maison, dit-il, est dans le cœur de la femme L'homme à un autre lot ; et une maison prospère quand chacun des deux fait son devoir. Ni moi ni ma femme ne l'avons fait, et nous avons été misérables, sans honneur, sans bonheur, sans fortune. Jugez de ma vénération pour vous qui êtes si différente d'Agnès Lebègue. Mais que j'eus de torts, moi aussi !... » La juste vérité, la voilà. Et il résume ainsi son infidélité perpétuelle : « Vous savez, à présent, que j'ai connu de ces femmes qui font adorer leur sexe ; mais vous savez aussi, chers concitoyens, que ma femme ne fut jamais de celles-là. Aussi n'ai-je jamais goûté les douceurs du mariage qu'avec celles qui n'étaient pas des épouses [38]. » Il y a, dans ces confessions de Restif, une espèce d'ingénuité bizarre : ce vieil enfant cynique a une candeur absurde et touchante.

Avec des torts réciproques et, très souvent,

abjects, les Restif, qu'une incessante incompatibilité d'humeur excitait l'un contre l'autre, s'étaient rapprochés et vivaient ensemble, très mal, mais enfin vivaient ensemble. quand Joubert et Fontanes les connurent. Ils demeuraient rue des Bernardins ; et ils avaient une vieille maison probablement un peu grande, où ce fut le rêve d'Agnès de prendre des locataires ou pensionnaires afin d'augmenter les ressources du ménage [39].

Une nouvelle occasion de querelles naquit, après tant d'autres, par le mariage d'une des demoiselles Restif, Agnès comme sa mère, et qui épousa un nommé Augé, fils d'un commis à la capitation. Cet Augé paraît avoir été une canaille de la pire espèce. Restif s'était opposé au mariage : il ne pardonna point à Mme Restif de l'avoir favorisé. Il eut avec son gendre des scènes de scandaleuse violence, dont le farouche récit tient, dans son œuvre, des centaines de pages.

En 1783, il publie la *Dernière aventure d'un homme de quarante-cinq ans* : son chef-d'œuvre et, il me semble, un chef-d'œuvre qu'on peut, sans désavantage pour lui, comparer aux *Liaisons dangereuses*, voire à *Manon Lescaut*. Cette fois, Restif ne s'est point abandonné à sa prolixité monstrueuse : il n'y a que deux volumes. Cette fois, en outre, il s'est confiné dans son sujet ; et il n'a point parlé de mille choses qu'il ne connût pas, ou ne connût guère, ou imaginât de toutes pièces, avec sa redoutable facilité. Ce dont il parle, il le sait bien ; ce qu'il raconte, ce n'est — et rigoureusement — que le souvenir d'une de ses récentes liaisons. Il a aimé avec ardeur une fille toute jeune,

une gamine gentille et détestable, qui l'a peut-être aimé un peu, lui bonhomme de quarante-cinq ans et, à cet âge, plus vieux que son âge, vieux déjà. Sara Debée ne valait rien ; mais elle avait, pour séduire le triste bonhomme, et sa beauté jolie, et ses grâces innocemment perfides, les manigances ingénues de sa rouerie. Le triste bonhomme, qu'elle appelait « papa », s'est laissé prendre : elle l'a trompé. Il a tâché de se déprendre : vains efforts. Elle s'est jouée de lui ; elle l'a ridiculisé. Il la haïssait, il la méprisait : il l'aimait encore. Il a cruellement souffert. Il s'est promené avec elle, plaisir lugubre, des jours qu'il lui savait la tête occupée de godelureaux. Il l'a châtiée : et il lui a demandé pardon. Il s'est humilié, avili. Toute sa douleur, il l'a mise dans son roman.

Plus tard, il a joint à *Monsieur Nicolas* un abrégé de la *Dernière aventure*. Et il s'écrie : « On a vu que j'ai adoré Sara, que je l'ai haïe, détestée, méprisée. A présent, je n'éprouve que le sentiment de la tendresse et de la douleur... » La tendresse et la douleur réunies, c'est bien le sentiment profond de cet ouvrage. Comme il est admirablement incapable de modestie, Restif ajoute : « Où trouvera-t-on le cœur humain aussi bien, aussi véritablement peint que dans cette histoire? Ah ! l'abbé Delille avait raison : c'est un chef-d'œuvre ; mais c'est la Nature et non l'auteur qui l'a fait ! » Il a tort de se vanter ; et, tout de même, il ne se vante pas mal à propos.

Donc, Restif vient de publier son chef-d'œuvre. C'est aussi le moment où je crois qu'il fut le plus toqué et le plus malheureux.

Son plaisir le meilleur, en ce temps-là, consiste à se promener seul dans l'île Saint-Louis, son île : car il en aime le paysage et il y a ses habitudes. Il se promène de rue en rue, songeant et observant. On l'aperçoit, enveloppé dans son grand manteau bleu, assis parfois sur une borne et regardant les gens qui passent ou bien couvrant de ses notes quelque bout de papier. En outre, sur la pierre des parapets, le long des quais, il trace des inscriptions, en latin. Ce sont les dates de sa vie, les événements qu'il juge mémorables, des observations qu'il a faites sur l'état de son âme ou de sa santé : « *Quam male me gero! Ægroto, mæreo. Attamen amorem heræ dicere cogito! Quam formosa! Quam hanc felicem diem opto, qua illi dicam amorem ardoremque!* » En général, ses inscriptions sont très courtes et elliptiques : « 18 f[évrier 1781]. *Sara consolata*... » Il a consolé Sara, dont la mère était méchante ; il lui a promis de lui servir de père... « 23 f. *Sara filia*... » Il traite Sara comme sa fille... « 25 f. *Felicitas : data tota*... » Il ne traite plus Sara comme sa fille : elle s'est donnée à lui ; et il s'en réjouit à merveille... « *4 mart. Felix*. » Le 4 mars, il a été heureux ; pareillement, le 12 ; et le 14 ; etc. Son latin, c'est du latin très hasardeux. Mais pourquoi graver dans la pierre ces détails de son plaisir ou de sa peine ?... Il le dit, dans *Monsieur Nicolas* : « J'avais pour but principal de me ménager des anniversaires, goût que j'ai eu toute ma vie et qui sera sans doute le dernier qui s'éteindra. L'avenir est pour moi un gouffre profond, effrayant, que je n'ose sonder; mais je fais comme les gens qui craignent l'eau, j'y jette une pierre. C'est un événement qui m'arrive actuellement. Je l'écris, puis j'ajoute : que penserai-je, dans un an, à pareil jour, à pareille heure ? Cette pensée me chatouille. J'en suis le développement toute l'année, et comme presque tous les jours sont des anniversaires de quelque trait noté, toutes les journées amènent une jouissance nouvelle. Je me dis : M'y voilà donc, à cet avenir dont je n'aurais osé soulever le voile, quand je l'aurais pu ! Il est à présent. Je le vois. Tout à l'heure, il sera passé, comme le fait qui paraissait me l'annoncer ! Je savoure le présent ; ensuite je me reporte vers le passé ; je jouis de ce qui est comme de ce qui n'est plus, et si mon âme est dans une disposition convenable (ce qui n'arrive pas toujours), je jette dans l'avenir une nouvelle pierre, que le fleuve du temps doit, en s'écoulant, laisser à sec à son tour... » Ailleurs, il dit : « Ma promenade de l'île est un enfantillage ; mais il est quelquefois agréable d'en avoir, à quarante-neuf ans. Etonné d'être parvenu à cet âge, moi condamné dans mon enfance à une vie beaucoup plus courte, par tous ceux qui m'environnaient, cet étonnement est la source du plaisir que je trouve à écrire puérilement sur la pierre des dates que je revois deux, trois, quatre, cinq ans après avec attendrissement. Je ne sais si les autres hommes me ressemblent, mais c'est pour moi une émotion délicieuse que celle occasionnée par une date, au-dessous de laquelle est exprimée quelquefois la situation de mon âme, il y a deux, trois ans. Si elle était triste, horrible même (car j'en ai de celles-là), je tressaille de joie comme un homme échappé du naufrage. Si elle était heureuse, je la compare et je m'attendris. Si elle était attendrissante, alors cet attendrissement se renouvelle avec force, il m'enivre et je pleure encore. Oh que la sensibilité est quelquefois délicieuse ! Oh que la sensibilité est quelquefois cuisante, affreuse, déchirante ! »[40] Ainsi se promène-t-il dans son île qui lui est devenue le symbole et le témoignage de son existence. Jeux mélancoliques de son souvenir et de son imagination !... Entre les deux espaces larges du passé et de l'avenir, il s'amuse à se donner le vertige. Et il s'affole, de plus en plus.

Or, sa chère promenade lui fut gâtée par des méchants. Il avait une allure étrange et qui éveilla le soupçon de la police. Elle le fila : il s'en aperçut ; et il se crut persécuté. A plusieurs reprises, l'édilité fit effacer quelques-unes de ses inscriptions, qu'elle ne comprenait pas et qui fleuraient le complot, sans doute. Les gens du quartier prirent ombrage de ce garçon qui avait bien l'air d'un espion. Les gamins se mirent à ses trousses, le narguèrent, le houspillèrent : il eut à donner du bâton ; même, il eut à se sauver. Son dernier plaisir de sentimentalité absurde lui fut empoisonné.

CHAPITRE V

LE ROMAN D'AMOUR DE JOUBERT

Ce sera toute une histoire, assez scandaleuse, et douloureuse. Restif organisera le scandale ; et, quant à la douleur, Joubert s'en chargera.

Cette histoire inattendue, qui réunit deux hommes aussi opposés que Restif et Joubert, on ne l'a pas racontée encore. Cependant, je ne l'ai pas découverte dans des papiers inédits : j'en ai trouvé tous les éléments épars dans l'œuvre de Restif. Ce ne fut pas sans peine. Il faut du temps et de la patience pour chercher et attraper la moindre chose parmi ces deux cents volumes, si désordonnés toujours et, parfois, si incohérents. Il est difficile de démêler, dans cet énorme fatras, l'authentique et l'inventé. Puis on ne sait jamais où va Restif : il vous endort l'attention par de longs rabâchages et l'on ne devine pas qu'une digression soudaine le mène à des aveux importants. Et l'on n'a pas le droit de rien omettre : notes, avertissements, appendices où il entasse, dans un fouillis inextricable, maintes billevesées, niaiseries et, tout à coup, des indications précieuses. Enfin, s'il est bavard, prompt aux révélations, prodigue de tous les détails et s'il dit tout, plus que tout, il excelle aussi à tout embrouiller. Il dissimule habituellement les noms, quitte à les écrire en toutes lettres dans une page perdue entre des milliers de pages. Il donne à ses héros des surnoms; ou bien il leur impose des noms à demi sauvages en modifiant l'ordre des syllabes ou l'ordre des lettres.

Son histoire avec Joubert, avec Joubert et Fontanes, avec Joubert et Agnès Lebègue, il y revient, depuis 1784, à tout propos : cela le prend comme un délire. Et il en fait le roman de *La Femme infidelle*, en quatre volumes. Mais on peut lire d'un bout à l'autre les quatre volumes de *La Femme infidelle* sans voir qu'il y soit aucunement question de Fontanes et de Joubert. Les deux intrigants qu'il y malmène furieusement s'appellent Scaturin l'un, Naireson l'autre. Mais vous ne serez pas sans lire les quarante-deux volumes des *Contemporaines*, seconde édition. La seconde! car la première a paru de 1780 à 1783, quand l'auteur ne connaissait pas encore Joubert et Fontanes. La seconde, Restif a commencé de la publier en 1781, les tomes de la première continuant de paraître à mesure qu'ils étaient écrits. Lisez, dans la seconde édition, le tome XXIII, jusqu'à la fin : tout à la fin, vous remarquerez ces mots : « Errata de la Famme infidelle »; c'est une clef de *La Femme infidelle*. Et voici ce que nous apprenons : « Naireson, ou Dictionnaireson, et Scaturin, noms supposés (Bertjou, Tanefons) ». La devinette, après cela, n'est plus malaisée : Bertjou, c'est Joubert; et Tanefons, c'est Fontanes.

Il faut lire aussi, et jusqu'aux dernières pages, le tome XIX des *Contemporaines*, seconde édition. A la fin du volume, ce baroque Restif a imprimé quelques-unes des lettres qu'il recevait pendant qu'il corrigeait ses épreuves : lettres qui n'ont aucune espèce de rapport avec les *Contemporaines*, lettres d'affaires, lettres intimes, lettres qui pour la plupart ne concernaient que ses correspondants et lui, lettres qu'il ne présente ni ne commente de nulle manière, lettres parfois élogieuses et parfois injurieuses ; son courrier de quelques semaines, en vrac. Mais c'était l'une de ses manies, de publier ainsi des lettres : des documents, de la réalité à l'état brut. Il y en a, en appendice à plusieurs tomes des *Contemporaines*, en appendice à la *Prévencion nacionale*, et ailleurs encore, sans motif, sans autre motif qu'une lubie de ce garçon qui, se croyant guetté, livrait éperdument ses témoignages. Or, l'une des lettres que contient le tome XIX des *Contemporaines*, celle qui porte le numéro 118, est signée « Joubert ». Restif ajoute, entre parenthèses : « C'est le Naireson de la Femme infidelle. » Nous voilà renseignés, par les soins mêmes de Restif, lequel aurait aussi bien pu, dans ces conditions, laisser *Joubert* et *Fontanes*, en toutes lettres, plutôt que de les dissimuler d'abord et de les dévoiler peu après. Du reste, en quelques endroits de ses livres, il écrit tout bonnement *Joubert* et *Fontanes*; plus habituellement, il préfère *Naireson* et *Scaturin*. Des deux, Fontanes a le plus de surnoms : Tanefons, Scaturin, peut-être Scaturige[1], en tout cas Stanefon et Senatnof[2].

Nous allons voir évoluer, dans l'entourage de

Restif et d'Agnès Lebègue, Naireson-Joubert et Seaturin-Fontanes.

Je crois que leur première visite à l'auteur des *Contemporaines* est de la fin de l'année 1783. En effet, le 8 janvier 1784, notant une adresse, Restif écrit : « rue de Fontanes ». C'est évidemment la rue où demeure Fontanes : preuve des relations déjà commencées entre Restif et le jeune poète[3].

Restif assure que Joubert et Fontanes sont venus le trouver « par admiration pour son talent »[4], et qu'ils ne le lui cachèrent pas. Restif, sur ce point, dit la vérité; Joubert et Fontanes la disaient également. Il y a, dans les papiers de Joubert, plusieurs feuillets où il a copié divers passages de la *Dernière aventure d'un homme de quarante-cinq ans*. Joubert copie : « Il est fort indifférent par quels moïens on gagne un cœur, pourvu qu'il le soit réellement... » Joubert ajoute : « Cela n'est pas vrai. » Bien! Mais ce n'est pas une opinion personnelle que Restif exprimait ainsi : c'est l'opinion d'un de ses personnages. Joubert copie ceci encore : « Avés-vous vu dans les villages les veuves se meurtrir le sein et s'arracher les cheveux sur le tombeau d'un mari que la mort leur enlève à la fleur de ses ans, dans la vigueur de l'âge, au fort de ses affaires? Elles ne croient pas déshonorer leur attachement et leur douleur en mettant l'intérêt au rang des principaux motifs de leurs larmes et de leur désespoir : « Pauvres enfans! qui vous « nourrira! J'ai perdu mon appui, mon soutien, « celui qui nous donoit du pain et qui fesoit pros- « pérer ma maison... Il étoit si travailleur, si mé-

« nager ! » Elles rougiraient de dire : je l'aimais ou il m'aimait tant ! » Joubert ajoute : « C'est que, dans ces classes, ce que vous apelés intérêt a quelquefois des motifs aussi nobles que le plus noble désintéressement. » Joubert ne contredit pas Restif ; plutôt, il renchérit sur la pensée de Restif. La *Dernière aventure* est un beau livre, dont furent touchés Fontanes et Joubert. Sans plus de cérémonie, et forts de leur admiration, ils allèrent à la rue des Bernardins complimenter l'auteur, « le philosophe Restif », comme Joubert l'appellera.

Le philosophe aimait qu'on l'admirât. Il accueillit bien ces jeunes gens qui lui apportaient leur hommage. Leurs bonnes intentions n'étaient pas douteuses ; et, dès l'abord, Restif n'était pas méfiant : même, il se livrait, de grand cœur, avec autant d'aimable bonhomie que de vanité satisfaite. Son caractère ombrageux ne travaillait qu'à partir du premier soupçon, lequel avait besoin d'un prétexte. Restif et ses admirateurs firent ou ébauchèrent assez vite une amitié. Restif écrivait son *Monsieur Nicolas* : la « troisième époque », laquelle a trait à l'année 1751, est du mois de décembre 1783. Plus tard, assistant à une petite pièce des Italiens où trois jeunes artistes, liés de fraternelle tendresse, vivent conjointement avec une jolie fille, il se rappela un épisode de sa jeunesse. Lors de son arrivée à Paris, il s'était mis en ménage avec son ami Boudard, typographe comme lui, et un nommé Chambon, nouvellement débarqué d'Auxerre : l'accord des trois camarades dura jusqu'au moment où des femmes survinrent. Cela est raconté dans *Monsieur Nicolas* : c'est la situation de la comédie qu'on joue aux Italiens. Alors, n'a-t-on point pillé Restif? *Monsieur Nicolas* n'est pas encore édité. Mais le manuscrit a été lu, tout frais, par Restif à Joubert et à Fontanes : ces deux polissons l'auraient-ils trahi? Eh! bien, il avoue, avec raison, qu'il ne le croit pas : du moins n'a-t-il pas voulu laisser perdre un soupçon[5].

En 1784, au début de l'année surtout, les relations sont charmantes. Restif se confie à Joubert et à Fontanes; il leur lit ou leur donne à lire ce qu'il écrit ces jours-là. Il leur fait présent des volumes qu'il publie, comme le prouve cette lettre de Joubert, datée du « 21 mars » et qui est manifestement de 1784 : « M. De-Fontanes m'a remis, Monsieur, l'exemplaire dont vous avez bien voulu le charger pour moi de la Prévencion-nacionale. J'ai lu cet ouvrage avec tout l'intérêt qu'il est fait pour inspirer. C'est à vous qu'il appartient d'apprendre à tous les hommes, de quelques nacions qu'ils soient, à s'aimer, à se regarder comme frères. Malheureusement ils sont rebelles à l'instruction, parce que les raisons de haïr sont hélas! bien plus évidentes que celles d'estimer ou d'aimer. Mais vos écrits ramènent au sentiment ; ils font sentir le bonheur de pardonner ou de s'attendrir. J'ai l'honneur d'être, monsieur, votre très h. et très ob. serv.[6]. » La lettre est de Joubert, et l'orthographe de Restif. La *Prévencion nacionale* : un drame ou « action adaptée à la scène »; un drame qui ne fut pas joué, et que Restif publia en 1784; une de ses œuvres les plus médiocres. Il s'agit d'un jeune Français qui a épousé une Anglaise. Or, le père de ce jeune Français a juré aux Anglais une haine forcenée : c'est qu'il descend de la famille de Jeanne d'Arc. Enfin, tout s'arrange, dans les larmes et dans le raisonnement. Joubert a montré beaucoup d'indulgence pour cette *Prévencion.*

Sur ces entrefaites arrive Marlin, dit Milran, qui se lie avec Restif, lequel le présente à Joubert et à Fontanes. Restif a présenté Joubert et Fontanes à Mme Restif : et l'imprudence est commise. Joubert et Fontanes sont venus voir le romancier qu'ils admiraient : et ils vont admirer la femme du romancier.

Agnès a dépassé la quarantaine. Elle a quarante-trois ou quatre ans. Elle est encore belle. Nous l'apprenons de Restif lui-même, qui la traite impitoyablement de « vieille coquette »[7], mais qui avoue qu'on ne l'approche guère sans tomber amoureux d'elle. Je ne sais pas ce qu'est devenu un portrait d'Agnès, un pastel qu'a vu Monselet, chez M. Augé, l'un des petits-fils de Restif : « la tête, dit-il, est coiffée en poudre, une fort belle tête, mais d'un aspect sévère et hautain ; les sourcils sont arqués fortement, les traits sont réguliers. » On voudrait un peu plus de détails. Monselet dit encore : « L'examen de cette physionomie aide à comprendre une partie des récriminations de Restif... » Quelle partie de ses récriminations ? C'est vague !... Pourquoi Monselet, si fin, n'a-t-il pas mieux satisfait notre curiosité ?... Cependant, nous savons le principal : Agnès était fort belle et, à quarante et quelques années, très séduisante ; et elle n'avait pas l'une de ces piquantes beautés d'une coquette et d'une écervelée ; il y a de la gravité, dans son visage, de la fierté, de la noblesse et, probablement, du chagrin.

Les deux jeunes gens, Fontanes et Joubert, mirent de la gaieté dans un intérieur morose. Mme Restif paraît avoir été, dès le début, charmée de connaître deux amis de son mari, deux hommes qu'il estimait, deux hommes agréables. On se vit beaucoup. Vers l'été, l'on décida de louer, à dépense commune, un jardin dans un faubourg : on trouva ce qu'on désirait, rue de l'Oursine. Lui, Restif, n'approuvait pas cette location; mais il céda.[8] Plus tard, après la brouille, il donne à entendre que ni Joubert ni Fontanes ne songèrent à payer leur part et que c'est Agnès qui paya toute seule, avec l'argent de Restif, de sorte que Restif avait beau solder, chaque semaine, les dépenses du ménage, tout cela passait aux frais du jardin : ni le boucher, ni la boulangère, conséquemment, ne reçurent ce que Restif leur destinait[9]. Du reste, nous n'en sommes point à ces récriminations. Pour le moment, si Restif a déconseillé le jardin, du moins en profite-t-il volontiers.

Le 9 août 1784, il note, dans *Mes inscripcions* : « Dîner aujourd'hui au jardin, avec Milran, Fontanes, Joubert. » Et, dans *Monsieur Nicolas*, il mentionne « le beau dîner du jardin de la rue de l'Oursine ». Fontanes et Joubert : des habitués; mais on avait invité Milran. C'est Agnès qui l'avait invité. Sans doute, au surplus, l'honnête bourgeois eut-il le sentiment de quelque désordre dans tout cela : invité par la femme, il a bien l'air de ne pas trop savoir si le mari l'invite également. Il écrit donc à Restif, le 6 août : « Mad. Restif m'ayant fait l'honneur de m'inviter de votre part à dîner chés vous lundi prochain, j'ai pris mes dimensions pour n'y pas manquer : mais si des affaires vous obligeaient à changer ce premier plan, vous me feriés plaisir de m'en donner avis »[10] Restif ne changea pas le premier plan; et, le dîner de la rue de l'Oursine, Milran nous le racontera.

Dans son roman de *Jeanne Royez*, il dit que M. Restif, après un échange de visites, voulut lui donner à dîner dans un jardin qu'il avait au faubourg Saint-Marceau. « J'y trouvai, avec M. Rétif et son épouse, quelques invités parmi lesquels j'en distinguai un dont les traits, dans leur ensemble, marquaient du génie et qui avait dans les manières une sorte de dignité moins imposante qu'aimable Il était jeune encore et s'était déjà fait une réputation par ses poésies... » Qui est-ce ? Fontanes. Milran ne veut pas le nommer. Il écrit ce passage en 1810; et « ce poète aujourd'hui occupe un poste si haut, il est devenu si puissant que je ne veux pas le faire rougir de s'être rencontré avec un homme aussi obscur que moi. Il croirait que je sollicite son crédit, quoique je ne sois ambitieux que de son estime... » Ce vieux Milran de 1810 a bien quelque folie à la Restif. Notons sans malice qu'en 1784, il n'était pas grand admirateur de Fontanes. Il le considérait comme un imitateur de Shakspeare; et, pour Shakspeare, il avait du dégoût : « Je ne suis pas, écrivait-il à Restif le 1er mai, assés courageux pour le lire, même pour lire ses imitateurs ou ses traducteurs en vers, M. de Fontanes ou M. Ducis; tant pis qu'ils aient du succès... »[11]. L'incroyable Restif avait publié cette lettre dans la seconde édition de ses *Contemporaines;* et de là peut-être aussi la gêne de Milran, plus tard, à l'égard du Grand maître de l'Université. Donc, il y avait, au dîner du jardin, Fontanes. Il y avait aussi un autre jeune homme, que Milran désigne sous le nom de Spéranzac; on le reconnaît facilement : c'est Joubert. « Il se trouva aussi, à ce dîner du faubourg Saint-Marcel, un compatriote de Michel Montaigne... » Le château de Montaigne est en Périgord, et non très éloigné de Montignac... Voici le portrait de Joubert en 1784 : « Sa physionomie, douce et spirituelle, m'intéressa; et je demandai depuis à M. Rétif quel était ce jeune homme de la langue d'*oc* ou d'*ac* que nous avions eu pour convive dans le jardin; il me répondit : — C'est un de ces esprits curieux qui voudraient pouvoir tout pénétrer; il s'occupe actuellement de la métaphysique du langage : il n'a rien produit encore et jouit déjà d'une réputation; elle est assise sur l'idée qu'on a conçue de ce qu'il est capable de faire. — Voilà un terrible engagement, dis-je à M. Rétif; et pour cette avance d'hoirie, un homme d'esprit qui ne veut pas avoir mangé son bien avant l'ouverture de l'héritage doit se trouver fort embarrassé. — Oh ! répliqua mon compatriote, il y a moyen de se tirer de là, c'est de laisser toujours le public dans l'attente des chefs-d'œuvre qu'il s'est promis à lui-même; car vous pensez bien que ce n'est pas M. Spéranzac qui a dit : Je vous fournirai des chefs-d'œuvre. » Le bavardage de ce Milran, qui ne manque pas de niaiserie, indique pourtant assez bien ce qu'était alors la situation de Joubert à Paris. Joubert, assez connu dans le monde des lettres, donnait des espérances; on attendait beaucoup de lui. De là ce surnom de Spéranzac, que Milran lui inflige sans bienveillance : Joubert et cet imbécile s'étaient quasi brouillés. La désinence *ac* est destiné à caractériser le Périgourdin de Montignac : Joubert avait gardé son air provincial, et même son accent. Dans l'une des lettres que Restif attribue à sa femme, au tome III de *la Femme infidelle*, Joubert est censé dire : « Madâme! de toutes vos actions, voilà la plus bêlle! jamais on n'a rien fait d'aussi grând, d'aussi nôble!... » Mis à tort et à travers, les accents circonflexes moquent le parler trop périgourdin de Joubert. Et le surnom que Restif préférait pour Joubert, — Naireson, abrégé de Dictionnaireson, — Milran nous le fait comprendre : Joubert s'occupait de linguistique, de vocabulaire, de dictionnaire...

Milran qui, en 1810, n'aime plus Joubert, lui trouva pourtant de l'attrait, quand il le vit en 1784. Aux indications que Restif lui fournissait, touchant ce jeune homme, il répondit qu'il « aimerait à avoir des communications avec ce métaphysicien ». Restif ne l'y encouragea guère : « Je ne crois pas que cela fût difficile, mais je ne vois point dans l'un et l'autre de vous des éléments assez sympathiques. Vous avez beaucoup d'ouverture et de franchise avec peu ou point de prétention; mon convive a beaucoup de politesse... » Et, par cette politesse, ce n'est pas une sorte de sincérité, que signale Restif... « Je vous entends, repris-je; je me livrerais sans réciprocité ou avec trop peu de retour... » Au bout du compte, Restif n'a peut-être voulu que préserver Joubert d'une intimité ennuyeuse. Milran conclut : « Nous en restâmes là et je ne m'occupai plus d'aucun projet de liaison entre un provincial ignoré de tout le monde et un philosophe déjà répandu, déjà illustre dans une ville remplie d'hommes célèbres. Cependant, par la suite, M. Spéranzac et moi nous nous sommes rencontrés. J'ai eu avec lui plusieurs entretiens ; je me suis même permis de lui écrire et quelquefois il a honoré mes divagations de courtes réponses, mais substantielles. Voilà un des convives dont M. Rétif me procura la connaissance presque éphémère[12]. » Les autres convives, Milran ne les dit pas ; mais y eut-il d'autres convives ? Restif n'a cité que Milran, Joubert et Fontanes.

La Reynière, peut-être ? Deux mois plus tôt, les deux amis Restif et La Reynière avaient failli rompre à jamais, par la faute d'Augé, le gendre de Restif. Ce « monstre » avait prié La Reynière de le faire rentrer en grâce auprès de son beau-père. La Reynière invita le beau-père et le monstre à déjeuner. Inutile essai ! Restif note, à la date du 19 juin : « Augé ose vouloir me parler chés M. de La Reynière. » La Reynière dut écrire pour s'excuser[13] ; Restif pardonna. Sûr de ne plus rencontrer le monstre aux déjeuners philosophiques de la place Louis XV, il y alla très volontiers et très souvent, y lut quelques nouvelles des *Contemporaines* et des passages de la *Paysanne*. Il y conduisit Milran[14], lequel, dans *Jeanne Royez*, raconte avec délice les repas qu'il a faits chez M. de la Reynière. Même, il avait, ce Milran, la sereine sottise d'y amener son fils, âgé de sept ans. Fontanes et Joubert étaient là.

Grimod fut alors l'ami, le familier du ménage Restif, et l'ami des amis du ménage. Le 14 novembre 1784, il écrit à la belle Agnès : « Grimod de la Reynière a l'honneur de présenter ses respects très humbles à Mme Restif de La Bretonne. Il s'empresse d'acquitter sa promesse, en lui fesant passer le billet de loge pour mardi, et deux réflexions filosofiques, l'une pour M. Dumont, l'autre pour M. Joubert... » Ainsi, l'on ira au théâtre ; et Agnès, qui a toute une loge, invitera ses amis. Tout le monde a son présent choisi ; et la réflexion philosophique pour M. Joubert est un signe : Joubert est un philosophe et qui déjà se plaît aux pensées finement rédigées. Pour Restif, quoi ? Pour Restif, un « bâton de jus de réglisse des Feuillantines » : car il est enrhumé... « La Reynière se fait une fête de le posséder demain à déjeuner, et M. Restif la rendra complette, s'il veut ajouter au plaisir qu'on aura de le voir bien portant, celui de l'entendre ; en conséquence il est invité à mettre quelque chose en poche, et Mme Restif est suppliée de vouloir bien l'en faire ressouvenir [15]. » Voilà les bonnes relations du petit groupe qui s'était réuni autour du ménage Restif ; et, les mauvaises relations, les voici.

Le commencement, c'est une intrigue sentimentale et vaniteuse que Restif a nouée avec une « fille auteur », la jolie Mlle de Saint-Léger. Celle-ci avait à peine un peu plus de vingt ans, adorait la littérature et se flattait d'avoir déjà publié, sous l'anonyme, deux romans, *Lettres du Chevalier de Saint-Elme et de Mlle de Melcourt*, et *Alexandrine ou l'amour est une vertu*. Elle épousera dans quelque deux ans M. de Colleville et deviendra quasi célèbre. Provisoirement, elle est une petite débutante, fort délurée, passionnée de sentiment chaleureux, entichée de sublime, charmante, et qui d'ailleurs se fie à sa beauté pour aider son génie. Restif entendit parler d'elle et, par l'imprimeur, sut l'adresse de la muse. Il écrivit, et gentiment Saint-Léger répondit que la *Vie de mon père* était « le livre du ciel » et « sûrement celui que liront les Bienheureux ». Il n'en fallait pas tant pour allumer la sympathie de Restif. Promptement, il se rendit auprès de son admiratrice et la trouva délicieuse. C'était, la Saint-Léger de vingt ans, une personne d'un vif entrain, qui raffolait des auteurs comme ceci : « J'aime dès que j'admire ; j'ai toujours été amoureuse pendant deux ou trois jours des auteurs qui m'ont pénétrée ; les morts, comme les vivants, ont eu ma conquête... » Avec les vivants, elle était expansive : dès sa première visite, Restif entendit « des choses flatteuses », et des baisers, « *vidi Saint-Léger, quae me deosculat*[16] ». Elle engagea Restif à revenir ; et il revint. Précisément, ce mois de décembre 1782, il s'était promis d'oublier la perfide Sara : Félisette de Saint-Léger l'y secourrait. Félisette demanda des conseils, Restif en prodigua. Il prêta des livres : des livres de lui. Saint-Léger lut ainsi la *Malédiction paternelle* : « Je suis au troisième volume... Il y a de ces traits de génie qui font ouvrir la bouche et rendent stupéfait... » Toutefois, elle ajoutait : « J'oserai le dire, il faut gravir péniblement et marcher dans les ronces, pour trouver les immortelles [17]... » Restif n'aimait pas ce genre de restrictions, dans les éloges qu'on lui adressait : il excusa Félisette et continua de prendre chez elle de bonnes tasses de chocolat. Certes, il adorait Félisette, laquelle appréciait surtout en lui l'auteur. Je ne sais ce qu'elle lui refusa : il crut sentir un malentendu entre son impétueux amour et la curiosité littéraire de son amante. Puis Félisette n'était pas docile. Restif lui donna la *Dernière aventure*. Ce n'est pas un livre pour les jeunes filles. Félisette fut indignée. Elle écrivit à Restif ; elle le grondait, lui faisait honte de son inconduite, lui reprochait de délaisser femme et enfants, de s'avilir : « Je crois, en vérité, que vous ignorez tout ce que vous valez, tout ce que vous êtes... C'est l'ami des vertus, c'est celui dont les utiles idées doivent amener une heureuse révolution dans les mœurs, celui... qui rend Jean-Jacques à sa patrie, c'est celui-là qui est vous-même et que vous devez respecter... Mais vous aimez les femmes !... Une femme payée est-elle de mon sexe, pour vous? Vous qui savez honorer, qui chérissez la pudeur et l'innocence, peut-il se trouver rien de conforme à votre façon de penser, dans ce que nous appelons une fille ? » Oui ! répondait Restif en lui-même. Après cela, et pour une si jolie lettre de colère gracieuse, il devait aimer Félisette bien davantage ; mais, pour connaître son plaisir, il était trop vaniteux. Il détesta la jolie lettre ; il n'avait, dans l'amour-propre, aucune patience. Il détesta la jolie lettre et Félisette. Il ne répondit pas ; il bouda. Félisette l'invita : il ne bougea mie ; *invitatus, non eo*. Et, quelques jours plus tard, pareillement, *invitatus, non eo*. Elle écrit ; il répond sec : *epistola a Saint-Léger, responsum durum*. Elle eut beau le rappeler : il était en courroux. Elle lui écrivit : « Si vous ne m'honorez pas d'un mot de réponse, vous me permettrez de vous renvoyer jusqu'au dernier des livres que vous m'avez donnés... » Il laissa revenir à lui ses présents. Fier, il accepta la rupture. Le 16 mars 1784, il vit une dernière fois Félisette, à dîner chez Butel-Dumont. Le 16 mars : et, la veille, il avait mis en vente la *Prévencion nacionale*, sa vengeance que Félisette ignorait encore. Il avait commis l'énorme indélicatesse de publier, en appendice au tome III de la *Prévencion*, la série des lettres à lui adressées par l' « auteuresse », puis une lettre concernant cette jeune fille, une lettre en latin, — comme si le latin seul pouvait braver, en telle occurrence, l'honnêteté, — une lettre où l' « auteuresse » était peinte sous les traits d'une vile intrigante et d'une fille perdue. Saint-Léger, il ne la nommait pas ; mais on devait la reconnaître : et elle se reconnut. Restif aura des ennuis ; il les a mérités.

Félisette avait un ami très sincère et dévoué en la personne de l'astronome Lalande, excellent homme, qui réprimanda l'imprudente et lui jura d'arranger l'affaire. Il alla trouver Restif. L'astronome et le romancier s'étaient rencontrés ; et ils s'embrassèrent d'abord[18]. Puis, l'astronome fit sa commission, nettement : bref, on menaçait M. Restif d'un procès en calomnie ; à lui de voir s'il aimait beaucoup cette éventualité. S'il ne l'aimait point, il avait le moyen de s'en tirer : premièrement, il supprimerait la lettre latine aux exemplaires de la *Prévencion* qui n'étaient pas vendus et la remplacerait par un carton ; secondement, il adresserait à Mlle de Saint-Léger une lettre de repentir. Restif, au ton de l'astronome, sentit que tout cela était sérieux. Il écrivit la lettre : « Mademoiselle, je quitte à l'instant M. Delalande, l'homme le plus aimable et le plus sage. Comment est-il possible que Mlle de Saint-Léger pense avoir à se plaindre de moi, elle qui a tant d'esprit ? Quoi ! en reconnaissant quelques-unes des traces de nos conversations ou de nos lettres, elle a cru qu'un ami qui l'estime a voulu parler d'elle pour la dénigrer !... » Le bon apôtre ! Et il affirme qu'il révère Mlle de Saint-Léger ; il la déclare intéressante : il n'oubliera jamais qu'il l'a vue pleurer avec lui. La bonne lettre !... Bien entendu, Restif la publiera comme les autres. Et, pour en faciliter l'interprétation, il ajoutera cette note : « Il faut placer avant celle-ci et lire de suite les seize lettres qui se trouvent à la fin de la *Prévencion nacionale*. » Nouvelle et remarquable perfidie : tel lecteur qui n'aurait pas deviné que les seize lettres de la *Prévencion nationale*, et la lettre latine, eussent trait à Mlle de Saint-Léger n'a plus de doute désormais. Quant aux cartons qu'on lui demandait, Restif pouvait ainsi anéantir presque tout son méfait, la plupart des exemplaires de la *Prévencion* n'ayant pas quitté le magasin. L'ouvrage ne s'enlevait pas : *Non vadit Prévencion*, la *Prévencion* ne va pas ! note-t-il, un mois après la mise en vente. Il promit tout ce qu'on voulait ;

seulement, il se garda de tenir sa promesse. En général, les cartons lui faisaient horreur : il ne tolérait pas de modifier ce qu'il avait une fois écrit : c'est fatuité, de sa part, et aussi superstitieux respect du document. Pourtant, le jour même que Lalande était venu lui présenter les exigences de Félisette, Restif comprenait la gravité de l'histoire où il se fourrait. Selon sa coutume, il soupçonna l'astronome de menées louches. Les semaines suivantes, ses craintes le tourmentèrent. Nous en voyons les signes dans *Mes Inscripcions*. Le 23 mai, chez son ami le prévôt des marchands Le Pelletier de Mortfontaine, père de la divine marquise de Montalembert, ainsi tourne la conversation qu'il note, en résumé : « Inquiétudes au sujet de Saint-Léger. » Le 20 juin : « J'ai rêvé la Bastille ; inquiétude au sujet de la Saint-Léger. » Le 22 juillet : *Timeo carcerem* ; il craint la prison. La Bastille était son effroi. Dans *Monsieur Nicolas*, il raconte que, toutes les nuits, il s'éveillait et criait : « Ma vie est empoisonnée ! » Il sentait ladite Bastille « entr'ouverte sous ses pas ». Il écrivait : « La mort est moins affreuse pour moi que la Bastille. Et j'écris ceci, le cœur serré, cachant ces feuilles à mesure que je les achève. » On l'avertissait de prendre garde à lui, de savoir dangereux le ressentiment de la Saint-Léger. Il avait ou croyait avoir un indice des mauvaises dispositions où l'on était à son égard en haut lieu. La *Paysanne pervertie*, soumise à la censure, y stationnait sans réponse favorable. Enfin, Miromesnil, garde des sceaux, la rayait sur le registre des permissions. Or, Miromesnil était, de même que Lalande, un ami de Mlle de Saint-Léger. Restif ne sait que devenir : il voit de toutes parts les rancunes de cette « fille auteur », active à le chercher et à le trouver.

Le pauvre Restif en était là de ses inquiétudes, quand, peu de jours après le beau dîner du jardin, le 25 août, il note : « Le lieutenant de police a mal parlé de moi... » Oui, Lenoir, lieutenant de police, avait dit au marquis de Marnésia, — nous retrouverons ce marquis de Marnésia, — lequel l'avait répété à Fontanes, lequel l'avait répété à Agnès, laquelle l'avait répété à Restif, donc Lenoir avait dit : « qu'il y avait à Bicêtre des gens qui le méritaient moins que moi ! [19] » Restif, en consignant cette phrase dans *Monsieur Nicolas*, n'est point encore apaisé ; il s'écrie : « Vil scélérat ! et toi, que méritais-tu? » Agnès Lebègue insiste. Trois jours plus tard, elle recommence d'effrayer le pauvre Restif, qui alors est pris d'une véritable panique. Il écrit sur la pierre des parapets, dans l'île Saint-Louis, le 28 août : *Turbo ! abeo ! periculum !* Trouble ! je m'en vais ! péril !... Et, le 29 : *Fugere !* Fuir !... Plus tard, il note : « Mon état, depuis le 29 auguste, était une anxiété douloureuze et terrible. » Tout son journal de cette époque est parsemé de mots tels que ceux-ci : *Timor et tremor... Timeo malum... Dolor ingens...*, etc. On lui conseille de partir. Il a bien envie de filer. Cependant, il ne peut s'y résoudre : comment abandonner son immense travail, ses ouvrages en cours de publication, et l'Ile Saint-Louis, et les petits souliers qu'il rencontre dans les rues de Paris?... D'autre part, M. de Mortfontaine l'engage à demeurer. Donc il demeure. Mais il vit dans une continuelle angoisse. Je crois que, s'attendant à être arrêté, soupçonnant des intrigues et des complots, il se prépare de son mieux, et non sans maladresse, des alibis qu'il utilisera éventuellement. Ce doit être à un souci de ce genre que répond une lettre de Joubert; une lettre assez obscure, et que voici : « Paris ce 2 ... » Et je ne saurais dire exactement le mois ; l'année : 1784, sans aucun doute. Et je conjecturerais le 2 décembre 1784, si peut-être le remerciement qu'on verra que Joubert envoie à La Reynière est pour cette pensée que La Reynière lui adressait, par Agnès Lebègue, au mois de novembre. En tout cas, la lettre est de la fin de l'année 1784. « Monsieur... » Quant à « Monsieur », je crois que, dans sa transcription, Restif — c'est par lui que nous avons la lettre de Joubert, imprimée au tome XIX des *Contemporaines* — Restif, qui se dépêche, se trompe : la lettre était pour Mme Restif. « C'est avec le plus grand plaisir que je me vanterai d'avoir passé la soirée de mardi dernier avec M. Restif. Il n'avait auqu'unement besoin de mon consentement exprès pour invoquer mon témoignage ; il me suffisait d'être prévenu. Je n'ai nullement besoin d'être assuré, madame, que je ne serai point compromis : quand même je devrais l'être un peu, je m'exposerais sans peine, si je pouvais par là rendre un service à M. Restif, de quelque conséquence. Je répons du consentement de M. De-Fontanes, à qui j'écris par la même occasion. Il ne sort pas depuis quelques jours, à ce qu'il m'a fait dire hier, et je suis dans le même cas. Des raisons très importantes, et que vous approuverés quand j'aurai l'honneur de vous les communiquer, ne m'ont pas permis depuis jeudi de m'absenter un seul moment. J'ai été infiniment peiné de l'inattencion qu'on a eue dimanche, en refusant la porte à Jeannette. J'avais, il est vrai, chargé mes hôtes de me dire sorti pour tout le monde, mais je ne prévoyais pas que vous auriés la bonté d'envoyer. J'ai écrit à M. De La Reynière pour le remercier. Au premier moment dont je pourrai disposer, je ne manquerai pas, Madame, d'aler vous porter mon humeur quelquefois très ennuyeuse, et l'assurance des sentimens distingués avec lesquels je vous aime autant que je vous honore. — Joubert. » Et il y a un post-scriptum ; il y a presque toujours un post-scriptum aux lettres de Joubert : « C'est un grand jour pour moi aujourd'hui ! Excusés mon mauvais papier et mon mauvais stile ; je suis au lit et très pressé [20]. »

Lettre bien mystérieuse ! Il n'est pas douteux qu'elle soit de Joubert : Restif l'a imprimée telle qu'il l'avait sous les yeux. On y reconnaît à coup sûr le ton de Joubert, ses manières : et c'est lui, drôlement lui, qui, à cette époque déjà, sans être malade, avoue qu'il est à la fois « au lit et très pressé ». De lui aussi, ces façons tendres et cérémonieuses. Le mystère de la lettre vient de ce qu'on ignore les faits dont parle Joubert. Par exemple, pourquoi ce jour est-il pour lui un grand jour ? Je ne le sais pas : et Agnès le savait. Et le mystère de la lettre semble aussi venir de ce que Joubert n'a pas voulu que sa lettre fût moins elliptique. N'a-t-il pas des secrets avec Mme Restif ? On le dirait un peu. L'insistance avec laquelle il assure et il répète qu'il ne sort pas, qu'il est très occupé, que Fontanes de son côté ne sort pas, et que cela vaut mieux, — que fait Joubert? que fait Fontanes? et qu'y a-t-il? — cette insistance est bien bizarre. Joubert et Fontanes, qui s'étaient un peu étourdiment liés avec Restif, ne commençaient-ils pas de sentir les inconvénients de cette intimité, ne cherchaient-ils pas à la desserrer? Peut-être! Et ne faut-il pas remarquer aussi que Restif, ayant un service à demander à Joubert, le fait demander par sa femme? Remarquons-le, sans nous hâter de conclure. Enfin, si Joubert se dévoue et consent à être un peu compromis, n'a-t-on pas l'impression qu'il ne saurait agir autrement, qu'il met là toute sa politesse de galant homme? Mais il n'ajoute pas un mot de vraie amitié pour M. Restif, tandis qu'il aime autant qu'il honore Mme Restif. Voilà, sans le vouloir, ce qu'on remarque.

Restif l'a-t-il remarqué? A cette époque, il ne se méfie pas encore de Joubert. Les bonnes relations continuent, moins fréquentes probablement, toujours amicales. Elles n'ont pas cessé, au début de l'année 1785. A la date du 20 janvier, nous lisons dans *Mes Inscripcions* : « Dîner chés nous, avec la dinde aux truffes de Joubert. M. de la Reynière en est. » Joubert a donné à ses amis une dinde aux truffes; et les truffes au moins viennent de Montignac. Le Périgourdin met de la gentillesse à faire goûter à ses amis les excellents produits de son pays natal. Comme la maman du Paysan perverti envoie à son Edmond l'habit de bouracan qui le fera brave les dimanches et fêtes, la bonne Mme Joubert a inscrit l'adresse parisienne de son fils sur un fin colis de truffes qui le feront brave au dîner, un jour de gala. Elle ne sait pas que, la dinde aux truffes, Joseph Joubert la mange avec sa bonne amie et le mari de cette dame.

Car Joseph Joubert est devenu, ou peu s'en faut, — et je crois qu'il ne s'en faut de rien, — l'amant de Mme Restif.

Restif s'en douta. Et, pour Restif, un soupçon, c'est une formidable certitude. Aussitôt, tout s'éclaire à ses yeux. Joubert et Fontanes, qu'il a pris pour ses amis sincères, ne sont pas ses amis, sont — abominablement — ses ennemis. D'ailleurs, il l'a observé : Joubert et Fontanes, venus pour lui, venus par admiration de lui et de ses œuvres, ont tourné de lui à Mme Restif. De la part d'Agnès, il n'attend que des trahisons ; de sorte que les amis d'Agnès sont des scélérats qui le haïssent et le bernent. Ce n'est pas la jalousie conjugale qui le tourmente : il n'aime pas Agnès et, avec elle, ne compte plus les tromperies. Il croit qu'elle l'a trompé sans discontinuer ; et il est sûr de l'avoir trompée incomparablement. Donc, pas de jalousie ! Mais il craint la Bastille et n'oublie pas que les informations relatives aux funestes projets du lieutenant de police Lenoir, transmises par Agnès, viennent de Fontanes. Fontanes prétend qu'il tient ses renseignements du marquis de Marnésia : oui ! ou bien de l'affreux La Harpe ?... « Je crois que Fontanes tenait tout cela de La Harpe, qui me hait et auquel son imagination, si pauvre d'ailleurs, fournissait des chimères qu'il aurait voulu réaliser. [21] » Restif, qui a l'imagination riche, organise toute une conspiration : la Saint-

Léger le désigne à la malveillance du garde des sceaux; Lalande parle contre lui, à qui? à Lenoir, je suppose; La Harpe est dans l'affaire; et Agnès, évidemment; et Joubert et Fontanes, qui lui conseillaient de se sauver, sous peine d'être embastillé. Or, il ne s'est pas sauvé le moins du monde : et il n'a pas été embastillé. Donc, les craintes qu'on excitait en lui n'avaient pas d'objet : preuve de l'imposture et de la machination. Cependant Restif continue de croire que Lenoir et Miromesnil lui en voulaient. Risquait-il donc la Bastille ? Eh! bien, oui : de manière à détester Lenoir et Miromesnil; et non : de manière à détester Joubert et Fontanes, qui la lui ont fait redouter. De jour en jour, les preuves affluent, telles que Restif les désire : elles lui font horreur; et il les désire tout de même, parce qu'il trouve une amertume quasi savoureuse à savoir qu'on le hait.

Fontanes le hait : voici les preuves. Le lendemain du jour qu'on dînait ensemble au jardin, Restif alla dîner dans un endroit où il rencontra Fontanes. Fontanes et Restif, après le dîner, sortirent ensemble : « ils causèrent, car les hommes qui s'aiment et qui s'estiment causent avec effusion de cœur ». Restif raconta qu'il lui était arrivé bien des choses dans sa vie, et notamment ceci. Ayant eu dans sa jeunesse une maîtresse et l'ayant oubliée quinze ans, il la retrouva et ne la reconnut pas. Cette femme alors avait une fille, Zéphire, extrêmement jolie et qui déjà vivait dans le désordre. Restif devint amoureux d'elle, rêva de l'épouser et provisoirement fit d'elle sa maîtresse : « il ne fut jamais de pareil amour ». Zéphire mourut ; et Restif sut — le monde est si petit ! — que Zéphire, sa maîtresse adorée, était sa fille. Comme il était tout à fait dépravé, il ajoutait, parlant à Fontanes, « qu'apparemment la tendresse paternelle, s'amalgamant dans son cœur à l'amour physique, en fesait par ce mélange un sentiment délicieux ». Fontanes, visiblement, ne goûta point cette anecdote. Restif lui demanda le secret, que Fontanes promit de cet air et de ce ton qui disent : « Vous me faites injure... » Puis (c'est Restif qui le sait) il alla tout révéler à Mme Restif. Restif pourtant avoue : « S'il ne le dit pas à elle-même, ce fut à un tiers, mais si haut qu'elle l'entendit ». Et : « Il y aurait eu peu de mal, si les choses avaient été répétées comme elles avaient été dites... » Ce Restif est stupéfiant !... Mais Fontanes modifia le récit, l' « empoisonna » et déclara « qu'il frémissait d'une pareille confidence, qu'elle lui ôtait toute l'estime qu'il avait eue » pour Restif[22].

Tout cela, Restif le raconte ainsi dans une lettre qu'il prétend avoir adressée à Scaturin-Fontanes. Quant à la modification criminelle que Fontanes aurait fait subir à l'anecdote, Restif l'indique par cette note : « Lorsque Scaturin lira ceci, il rougira de lui-même ; j'en suis sûr : car il a une âme. Il sait que je lui ai parlé de Z***, et non d'A***. » Et, Z***, c'est la petite Zéphire ; et A***, c'est Agnès, la fille aînée de Restif. Dans *Monsieur Nicolas*, Restif est plus net encore et affirmatif : « Je lui citai le trait de Zéphire, bien circonstancié, bien détaillé. Que fit Scaturin ? Il alla le rendre, malgré l'invraisemblance, à Agnès Lebègue, comme d'Agnès Restif, lui donnant ainsi malicieusement Z. pour A.

Elle a été désabusée par la suite : mais, en attendant, elle clabauda, ne voulant avoir qu'un prétexte[23]. » Il ne faut pas accuser Restif de mensonge : Restif est de bonne foi. Mais il faut mettre au point ce que son imagination dénature sans qu'il s'en aperçoive. Restif a certainement raconté à Fontanes l'histoire de Zéphire ; et certainement Fontanes en fut révolté. Mais que, sciemment, Fontanes ait rapporté, comme d'Agnès Restif, l'aventure de Zéphire, on ne peut l'admettre. Fontanes, dégoûté sans aucun doute, le dit à « un tiers », le dit peut-être à Joubert. En somme, les Restif avaient deux filles : Agnès, mal mariée au « monstre » Augé ; et Marianne, dite Marion, fillette encore à cette date. Il est possible que Joubert ait averti Mme Restif et l'ait mise en garde contre le danger d'avoir chez soi une fillette et un mari étrangement dépravé. Joubert eût mieux fait de se tenir tranquille et de laisser dans l'oubli une vieille histoire quasi fabuleuse. Mais il aimait Mme Restif ; et, si l'on aime une femme, ce n'est pas un petit effort que de se résigner à la turpitude qui l'entoure, qui la frôle. Sans doute n'aurait-il pas approuvé, autrement que pour en souffrir, un charmant Restif et amoureux d'Agnès Lebègue : un ignominieux Restif et qui a de sales idées lui est encore une souffrance. Et Agnès Lebègue, avertie, clabauda : cela, je le crois. Elle était à plaindre et cherchait la compassion.

Restif assure qu'on voulut se débarrasser de lui et, par la crainte de la Bastille, le faire décamper. Je crois que Joubert, avec plaisir, l'aurait vu décamper ; je ne crois pas à une machination.

Restif lui-même ne nie pas qu'en haut lieu l'on fût mal disposé à son égard ; il ne dit pas — du moins, il ne dit pas constamment — que ses périls fussent inventés pour les besoins de la cause. Il a confiance que la Saint-Léger fomente contre lui des intrigues, en vue de le perdre : et il ne dit pas qu'il y eût partie liée entre la Saint-Léger d'une part et, d'autre part, les Fontanes et Joubert. Tout simplement, ceux-ci auraient, pour leurs secrets desseins, profité des manigances de la Saint-Léger. Là-dessus, il n'hésite pas : « Scaturin et Naireson, liés récemment avec Agnès Lebègue, voulaient m'engager à fuir. »[24]

Au mois de février 1785, Restif était fort malheureux et, en outre, malade : les reins et la vessie. Voici son journal, du 20 au 26 février : « 20 f. Je m'alite : les reins, pis ; 21, au lit : les reins, pis ; 22, au lit, les reins, délire, bruit de Joubert et La Reynière ; 23, *periculum*, j'ai manqué de mourir ; 24, *annihilatus sum*, une excellente sueur ; 25, un peu mieus ; 26, un peu mieus... »[25] Donc, le 22, étant au lit, malade et même en proie au délire, Restif a entendu des éclats de voix ; il a reconnu les voix de Joubert et de La Reynière. Il n'y aurait rien à tirer de là, si Restif, dans *Monsieur Nicolas*, n'insistait. Alors, il prétend qu'on a tenu conseil contre lui, chez lui, le 22 février au soir ; que La Reynière prit sa défense ; qu'il s'agissait, pour sa femme, de réclamer pension et séparation. « Mes deux bons amis Scaturin et Naireson, qui m'avaient tant recherché par admiration de mon talent, disaient-ils, la poussaient à cette démarche » ; et l'on mit du complot Milpourmil : c'est Milran. .

Mais alors, je me demande si ce ne sont pas là des songes de malade : de son aveu, Restif a déliré, le 22 février 1785 ; et, dans son journal, s'il note le « bruit de Joubert et de La Reynière », il ne dit rien de ce qu'il semble s'être forgé ensuite. Ce « conseil » tenu chez lui et contre lui, n'est-ce pas l'une de ses imaginations ? Pourtant, s'il dramatise, il le fait sur un fond de vérité.

En 1786, La Reynière, exilé de Paris, était à l'abbaye de Domèvre. Il lut la *Femme infidelle* ; il écrivit à Restif et sa lettre, datée du 27 octobre, nous aide à nous débrouiller dans cette affaire. « Votre sensibilité ne vous a-t-elle pas exagéré vos douleurs ?... » La Reynière connaît Restif et, à part lui, se méfie des exagérations. Mais enfin, les « monstres » qui ont tourmenté Restif, il les déteste. Sous leurs noms de Milpourmil, Naireson, Scaturin, il les devine ; et, lui-même, il se voit sous le nom de M. de l'Elisée, car l'hôtel de La Reynière était au coin de la place Louis XV et de la rue de l'Elysée. Or, si l'Elisée a vu des gens qui déplaisaient à Restif, il ne songeait qu'à le servir, épiant ce qui se tramait contre lui, apaisant la colère des uns et la rage des autres. Depuis lors, Agnès a quitté son mari : La Reynière a tout fait pour l'en dissuader. Et Joubert ? « Quant à Naireson, s'il (La Reynière) a continué de le voir depuis cette époque, c'est que : 1° il ignorait la plus grande partie de ses torts tels qu'ils sont décrits dans votre ouvrage ; 2° lui connaissant beaucoup d'empire sur Mme Jeandevert... » C'est, dans la *Femme infidelle*, le surnom d'Agnès... « il espérait la ramener par cette voie à ce que vous désiriez d'elle et peut-être en serait-il venu à bout; 3° on voit tous les jours des gens dont on aime la conversation, sans qu'on approuve leurs opinions sur certaines matières; 4° enfin je puis vous jurer que l'Elisée a toujours entendu M. Naireson parler de vous avec le respect dû à un homme de génie et les égards dus au plus respectable des hommes... » Et Agnès? « Ha! croyez que, si Mme Jeandevert a si longtemps trompé son estime (à La Reynière), c'est au respect avec lequel elle lui parlait de vous qu'elle en est redevable. » En somme, tout le monde affichait un grand respect de Restif. Néanmoins, on agitait le problème de savoir si Mme Restif n'intenterait pas, contre son respectable mari, un procès en séparation. C'est La Reynière, il le dit formellement, qui la dissuada de « rien porter en justice ». Il croyait les époux malheureux faute de s'entendre; il comptait les accorder : il ne savait pas la dixième partie de ce que la *Femme infidelle* vient de lui révéler. Ce qui l'indigne, de la part de Mme Restif, c'est l'acharnement qu'elle met à susciter contre Restif des improbateurs et ennemis. Mais il ajoute : « L'Elisée se félicite qu'on ait toujours assez bien auguré de son inviolable attachement envers vous pour ne pas avoir essayé sur lui ces tentatives... »[26] Evidemment, La Reynière ne va pas tout de go contredire Restif et le démentir. Mais que de restrictions il apporte aux dires de la *Femme infidelle* ! Il ne savait pas tout cela : on devine qu'il ne le croit qu'à moitié, s'il le croit un peu. Il estimait Agnès : il estimait Joubert. C'est bien : Restif ne lui permet plus de les estimer, et il ne les estime plus; mais il les estimait. Toute la machination fomentée contre Restif, il la réduit à la vraisemblance et à la vérité. En somme, si Agnès s'était séparée de Restif, celui-ci en aurait-il souffert ? Ce n'était pas la première fois que se séparait ce détestable ménage. Il reste que l'épouse déconsidérait l'époux auprès d'un chacun : mais l'époux ne se déconsidérait-il pas lui-même, avec une loyauté effrontée, dans sa conduite quotidienne, dans ses livres d'aveux hardis et dans ses confidences ; et qu'est-ce que Mme Restif aurait pu ajouter à ce que Restif ne cachait pas ?

Ce que Restif tolère le plus mal, c'est que, dans ses querelles conjugales, tout le monde lui donne tort. Non La Reynière : et encore fut-il un moment où Restif soupçonna La Reynière de céder à l'opinion commune. Mais Joubert et Fontanes, venus pour lui, venus par admiration de son génie ! Agnès les a confisqués à sa cause. Et Milran ? Milran de même. Comme Restif ne doute jamais de ses mérites, de son droit, de ses vertus, il n'arrive pas à comprendre les sortilèges par lesquels Agnès lui vole ses admirateurs et amis. Il la traite de vieille coquette ; mais il lui attribue des artifices de sirène. Seulement, n'étant plus sensible aux séductions de la sirène, il complète comme il peut l'explication et suppose, chez les dupes d'Agnès, de scandaleuses roueries. Fontanes, Joubert et Milran sont des « méchants » et, avec d'autres, « la honte de l'humanité ». Fontanes sera bientôt « le vil, l'immoral, le trigame Scaturin », un « coquin », l'un des « poux de la littérature ». Fontanes, Joubert et Milran : « trois garnements ». Et, quand Restif a dénoncé leurs méfaits, et les siens, il s'écrie : « Ha ! que de force, que de vertu il faut, pour confesser publiquement tout ceci, sans craindre les avortons littéraires qui se sont emparés des places ! Oui, je suis le plus vertueux des hommes, puisque j'ai le plus de force. » Sur Fontanes, il en sait plus qu'il n'en a dit : Fontanes le devrait remercier de ses réticences. Voilà les injures ; mais voici l'accusation : « Je m'étais réuni avec Agnès Lebègue, qui fut d'abord traitable. Cette semi-bonne intelligence dura jusqu'à la connaissance de Scaturin et Naireson, deux intrigants, surtout le dernier, qui à ce défaut joignait un désœuvrement absolu. Ces deux hommes me croyaient riche : ils trouvèrent dans Agnès Lebègue une créature facile ; ils eurent la pensée de s'établir chez elle et d'y vivre à discrétion. Ils avaient trouvé leur femme, mais ils n'avaient pas trouvé leur homme : quoique bonasse, je suis inabordable, impitoyable pour les frelons... »[27] Folies !... Ce n'est pas cela : et Ménélas feint d'être Ulysse. Le parasitisme de Fontanes, Restif le démontre par le fait que Mme Restif se fût mis en tête de lui sous-louer un petit appartement de leur maison et de le prendre en pension moyennant douze cents livres ; et il prétend qu'elle dépensait l'argent du ménage à payer « le jardin loué en 1784 et le loyer du petit troisième dans notre maison pour Fontanes[28] ». Je ne sais pas s'il est vrai que Fontanes ait habité la maison des Restif. Mais Joubert passait avec Agnès « toutes les après-dînées » !...

Le roman de la *Femme infidelle*, Restif l'a écrit dès l'année 1785 et il l'a publié l'année suivante[29], sous le nom d'un personnage qu'il inventait et qu'il déclarait son compatriote, M. Maribert-Courtenay. Là-dessus, les bibliographes se sont parfois trompés de la façon la plus comique. Jean-Samuel Ersch, dans le *Second supplément à la France littéraire* (Hambourg, 1806), prend Maribert-Courtenay pour un pseudonyme d'Agnès Lebègue et attribue à cette pauvre femme un ouvrage terriblement écrit contre elle[30]. Maribert-Courtenay annonce, dans une courte préface, qu'il a peint « non la vie chimérique et romancière », mais la vie commune ; et il rapportera la simple vérité. Je crois, en effet, qu'il y a beaucoup de vérité dans la *Femme infidelle* : beaucoup de vérité, mêlée à beaucoup d'invention. C'est un roman par lettres ; et Restif assure qu'il imprime « les véritables lettres » telles qu'il les a entre les mains. D'ailleurs, il avoue qu'il en a supprimé plusieurs et que d'autres, perdues, il les rétablit de mémoire, « les ayant lues ou entendu lire ». Admirable document, auquel on ne doit se fier qu'avec une extrême prudence ! un mélange (et non tout à fait inextricable) de pièces authentiques et de pièces fabriquées. Le 23 décembre 1785, Restif note dans son journal : « Le soir, retouché aux dernières lettres *Infidelle* ». Déjà des retouches ! Restif ne s'est pas contenté de retouches. Les premières lettres, celles qui emplissent le premier volume et qui relatent les anciennes aventures galantes d'Agnès Lebègue sont évidemment fabriquées : ou bien elles ne formeraient pas un exposé si clair et si complet, minutieux, pareil à celui d'un roman. Restif ne pouvait posséder cette correspondance, antérieure à son mariage. Mais, en 1785, il épie sa femme : il l'épie à double intention. pour déjouer les malins projets de ladite femme, et pour attraper les éléments de son livre. Il détourne, confisque et retient beaucoup de lettres : celles-là, il les a insérées dans la *Femme infidelle*. Ainsi, le 14 mars, il note dans son journal : « *Ab uxore trador*. Ma famme écrit contre moi à Milran. » C'est une lettre qu'il a surprise. Le 2 avril : « Je retiens la lettre à Joubert et Lamarque ». Cette lettre, il n'a donc pas eu à la rétablir de mémoire : il a pu la copier sur l'original. Et plusieurs lettres de cette époque sont d'une vérité manifeste. Voici donc ce qu'on trouve, dans la *Femme infidelle*, touchant l'intrigue d'Agnès et de Joubert.

Mme Jeandevert (Agnès) écrit à Naireson (Joubert) : « Quelle consolation pour moi que votre connaissance, cher ami ! Vous et l'ami M. Scaturin, vous m'avez tirée du profond avilissement où j'étais plongée ; vous m'avez avertie que je valais quelque chose et vous m'avez fait m'estimer moi-même ! Je vous dois une nouvelle existence ; je vous dois autant qu'à mon père. Avant de vous connaître, j'étais anéantie par les soins du ménage ; je ne me croyais capable que de tenir une aiguille et de faire aller les détails domestiques. Aimables amis, vous avez ouvert mon âme ; vous m'avez montré que j'avais la faculté de penser, d'écrire ! Je vous consacre les prémices de cette faculté précieuse. C'est à vous que je m'adresse, M. Naireson ; je respecte les importantes et profondes occupations de M. Scaturin ; mais faites-lui part de mes sentiments et de mon immortelle reconnaissance.

Je m'impose avec plaisir la loi de vous écrire le matin, et de vous recevoir l'après-dinée. Je vous donnerai ainsi tout mon temps, et ce n'est pas trop, d'après ce que je vous dois... »[81] Tout cela est d'Agnès. Et l'on voit très bien ce que fut le prélude de leur amitié amoureuse. Le sensible Joubert n'a point méconnu cette charmante femme, si durement opprimée par un mari qui refuse de la traiter autrement qu'une ménagère : et elle, qui rêvait d'écrire! Elle a ébauché des romans, des comédies, que Restif méprise et ne veut même plus regarder : elle a montré à M. Joubert, tremblante, ses timides essais. M. Joubert les déclare jolis et garantit que l'auteur de ces petites choses a un don qu'il faut cultiver : bon exercice, qu'elle écrive à M. Joubert tous les matins; il la dirigera. Joubert, en cette aventure, est un garçon de cœur touché, d'âme complaisante, et qui, flâneur, a du loisir, et qui s'amuse à de fines tendresses, et qui au bout du compte prend une femme par où il sent qu'elle est prenable. Elle, si elle n'évite pas tout le ridicule de quelque présomptueuse éloquence, n'est-elle pas gentille, avec sa joie de renaître, avec son projet de revivre, et avec son pédantisme empressé? Elle était avilie : on la relève!... Et, la mauvaise humeur de Restif, concevons-la. Son ménage n'allait pas bien, et ira plus mal; sa femme l'importunait, et deviendra insupportable. Il est égoïste ; ils sont tous les trois égoïstes : Joubert, plus aimablement que les autres, parce qu'il aime.

La lettre se termine ainsi : « Quant à l'homme dont nous parlons quelquefois, vous lui faites beaucoup d'honneur et je doute qu'il vaille ce que vous le prisez. Au reste, vos sentiments vous font honneur Cependant, à la longue, je tâcherai de vous éclairer ». Mais ce dernier paragraphe est de Restif, est de l'auteur de la *Femme infidelle*. Si je le conjecture, ce n'est pas afin d'innocenter Agnès : c'est que, dans ce paragraphe, il n'y a pas de vérité naïve. Agnès, qui voit Joubert toutes les après-dînées, ne va pas lui écrire pour dénigrer son mari ; et elle ne l'eût pas fait ainsi ; elle n'eût pas tracé ainsi son programme de médisance. Non ; c'est l'auteur du roman qui pose, avec cette gaucherie, son préambule.

Il me semble apercevoir nettement la juxtaposition des passages fabriqués et des passages authentiques, dans quelques-unes des lettres que Restif attribue à sa femme. Ceci est fabriqué : « Liberté, c'est ma devise. Vous m'aviez plu ; je vous le laissai voir : vous me dîtes vous-même que nous ne nous gênerions pas. Je n'ai plus de goût pour vous, j'en ai pour un autre ; ainsi jespère que vous cesserez de venir passer les soirées avec moi pendant un temps. Cela ne fera pas mal... » [32] Non, ce n'est pas le ton d'Agnès, le ton de la femme incomprise, enfin comprise, que la première lettre révélait. Or, cette lettre est la deuxième seulement de celles que Mme Jeandevert adresse à Naireson : leur liaison continuera ; elle-même l'annonce, en disant « pour un temps ». Ce début de lettre avait pour effet de tout rompre à jamais, avec une désinvolture de vulgarité que Joubert n'eût point tolérée. Au contraire, ceci est vrai, ceci qui vient tout de suite après le singulier début fabriqué par

Restif : « Mon mari, que vous avez sondé par mes conseils et qui vous répondit d'une manière très philosophique sur la fidélité des femmes, n'est pas aussi philosophe que vous l'aviez cru. Il murmure de vos assiduités ; et mon élève l'a entendu murmurer qu'il ne concevait pas ce que nous avions à nous dire tous les jours pendant cinq heures ! Vous voyez qu'il est absolument nécessaire de prendre quelques précautions... » Ce n'est pas la même femme qui a écrit le premier passage et le second. Restif veut qu'Agnès, quand Joubert se montre si assidu près d'elle, ait eu un autre amant, un clerc de procureur, nommé Martin et qu'il appelle Ratminon. Que sais-je ? Mais, en vérité, c'est Restif et ce n'est point Agnès, qui écrit au jeune Ratminon : « Ne sois pas jaloux de Naireson, encore moins de Scaturin, mon bel ami ! je sais les apprécier ce qu'ils valent. Tu as moins d'esprit, mais tu es plus beau, plus aimable, plus amoureux... » Et elle est censée dénigrer Fontanes, « un dissipateur sans conduite », et Joubert, « un chevalier d'industrie, plus coupable que les filoux parce qu'on ne s'en défie pas ». Dérisoire !... Pareillement, c'est une fabrication de Restif, une longue lettre que Mme Jeandevert adresse à une complice de ses mauvais projets, Mme Gonbil. Agnès se vante d'avoir fait à ses amis le récit de son existence : ils la plaignent, la regardent comme une sainte ; et lui, Restif, comme « un homme de mérite, mais bourru, fantasque, insociable ». Elle leur a dit que, pour ramener à elle son mari, naguère, son pervers mari, elle s'est accusée d'une ancienne infidélité : elle inventait la pénible anecdote et sacrifiait son honneur au désir d'affrioler le gaillard. C'est alors que Joubert s'écria : « Madâme ! de toutes vos actions, voilà la plus bêlle ! jamais on n'a rien fait d'aussi grând, d'aussi nôble ! » Cela n'est point d'Agnès, et est de Restif, et est assez drôle, et ne souligne pas seulement l'accent périgourdin de Joubert, mais l'étonnement que lui causent les complications sentimentales d'un mauvais ménage parisien.

Une lettre de Jeandevert : c'est Restif. Celle-là, s'il l'écrit à destination du roman, peu importe. Sa fille cadette lui a révélé les causeries d'Agnès et de Joubert : on disait du mal de lui. C'est pour cela « qu'on se tenait durant cinq heures les bras croisés, la langue en exercice, devant un grand feu, éclairés par deux flambeaux », tandis que lui, pour travailler, n'avait qu'une lampe et se passait de feu ! « C'est le froid qui, arrêtant ma transpiration, a causé ma dernière maladie... » Restif a obtenu, le vilain, — et c'est lui qui le raconte, — la complicité de sa fille cadette. Par cette enfant, il a intercepté une lettre qu'Agnès adressait aux Milran, mari et femme, lettre qu'il publie, et qu'il déclare abominable, et qui ne l'est pas. Les Milran durent plaindre Agnès. Ecrivant à « un homme de condition », Milran n'a pas craint de qualifier Agnès « la femme la plus estimable et la plus méritante qu'il connaisse » : fureur de Restif !... Milran, de Cherbourg, a écrit à Restif une lettre où il les présentait, Fontanes, Joubert et Restif, comme des athées. Restif s'est fâché ! Milran réplique par une lettre excellente et d'une vérité quasi-délicieuse : « Je vous prie de n'aler pas me dénoncer comme un anti-philosophe ; car nul au monde n'estime plus les vrais philosophes que moi. Vous en seriez convaincu si vous entendiez les prières que j'adresse souvent à Epicure et à Socrate ». Ah ! le vrai, le parfait Milran !...

Agnès écrit à Joubert : « Les choses sont toujours au même point, mon très cher. Mais, grâce au soulagement que vous m'avez procuré, je ne suis plus chagrine... » Agnès a des querelles avec son mari, parce qu'elle a essayé de corriger quelque chose à un passage de *Monsieur Nicolas* qui, probablement, la déshonorait. Et elle se révolte, avec un peu trop d'éloquence, avec une vraie sincérité : « S'il a un esprit, moi j'ai un cœur et une âme ; et leur langage, joint à celui de la vérité, pourra bien m'enlever du char déshonorant pour me faire passer à la postérité dans celui du triomphe, où je pourrai me placer sous vos auspices... » Elle ajoute : « Bonsoir et bonne nuit, mon ami. Ma première lettre sera pour vous annoncer le jour de notre entrevue ; mais je serai prudente, soyez tranquille... » Et elle parle d'une autre lettre où il y avait des « baisers ».

Un peu plus tard, elle écrit à Stigmatin. C'est Lamarque, un avocat ; c'est le jeune M. de Lamarque, le compatriote et l'ami de Joubert, un Périgourdin qui entre assez brillamment dans la vie et qui, de cette année, est avocat au Parlement de Paris ; et qui deviendra le citoyen Lamarque et fera une belle carrière pendant la Révolution, député à la Législative, à la Convention, membre des Cinq-Cents, puis une belle carrière sous l'Empire, préfet, ambassadeur, conseiller à la Cour de cassation. Les Restif ont connu ce Stigmatin de Lamarque par Joubert; et Agnès s'adresse à lui parce qu'il est avocat. Non qu'elle ait envie de plaider : à cause de sa fille cadette, elle ne le veut pas à présent; mais, « je vous jure qu'une fois ma fille mariée, je me comporterai autrement ». Si elle écrit à M. de Lamarque, c'est que Restif la calomnie : elle désire qu'un avocat soit le dépositaire de la vérité, qu'elle atteste. A cette époque, avril 1785, elle est surveillée de près par son mari. Elle donnera de ses nouvelles à Joubert tous les quinze jours; et, si Joubert était un mois sans entendre parler d'elle, il devrait s'adresser aux magistrats. Elle compte sur le témoignage de Joubert et de Fontanes, qui sont au courant de la situation par les confidences mêmes de Restif. Ils savent ce qu'elle se ferait scrupule de raconter. Mais, étant l'un et l'autre « les amis du coupable », ils auront soin de « toujours le ménager en la servant », comme elle-même le souhaite : « raison de plus pour que j'implore leur soutien, de préférence à tous autres amis ». Elle demande à Lamarque un « inviolable secret », même « envers mon véritable ami Naireson », cela pour des raisons « que je me réserve de vous dire de bouche ». *Post-scriptum* : « Le Maître rentre, comme je finis la lettre de M. Naireson : je n'ose prendre le temps d'y mettre une enveloppe; je vous prie de vouloir bien vous charger de ce soin et de la remettre vous-même. » C'est une véritable lettre d'Agnès, celle-ci. Restif a noté, dans son journal, qu'il l'a saisie. Il la publie et la coupe de commentaires indignés. Il ne décolère plus. Il arrive à des brutalités. Il raconte qu'un soir, Agnès était seule dans sa chambre. Il entre et, à brûle-pourpoint, demande à cette Agnès quand elle cessera ses noirceurs... « Ma main gesticulait vivement : elle effleura deux ou trois fois la chevelure » d'Agnès, laquelle voulut crier; mais il criait plus fort, d'une voix, dit-il, altérée ou tonnante. Elle s'enfuit à sa ruelle, tenta de se cacher. Il était effrayant : elle se traîna sous le lit... « Je l'en fis sortir! » Il se calma peu à peu. Elle essaya de répliquer, annonça qu'elle se tuerait, se jetterait à l'eau, se pendrait : et Restif n'en croyait rien, car « elle se chérit trop pour se faire du mal ». Le lendemain, n'en pouvant plus, elle proposa une trêve, que Restif accepta : « Mais, dit-il, j'ai juré haine et vengeance à Naireson ! »

Pauvre Agnès! Et, même si elle a des torts, comment ne pas la plaindre?... Elle retourne à la religion, sous l'influence d'un prêtre : elle copie des livres de piété : Restif ne la croit pas sincère. Il a bien tort; et il fait le malin.

Restif écrit à Naireson; du moins, il le dit : « Naireson, comment crois-tu qu'on qualifiera ta conduite, quand on la racontera comme je vais l'exposer? Il fut un homme qui en rechercha (c'est toi) un autre (c'est moi). Il le trouva ; mais au lieu de se lier avec lui, ce fut avec sa femme; il vint journellement passer six à sept heures avec elle : de quoi parlaient-ils?... » Etc. Restif est lancé; Restif ne s'arrête plus... « Voilà ta conduite, Naireson ; la voilà sans déguisement. Qui t'a porté à favoriser la félonie, la trahison? Dis-moi, quel motif avais-tu? Je t'en soupçonne quelques-uns ; mais ils sont trop bas et je n'ose m'y arrêter, quoique je ne t'estime plus. Prends garde, Naireson ! tu viens de tenir une conduite mauvaise, préjudiciable à ton semblable ! C'est un crime ; c'est le plus grand ; c'est celui qui ne peut s'excuser dans l'homme sociable. Adieu, Naireson ; tu as tort ; rougis, repens-toi, et répare, si tu peux. »

Restif écrit à La Reynière. Il l'accuse d'avoir hésité, de n'avoir pas d'abord considéré qu'un mari est un être qui a raison : « Croyez-vous qu'un homme de mon âge, de ma sorte, marié depuis vingt-cinq ans, ne soit pas mille fois plus en état que vous de savoir quelle est la conduite qui convient à un mari ?... Vous êtes jeune, encore garson ; Naireson et Scaturin sont dans le même cas : des célibataires, c'est-à-dire des hommes qui n'ont aucune idée des devoirs des épouses, qui par leur position sont intéressés à les trouver rebelles, imprudentes, dissipées, afin que leur séduction soit plus facile. Ces jeunes gens et vous-même sont aveuglés par leur fougue naturelle, par l'intérêt secret de leur immoralité... Quand un homme tel que je le suis annonce qu'il a des griefs, il le faut écouter... Il connaît ses devoirs, il les a tous remplis, mieux que ni vous ni vos deux acolytes ne le pourront jamais... » Il publie cette lettre, une autre plus injurieuse ; et il dit en note qu'il l'a vérifié plus tard : la conduite de cet estimable jeune homme (M. de L'Elisée) a toujours été à son égard aussi franche qu'honnête.

Restif écrit à tout le monde ; Restif écrit à sa femme. Il l'accuse d'avoir ruiné sa maison par son libertinage. Il lui injurie son Joubert, « le plus traître des hommes ». Et : « Je vous brave tous deux ; je préférerais la mort à tenir de vous la vie. Je vous dévoilerai, puis je mourrai content, enveloppé dans mon innocence... » Voilà Restif ; et, quand il glorifie avec cette emphase sa vertu de mari, son innocence, il a l'air de plaisanter. Il ne plaisante pas. Il est immensément sincère ; son illusion prodigieuse, il la doit à son orgueil maladif et naïf. Etrange phénomène d'une prédilection de soi, qu'il nourrit, gorge et enivre ! Mais il a, dans cette folie, une sorte d'ingénuité ridicule. Et il souffre : on a pitié de lui.

La fin de la *Femme infidelle* est une chose étonnante. Il fallait conclure. Restif a imaginé, pour l'épilogue et l'apothéose, la mort de Restif. M. Marivert écrit à Mme Marivert. Il est venu à Paris : « Je suis alé voir notre ami. J'ai trouvé les deux sœurs en larmes : il venait d'expirer... » Mme Jeandevert (Agnès) a donné de grands signes de douleur ; un instant après, elle avait l'œil sec et l'air serein. Or, il fallait que le crime fût puni : et Restif raconte la mort de sa veuve, l'enterrement de sa veuve.

Moralité : « Cet ouvrage est un arsenal pour la défense de quelques personnes actuellement vivantes... » Et, ces personnes, c'est tout uniment Restif, lequel, mort et enterré, avoue qu'il vit encore. « Enfin, il était nécessaire de faire rougir d'eux-mêmes et les Milpourmil et les Naireson, en leur montrant à nu la femme à laquelle ils ont sacrifié l'amitié qu'ils avaient vouée à son mari. » Voilà pour Milran, voilà pour Joubert !

Dans la réalité, le dénouement fut bien celui-là,

puisque le dénouement de toutes les aventures où les pauvres êtres consument leur frénésie, leur maladresse et leur chagrin, c'est toujours la mort, preuve de l'inutilité des amours et des rancunes. Mais enfin, Restif, après avoir publié la *Femme infidelle*, vivra encore vingt ans et, la femme infidèle, plus longtemps.

Ce qu'il advint d'Agnès et de Restif, avant cela, quelques passages de *Mes inscripcions* l'indiquent brièvement. Les querelles conjugales d'Augé le monstre et d'Agnès fille de Restif amenèrent des querelles nouvelles chez les Restif. Le 26 novembre 1785 : « Matin. Reproches à ma femme de ses intrigues et de sa liaison avec Augé... Elle a été si effrayée de mes reproches qu'à mon retour à la maison, vers les trois heures, j'ai appris de ma fille cadette qu'elle avait quitté la maison, emportant ses paquets et jusqu'aux matelas de son lit. Voilà donc cette vieille folle qui, se sentant coupable, fuit et donne, à son âge, le spectacle scandaleux d'une séparation... » Restif ne dissimule pas qu'il en fut troublé. Il devait, ce jour-là, dîner chez le marquis de Malherbe : il se fit excuser. Qu'il est drôle ! Ce qui le choque le plus péniblement, dans ce départ de sa femme, c'est une atteinte à la respectabilité de sa famille : honorable sentiment, mais qu'il semblait avoir perdu et qu'il offensait lui-même, depuis si longtemps, avec un tel entrain ! Il ne s'attendait point qu'Agnès s'en allât de cette façon. Le 29 novembre, il médite là-dessus ; voici ce qu'il trouve : « Je fais réflecion que la cause de l'absence de ma femme est le désordre de nos affaires... » Oui, elle n'a pas payé le boucher, le boulanger; tout cela, bien entendu, à cause des frais de sa dissipation : « Cette créature, être encore aussi folle que, lorsqu'à vingt-quatre ans, elle nous épuisait pour Johnson !... » Restif ne peut se mettre à la besogne, ce jour-là : il est « pénétré de la plus vive douleur ». Il va voir ses camarades et leur confie, avec force détails, que « sa vieille folle a fui ». De tous côtés, on rechigne à blâmer Agnès comme il le voudrait. Alors : « Je veux devenir misantrope ! Je veux fuir tous les hommes, puisque tous sont également nuisibles, amis ou ennemis ! » Et puis : « Le grand mal, c'est que, ma femme cachant sa fuite, elle n'aurait pas été sue et que le misérable Augé va la divulguer, surtout chés M. le prévôt des marchands. » M. le prévôt des marchands, c'est Le Pelletier de Mortfontaine, le père de la divine marquise de Montalembert : être méprisé là, quelle amertume, pour Restif !... Le 1er décembre, il ne savait pas encore où était sa femme : il apprend qu'elle est partie, la veille, pour Joigny.

Que devient Joubert ? Au milieu d'octobre, Fontanes a quitté Paris ; il est à Londres, pour un bout de temps. Le 27 octobre, il écrit à Joubert : « Mille choses tendres et honnêtes à Mme Restif et à M. Mercier ». Rien pour Restif. Et c'est délicatesse, de la part de Fontanes. Il n'insiste pas davantage. Quant au rapprochement de ces deux noms, Mme Restif et M. Mercier, Restif a maintes fois signalé, comme un trait de la méchanceté d'Agnès, les efforts qu'elle fit pour gagner à sa cause l'auteur du *Tableau de Paris* : « C'était encore un ami qu'elle voulait m'enlever; mais elle n'y a pas réussi ». Probablement le bon Mercier fut-il, comme les autres amis de Restif, ému des malheurs d'Agnès. Au mois d'octobre 1785, il est certainement l'ami de Mme Restif et de Joubert. Il ne haït pas Restif pour cela.

Puis, le 12 décembre, Fontanes écrit à Joubert : « J'ai pris les informations que vous désirez au sujet du *Paysan perverti*. Ce que m'a dit le premier libraire auquel je me suis adressé ne me satisfaisant pas, j'ai couru chez deux autres qui m'ont donné la même réponse. Il a bien fallu les croire. Assurez hardiment que le conte des quarante éditions du *Paysan perverti* est du même genre que celui des armées innombrables qui sortaient de Thèbes aux cent portes. La vérité est que le *Paysan* est inconnu de tous ceux qui s'occupent de littérature en Angleterre et qu'il s'en est vendu seulement quelques centaines d'exemplaires dans la nouveauté. » Restif se vantait et s'est vanté toute sa vie, dans ses conversations, dans ses livres, dans ses prospectus, de sa gloire à l'étranger. Il prétendait que le *Paysan perverti* n'avait pas eu moins de quarante-deux éditions anglaises. Un mystificateur le lui avait fait croire; ou bien il s'était mystifié lui-même; ou bien il employait sa demi-crédulité à ébaubir ses confrères. Mais quel intérêt ce menu problème de bibliographie peut-il avoir pour Joubert, au mois de décembre 1785? Je crois, je suis sûr qu'il a rompu toutes relations avec Restif : que lui importent les succès londoniens du *Paysan*? Notons qu'il a prié Fontanes de prendre au sérieux la question qu'il lui posait :

pour que Fontanes ait consulté trois libraires, il faut que Joubert veuille de la précision. Or, six semaines plus tôt, le 30 octobre, une dame Lanigan, laquelle datait sa lettre du café de l'Univers, rue Saint-Jacques au coin de celle des Cordiers, écrivait à Restif et lui demandait, pour un ami qu'elle avait en Angleterre, l'autorisation de traduire la *Paysanne* : en cas de réussite, l'on traduirait aussi les autres ouvrages du romancier ; la dame Lanigan désirait de savoir si les Anglais avaient déjà traduit le *Paysan*. Restif est enchanté ; Restif donne toutes les autorisations possibles, pour la *Paysanne* : mais il ne souffle mot du *Paysan*[33]. L'affaire n'eut pas de suites. N'est-on pas tenté de croire que les deux démarches sont liées, celles de la dame Lanigan auprès de Restif, et celle de Joubert auprès de Fontanes ? Y aurait-il quelque « machination » là-dessous ? Je ne sais : et les continuels soupçons de Restif vous rendent soupçonneux ! Qui Joubert a-t-il le projet de renseigner, par Fontanes ? La dame Lanigan ? Peut-être. Mais qui est donc cette dame Lanigan, domiciliée pour sa correspondance au café de l'Univers, rue Saint-Jacques et au coin de celle des Cordiers ? En tout cas, le renseignement que doit procurer Fontanes à Joubert, c'est bien celui que la dame Lanigan n'a point obtenu de Restif. Et l'on s'étonne qu'au mois de décembre 1785, après les terribles histoires qu'on vient de lire et après le départ d'Agnès, Joubert se mêle aucunement des affaires de Restif... Je suppose qu'Agnès, au moment où Joubert écrivait à Fontanes pour le charger de cette enquête, songeait à réclamer en justice la séparation légale et une pension qui serait fixée proportionnellement aux ressources du mari : ressources dans lesquelles compterait assez bien l'entreprise anglaise, fondée sur l'avantageux précédent du *Paysan*, de ses quarante-deux éditions anglaises. Ainsi Joubert, en se mêlant des affaires de Restif, veillerait aux intérêts de Mme Restif. Tout cela, je l'accorde, est mystérieux. Mais, jusqu'à présent, le seul témoignage de Restif dénonçait l'amitié orageuse que Joubert avait eue avec lui et sa femme : nous possédons maintenant l'aveu — évasif, l'aveu pourtant — de Joubert et de Fontanes.

D'autres aveux ou allusions, je les aperçois plutôt que je ne les vois, dans les papiers de Joubert.

L'un des reproches que fulmine le plus amèrement Restif contre Joubert est assez ridicule. Il accuse Joubert d'avoir, à plusieurs reprises, effacé quelques-unes des inscriptions qu'il gravait sur les parapets de l'île Saint-Louis. Grand chagrin, pour lui Restif, qui appelle son île « son cimetière » : et, avec leurs inscriptions, les pierres des parapets étaient les tombes de ses souvenirs. Il se plaint à Grimod du méfait, du sacrilège que Joubert a commis ; d'ailleurs, si l'on a comploté de le faire décamper, c'est qu'on n'ignorait pas ses craintes de la Bastille. Comment les savait-on ? — Par Joubert, dit Restif ; par Joubert qui, sur les parapets, avait lu ces inscriptions révélatrices : *Fugam !... Fugere !...* d'autres encore[34]. Je ne sais pas si vraiment Joubert a effacé quelques-unes des inscriptions de Restif ; j'ai peine à le croire : et cependant, s'il aimait Agnès, il devait abominer telles de ces inscriptions où Agnès est avilie. En tout cas, il avait lu certainement les inscriptions de Restif, car il les a plus tard imitées, non sur la pierre, mais sur ses carnets, d'un latin semblable et pareillement elliptique. Ainsi, dans son carnet de 1791, à la date du 18 janvier : « *Mart. die. Deambul. in insul. puppi post templ. metropol. parisiense hor. 4ª 1/2 post merid. tumente Sequan. turbido fluctu coopert. nubil. variis cœlo tempore tamen mihi satis jucond. et felici.* » Plus tard, beaucoup plus tard, le jeudi 23 février 1815, Joubert vient d'apprendre que le nouveau régime le met à la retraite : il ne sera plus conseiller de l'Université. Sur une belle page de son carnet, il écrit, dans un cadre d'étoiles, la date et puis ces mots : « 1ᵉʳ jour de la liberté recouvrée ». Ne se rappelle-t-il pas une inscription de Restif? Le 15 juillet 1781, Restif croyait avoir rompu à tout jamais avec Sara Debée. Il la quitta et alla se promener dans l'île Saint-Louis « pour y respirer la liberté ». Il écrivit sur la pierre « *Prima libertatis* »[35]. Je me figure que Joubert, trente ans après, sourit singulièrement à un souvenir de sa jeunesse et s'amuse d'une furtive analogie qu'il esquisse entre ces deux infidèles, Sara et l'Université.

Mais nous n'en sommes pas au temps où les souvenirs, même douloureux, deviennent plaisants par la distance. Joubert, en 1785, fut très heureux et il souffrit cruellement. Je trouve dans ses papiers un fragment de lettre, coupé aux ciseaux par lui ; et il avait écrit sur le recto et le verso de la feuille. Il ne voulut conserver qu'un passage et, l'écriture de l'autre côté, il la biffa. Il n'y a ni la date, ni le nom de la destinatrice. Je conjecture que la destinatrice était Agnès. Joubert lui écrivait, — et les premiers mots ne sont guère intelligibles : — « que d'être gaie, d'être désirée... demandent; mais votre caractère est de n'être ni... Les larmes et le rire sont faits pour être réunis dans vos douleurs par le plus touchant et le plus attendrissant de tous les mélanges ; et vos désolations les plus profondes doivent naturellement être assujetties aux accès de l'abattement et aux élans de la saillie. C'est ce qui doit être et ce qui sera tant que vous vivrez à moins que vous ne vous y opposiez par une résistance malentendue et dont tout le fruit sera de vous déformer ». Joubert a biffé ces lignes. C'est le temps où il donnait à son amie, avec un soin tendre, des conseils de vie et des conseils de littérature. On s'en souvient, Agnès lui écrivait tous les matins, par gentillesse amicale et pour s'exercer au bon style. Férue d'écrire, elle eût aimé, probablement, que Joubert conservât ses lettres. Elle apprit qu'il ne les conservait pas : prudence? il n'y avait qu'à supprimer les signatures, plutôt que de perdre l'œuvre épistolaire d'Agnès! Elle est, j'imagine, un peu fâchée : et, de l'autre côté du feuillet qu'il a coupé aux ciseaux, Joubert a gardé ce passage de la réponse qu'il a faite : « D'ailleurs, en effaçant votre nom et en vous voilant ainsi, pour ainsi dire, la tête, ne laissais-je pas tout le reste à découvert? N'étiez-vous pas dans tout le corps de ces lettres et n'eût-ce pas été un supplice pour moi d'avoir à craindre qu'une imprudence de ma part, un accident, une curiosité, un hazard vous exposât à être vuë par d'autres yeux que par les miens? J'ai tout brûlé pour tout sauver. » Il y a là beaucoup de tendresse jalouse, et justement la tendresse et la paradoxale jalousie de qui aime une femme qui n'est point à lui.

Assurément. Joubert a aimé Agnès Lebègue, et sa pauvre littérature et, en somme, tout ce qui venait d'elle. Il l'a aimée dans les tristes conditions où il la trouvait, femme d'un homme à l'égard de qui, au surplus, il était gêné, ayant pour lui un bizarre mélange de sentiments : de l'admiration, de l'estime aussi, et du mépris, du dégoût bientôt. Restif, de toute son ignominie, tirait une œuvre où il y a une espèce de génie, en dépit du reste ; mais il avilissait, et sans nul rachat d'aucune sorte, sa femme. Joubert eut pitié d'elle et, quand il l'aima, il rêva de la tirer hors de la fange. Elle était plus âgée, elle avait presque vingt ans de plus que lui. Mais, dans la *Femme infidelle*, Restif prête à Agnès ces mots émouvants : « Je me crois de ton âge depuis que tu m'aimes ! » Il veut qu'Agnès écrive cela au jeune Ratminon : mais, cela, ne l'a-t-elle pas dit à Joubert ? ne l'a-t-elle pas éprouvé au sujet de Joubert ?... Elle était charmante ; elle avait la double séduction de sa tristesse et de sa gaieté, le double agrément d'être malheureuse et belle. Et l'amour de Joubert a subi les tribulations de tout amour illégitime, ceci ajouté que le mari est ce fou terrible de Restif, qui a le don de dégrader, autour de lui, les gens et les aventures. Ce fut une fervente et misérable histoire d'adultère, avec des vilenies, avec des médiocrités lamentables, et avec des sophismes sentimentaux, avec plus de larmes que de joie.

Avec une grande joie, tout de même ; et avec un bel enchantement !... Joubert, le 14 février 1804, songe aux années de sa jeunesse, au temps qu'il a perdu ou gaspillé. Il se souvient de Diderot, du livre qu'il commença d'écrire à l'instigation de ce philosophe ; cela, de 1779 à 1783. Puis : « En 1785. Trop plein de mon enchantement, je me bornois trop à le peindre... » Il ajoute, entre parenthèses : « C'est ainsi que, dans les vers, après m'être ouvert une entrée dans la véritable poésie, il ne me fut plus possible de me contenter de la vulgaire ; et, trop nouveau dans l'autre, je les quittai toutes les deux... » Ces lignes sont obscures ; Joubert, qui ne prend ces notes que pour lui seul, et à qui suffit ce bref memento, n'en dit pas davantage. Mais enfin, nous apprenons qu'en 1785, enchanté de son amour, il fut poète et célébra en vers son amour. C'est, à son jugement de 1804, la petite poésie ou poésie vulgaire, la poésie amoureuse, la poésie élégiaque. Il se bornait à cette poésie, laquelle cessa de le satisfaire ; une tentative de grande poésie ne réussit pas : et il quitta la poésie. Tous ces poèmes ont disparu. Je ne trouve guère, dans ses papiers, que des chansons qu'il a composées pour le dessert, à des fêtes de famille ou d'amitié. Ce n'est rien. Ses poèmes d'amour, il ne les montra, pudique, à personne ; et il les a détruits. Il n'en reste que cette allusion, cette courte phrase où il mentionne son enchantement de 1785.

Demeuré seul à Paris, en l'absence de Fontanes et après le départ d'Agnès, Joubert a dû se morfondre. Cependant, il travaillait.

En 1785, et tandis qu'Agnès était là, je me figure qu'il ne travaillait pas beaucoup. Des poèmes qui sont perdus. Et, dans ses papiers, il n'y a presque rien de cette année de l'enchantement. Il écrit, le 7 juin : « J'imite la colombe et souvent je jette un brin d'herbe à la fourmi qui se noie. » Ne songe-t-il point à son amie, et au secours qu'il lui apporte, à ce sauvetage d'une âme ? Je crois que oui. Jusqu'au soir du 8 octobre, plus rien. Mais, le 8 octobre, c'est le jour que Fontanes a quitté Paris. Joubert écrit : « Je pensois dans le bain à la répugnance que les hommes dont les mœurs sont belles ont à entendre ces mots dans la bouche de leurs amis ou de leurs voisins : *Je puis mourir*. Ce mot est très commun et il est entendu et prononcé parmi nous avec indifférence. Heureusement nos plaisirs nous font sans cesse oublier la mort à laquelle nos affaires nous font songer sans cesse. » En partant, et pour un voyage d'affaires, sur le point de traverser la mer, Fontanes lui a dit adieu avec émoi et lui a dit : « Je puis mourir... » Les deux amis se sont quittés avec une sensibilité cordiale ; et Joubert, le soir, compte que le divertissement de chaque jour les préservera d'une excessive tristesse. Au mois d'octobre, il note quelques étymologies latines ; au mois de novembre, il note et il traduit quelques vers latins. C'est tout ; et pas un mot sur un feuillet n'a trait au départ d'Agnès.

Et puis, le 26 mars 1786 : « O mes amis ! J'ai bu l'amour... » Je crois qu'il se souvient d'Agnès.

Se souviendra-t-il de Restif ? Oui, quelquefois ; et, par exemple, dix ans plus tard, le 31 mars 1796 : « Restif. C'est un fou qui vend la sagesse. » Il ajoute, un peu gaiement, citant La Fontaine : « Jamais auprès des fols ne te mets à portée ! » Il est devenu sage et tire la moralité de son imprudence.

CHAPITRE VI

DÉCEPTIONS ET LES BEAUX-ARTS

Fontanes a quitté Páris le 8 octobre ; je ne sais pas ce qu'il a fait pendant quelques jours. Mais, le 22 octobre, à Dieppe, il s'embarque pour l'Angleterre, où il arrive le lendemain ; le lundi 24 octobre, il est à Londres.

Quel est l'objet de ce voyage ? Une « affaire », et qui intéresse vivement Joubert et Fontanes. Somme toute, il s'agit, pour l'un et pour l'autre, de gagner sa vie et, à cette fin, de fonder une « correspondance » française en Angleterre : un journal, une sorte de journal, réservé à quelques centaines de souscripteurs et, si l'on veut, l'équivalent de la correspondance de Grimm, adressé non plus aux cours du Nord et aux princes d'Allemagne, mais à tels particuliers de Londres qui se diraient curieux de Paris, de ses arts, de sa littérature et de ses potins. L'idée ne semblait pas mauvaise. Beaucoup de correspondances nourrissaient leurs auteurs. Et l'on pouvait conjecturer que les nouvelles de Paris tenteraient l'Angleterre, puisque l'Angleterre était à la mode chez nous. Lui-même, Fontanes n'avait-il pas en quelque mesure contribué au succès parisien de la littérature anglaise? Un garçon qui s'est donné le mal de traduire en bons vers français l'*Essai sur l'homme* de Pope[1] compte sur la reconnaissante amitié des Anglais.

Fontanes, à vrai dire, n'avait pas révélé Pope aux Français. Avant que ne parût son *Essai sur l'homme*, en 1783, ils connaissaient une traduction de l'abbé du Resnel, en vers médiocres, et une traduction de Silhouette, en prose médiocre, mais exacte : Fontanes, qui en loue l'exactitude, a raison, car il savait très peu l'anglais et, vaille que vaille, Silhouette l'a aidé. De son côté, Delille avait traduit l'*Essai sur l'homme* ; mais il gardait par devers lui son ouvrage et c'est à peine si Fontanes l'en a entendu lire quelques vers soit au collège royal, soit chez un ami commun. Cette vogue d'un poème si ennuyeux nous étonne ; mais Pope résolvait agréablement la question de savoir s'il convient d'être heureux. Plus on est heureux, — on l'était en France, avant la révolution, — plus on a le loisir et la subtile manie de chicaner son bonheur : Pope répondait bien. L'optimisme de Fontanes tenait à sa jeunesse et à l'ardeur excellente de sa nature. Il écrivait : « S'il est permis de rire un moment avec Pangloss et Martin, il est peut-être plus doux de s'élever et de s'attendrir avec Pope et Platon. Il me suffit de savoir que leur système honore la Providence et console l'homme, je l'adopte avec transport. » C'est à merveille ! Fontanes s'exprimait ainsi, non dans l'intimité, dans le *Discours préliminaire* de son livre. La Harpe, dans sa *Correspondance lit-*

téraire (et secrète), nota que le style de Fontanes était malheureusement « sec » et, dans le *Mercure*, il vanta le poète, il célébra le *Discours préliminaire* comme un chef-d'œuvre d'éloquence et de goût. D'ailleurs, Fontanes avait pris les devants et, dans le *Discours*, traitait La Harpe de « grand critique », de « Quintilien français ». La traduction de Pope, par Fontanes, n'est pas un moindre chef-d'œuvre ni un poème plus attrayant que l'*Essai sur l'homme* de Pope.

Fontanes résolut d'emprunter aux Anglais, non plus un thème poétique, cette fois : un gagne-pain. Je ne sais pas si l'idée est de lui, ou de Joubert, ou si peut-être on la leur suggéra. En tout cas, il fallait à ces deux nouvellistes une aide pratique, des fonds, préliminaires comme le *Discours*. Deux dames les voulurent seconder. Fontanes, écrivant à Joubert, les désigne ainsi : « nos deux femmes » ; et, comme l'entreprise ne va pas, il l'appelle « un projet conçu par des filles ». A cette époque, et dans l'intimité, le futur Grand maître et déjà le poète assez guindé a le langage vif. Qui sont ces deux femmes ? Il suffit de lire les cinq longues lettres que Fontanes adressa de Londres à Joubert pour découvrir que l'une d'elles est la marquise de Marnésia. Fontanes n'est pas encore à Londres et il vient de débarquer à Brighton, où il ne passera que quinze heures : il écrit à Mme de Marnésia. Que lui écrit-il ? « Je lui demande de l'argent. » C'est aussi que le voyage est ruineux ! Il a pris la voie de Dieppe, moins coûteuse que celle de Calais ; encore faut-il donner cinq louis pour la diligence de Brighton à Londres :

ajoutez « le port des malles et les faux frais qui doublent la dépense ». Puis, le 27 octobre, il écrit à Mme de Marnésia : elle lui répond, et comme il le désire, car il paraît content d'elle. Mais il faut se vêtir ! Ce n'est pas qu'on dépense beaucoup, à Londres, pour la toilette : on dîne en frac et « avec cinq guinées on est mis comme les pairs ». Mais cinq guinées sont une somme, pour un Fontanes qui, deux semaines après son arrivée, n'a plus que « vingt francs de notre monnaye entre les mains ». Il a besoin d'un « vêtement à la mode du pays » et il « souffre » de ne pouvoir l'acheter. Il l'achètera : « Mme de M[arnésia] m'annonce quelque argent. » Quelque argent arriva. Et bientôt : « Ce n'est pas que je n'aye reçu quatre cents livres de Mme de M[arnésia] ; mais six guinées pour un habit, une guinée pour un chapeau, des souliers... » Etc. : il s'habille à neuf et, aux dépenses de « première nécessité », ajoute les dépenses « plus nécessaires encore que celles qu'on appelle ainsi ». Bref il n'a plus le sou et songe : « Mme de M[arnésia] a fait un effort, et je ne dois plus compter sur elle ! » Scrupule tardif ; et il est certain que Mme de Marnésia s'occupe de l'affaire : autrement, et quoi qu'il en soit d'une facilité ancienne, touchant les femmes et l'argent, Fontanes ne réclamerait pas, je crois, sa monnaie comme un dû.

Mme de Marnésia, c'est la mère de ces deux Lezai-Marnésia, l'un Adrien et l'autre Albert, et qui ont présentement l'un quinze ans, l'autre treize ans : nous les retrouverons. Le mari : poète, philanthrope, voyageur et toqué.

Claude-François-Adrien, marquis de Lezai-Marnésia, d'une vieille famille de Franche-Comté, fils du premier marquis de Lezai-Marnésia et fils d'une charmante femme, — cette Charlotte-Antoinette de Bressey, fille d'un chambellan de Léopold duc de Lorraine, et qui écrivit les aimables *Lettres de Julie à Ovide*, si aimables qu'on les attribua longtemps à Marmontel [2], — Claude-François Adrien était en 1785 un homme de cinquante ans. Adolescent, il entra dans le régiment du roi, obtint une compagnie, détesta et délaissa le métier des armes. Il aimait la campagne, les jardins et la littérature. Il se maria et, avec sa jeune femme, se retira dans une terre qu'il avait à Saint-Julien, près de Lons-le-Saulnier : « Maître enfin de changer mon épée contre une bêche, j'ai (dit-il) oublié Vauban et Turenne; Alcinoüs est devenu mon héros... [3] » Il adorait Rousseau et la nature et, s'il se promenait aux Tuileries, il dédaignait résolument l'œuvre de Le Nôtre et ne voulait regarder que le coucher du soleil dans les arbres [4]. Avant tout le monde et avec un entrain de précurseur, il s'attendrit sur le sort de ses vassaux, abolit dans ses domaines la main morte et la corvée, commet de généreuses imprudences. A Paris l'hiver, à Saint-Julien l'été, il reçoit des littérateurs, amis quelques-uns de sa mère, et d'autres qu'il inventait : Saint-Lambert, Chamfort, Boufflers, Dupaty, plus tard Fontanes et Joubert. Et Cerutti, alors jésuite. C'est chez lui, à la campagne, que Cerutti, de moins en moins jésuite, composera son Mémoire au peuple français. Le marquis entrera lui-même dans la politique, prochainement : il y éprouvera des malheurs. Pour le moment, sa philanthropie, qui ne sort pas de ses livres ou de ses domaines, l'enchante : elle lui prépare des ingrats, sans qu'il s'en doute. Ses aventures de crédulité philosophique et bienfaisante lui composeront un roman dérisoire : il prélude. Il est membre de l'académie bisontine et, dès l'année de son installation, lit à ses confrères un essai sur la minéralogie du bailliage d'Orgelet, — que ne demeura-t-il dans la minéralogie ! c'était le salut, pour son âme innocente ; — et une épître en vers à son curé, toute pleine de folie attendrissante[5]. Il est membre de l'académie de Nancy et, dans sa province, fait figure d'homme éclairé. Il se déclare l'ami de tous les hommes. Il se jure de les rendre heureux, et par le terrible moyen des lumières. Il se promet aussi de les rendre moraux ; il veille à leurs « travaux champêtres » et à leurs « plaisirs décents »... Il verra ! Les ouailles de sa philosophie se vengeront.

En 1775, il avait publié *L'heureuse famille*, conte moral « fort insipide » et « dans le goût de ceux de M. Marmontel », dit la correspondance de Grimm sans injustice[6] ; en 1784, une longue niaiserie, *Plan de lecture pour une jeune dame*[7] ; et, cette année 1785, un volume qu'il a chargé de toute sa pensée réformatrice, *Le bonheur dans les campagnes*[8]. Introduction : « J'ai vu les maux des campagnes et j'en ai cherché les remèdes ; voilà en deux mots, le but et le plan de cet ouvrage. » Les maux des campagnes, il les attribue à l'excès du luxe (contre lequel il tonne avec la fureur qu'aura Dupin l'aîné sous le second empire), aux abus du pouvoir, à l'injuste répartition des impôts, à la dureté des percepteurs, au système onéreux des corvées. Il propose des améliorations. Il voudrait qu'on organisât, pour le peuple des campagnes, des théâtres et il supplie qu'on demande les pièces à cet homme d'un véritable génie, à « cet écrivain qui a su faire parler au peuple un langage énergique et sublime et cependant toujours naturel »... Qui donc? Restif de la Bretonne!... A Restif de la Bretonne; ou bien encore, dit-il, à Berquin. L'un ou l'autre : Marnésia présente ces deux noms, si rarement accouplés [9]. Ces sortes d'idées conduiront ce marquis, devenu colon, jusque sur les bords de l'Ohio, où il se ruinera. Et la révolution, qu'il aura saluée aux premiers jours, le mettra en prison, le persécutera. Et il mourra, lui qui aimait l'humanité, honni de tout le monde, n'ayant plus qu'une amie, la veuve Charmet, libraire [10].

C'était un bonhomme de cinq pieds onze pouces, très mince, au visage maigre, des cheveux châtain clair et des yeux bleus... [11]

Ce Marnésia connaît Fontanes. Nous l'avons vu mêlé un peu aux querelles de Restif et de Scaturin. Fontanes et lui, deux poètes, se font des politesses dans leurs écrits. Marnésia, dans son *Plan de lecture*, cite Pope et célèbre le nouveau traducteur, qui a donné au modèle des beautés que le modèle n'avait pas. Fontanes, un peu plus tard, chantera dans son *Verger* Marnésia et glorifiera l'auteur du *Bonheur dans les campagnes* d'avoir indiqué « les jouissances qui peuvent attacher les vieillards au spectacle des jardins ». Joubert aussi est en relations avec ce bonhomme : un jour, de Londres, Fontanes le prie de courir chez M. de Marnésia. Mais enfin Marnésia n'est pas de l'entreprise anglaise. Il ne l'ignore pas : il ignore probablement que la marquise s'en occupe. Il a des vertus, il a des principes de bonté ; seulement il vaut mieux ne pas lui demander d'argent : il déteste que les jeunes écrivains, poètes ou prosateurs, succombent à de si funestes tentations. Quand Fontanes écrit à la marquise et la quête, c'est que le marquis est absent. Retour du marquis : Fontanes écrit à Joubert et le prie de veiller à ce que ses créanciers laissent les Marnésia tranquilles.

La marquise, Marie-Claudine de Nettancourt, de bonne maison lorraine, semble n'avoir pas vécu dans une parfaite union de cœur et de pensée avec son époux. A la révolution, tandis que le marquis faisait aux bords de l'Ohio ses sottises les plus onéreuses, elle se retira d'abord à Évian puis, lorsque nos troupes envahirent la Savoie, elle gagna l'Angleterre. Son mari ne s'occupa plus d'elle; ni ses fils : l'un de ses fils note qu'il était difficile de correspondre avec une émigrée [12]. Un papier d'archives prouve qu'une fois, en 1792, elle essaya de faciliter au marquis le séjour en France [13]. Le marquis n'était pas commode à tirer d'affaires ; et, plus généralement, le marquis n'était pas commode. Son fils Albert nous le peint comme un de ces philanthropes qui « embrassent le genre humain tout entier », mais qui exceptent de leur philanthropie « ceux qui les approchent le plus immédiatement ». Ce caractère vous surprend-il ? « Tel était Mirabeau, l'ami des hommes, l'un de leurs chefs, qui, tout en professant les principes du plus tendre amour pour l'ensemble de l'humanité, était le tyran le plus dur, le plus égoïste, de sa famille comme de tout ce qui lui était subordonné, ne souffrant aucune contradiction dont s'irritait sa susceptible vanité ; tel était aussi mon père... » Mauvais ménage !... La marquise, telle que la voilà, protégeait le jeune Fontanes, encourageait ses ambitions et, peut-être, s'amusa de son industrie.

Ce goût de l'entreprise un peu commerciale, ne l'a-t-elle point passé à son fils Albert? Nous le trouvons, quelques années plus tard, en négoce avec le même Fontanes ; et c'est lui qui le raconte. En 1793, au printemps, Joséphine de Beauharnais, quasi-pauvre et touchée de philosophie, crut qu'il serait bon que ses enfants allassent au peuple (comme on dirait maintenant). Eugène et Hortense travaillaient par les rues et même offraient aux passants « des bagatelles de toutes sortes à acheter » ; ils en rapportaient le prix à leur mère. Ce commerce enfantin sollicita l'imagination de Joséphine. Elle rêva d'en organiser un autre, plus important et fructueux. Certains articles de Paris étant recherchés à Bruxelles, on pourrait les y porter et les y vendre avec beaucoup de bénéfice. Donc Joséphine, Albert de Lezai-Marnésia et Fontanes, — car Fontanes est alors dans l'intimité de Joséphine, et probablement par Fanny, — se persuadèrent d'assembler une pacotille ; la pacotille écoulée, ils doubleraient leur capital, continueraient et peu à peu s'enrichiraient. A force « d'industrier », ils réunirent un premier fonds de douze louis en numéraire. Joséphine apporta la plus grosse part ;

Fontanes, en se saignant, un louis. La coquette Joséphine sut faire les achats; et Albert de Lezai-Marnésia irait en Belgique placer la marchandise parisienne. Ce dadais se laissa voler par un ancien camarade de son frère et ce fut la banqueroute d'une ingénieuse hardiesse.

La fondation d'un journal est une autre affaire, et qui tenta la mère de ce Marnésia, bonne femme que son époux traitait mal, obligeante aussi. L'autre « femme » ou l'autre « fille », je ne sais pas qui ce fut. Peut-être Fanny : Fanny était liée avec Mme de Marnésia; l'année prochaine, en 1786, le fils de Fanny épousera la fille de Marie-Claudine.

Peu importe, d'ailleurs. Fontanes est parti pour Londres à dessein de faire la fortune de Joubert et de lui. Mme de Marnésia lui fournit l'argent, de son mieux, et lui procure les recommandations utiles. Lettre pour M. d'Adhémar, ambassadeur de Louis XVI à Londres; et M. d'Adhémar est en France, où il sera frappé de paralysie : mais à Londres il y a son neveu, M. de Cambis. Or, les Cambis et les Adhémar, ce sont des relations lorraines des Marnésia. Lettre pour miss Pultney, fille unique de sir William Pultney, l'un des plus riches personnages d'Angleterre. On dit que miss Pultney va épouser M. Pitt, qui est premier ministre et beau « comme Solon devoit l'être à trente ans »[14] : elle ne l'épousera pas; mais on dit qu'elle l'épousera et cela fait du bruit dans Londres. Bonne chose, d'être présenté à cette héritière fameuse! Or, miss Pultney est l'amie de cœur de la petite Marnésia : elles se sont connues à Panthémont[15]. C'est Mlle de Marnésia qui a donné à Fontanes une lettre pour miss Pultney. Mais toutes les portes s'ouvriront à Fontanes, dans Londres, devant un mot du marquis de Bouillé, ce Bouillé qui sera le Bouillé de Varennes et qui est déjà le vainqueur des Anglais : un tel vainqueur et qui « s'est rendu tellement respectable aux Anglais en prenant leurs isles dans la dernière guerre » qu'en somme, une lettre de ce Bouillé, « c'est tout dire, en ce pays-ci » : l'on court après vous. Or, les Marnésia sont liés, et de longtemps, avec le marquis de Bouillé [16]. Mme de Marnésia n'a pas mal préparé l'entreprise journalistique des jeunes Fontanes et Joubert à Londres.

Fontanes est débrouillard. Il sera paresseux : il ne l'est pas encore. Et il sera paresseux pour écrire, non pour combiner l'intrigue de ses réussites. Joubert l'attend à Paris, avec espoir et sans gaieté. Il faut voir Fontanes, dès son arrivée à Londres, qui se remue. Il n'est là que depuis trois jours, le 27 octobre, quand il écrit à Joubert : il n'a pas perdu son temps. Il a vu M. Barthélemy, sécrétaire de l'ambassade et qui remplace M. d'Adhémar ; il a vu M. de Cambis. On l'a bien accueilli, un peu froidement : mais il apprend que c'est la manière, à Londres. Il s'est promené dans cette immense capitale. Il a remarqué, à Westminster, « quelques beaux morceaux de sculpture » et a trouvé, le malheureux ! l'église Saint-Paul « supérieure à toutes nos églises ». Les rues, médiocres, tout en briques; et le palais du roi ne vaut pas l'hôtel La Reynière. La cuisine, « monotone, mais saine, pénible pour les estomacs faibles ». Le porter, « boisson très agréable ». Les femmes, —

« dont il faut parler, puisque rien ne vaut que par elles », — en général, « bien faites, blanches et fraîches ». Au surplus, « il y a du mélange, comme chez nous »; les vieilles, « plus laides qu'en France » ; quelques figures « monstrueuses », moins de physionomies « modestes et sensibles » qu'à Paris. Beaucoup de voleurs : on lui a dérobé, oh ! ce qu'il avait, son mouchoir. Il est logé chez de vieilles filles, les demoiselles Somerville, dans Piccadilly ; deux vieilles filles très honnêtes, qui n'ont d'autre inconvénient que de ne parler pas français : de sorte que le traducteur de Pope ne cause avec elle que par signes. Mais il y a chez elles un pasteur, homme de mérite, avec qui l'on a la ressource du latin. Quant au projet d'une correspondance, « rien de positif », en trois jours. Cependant Fontanes croit savoir qu'un secrétaire de M. d'Adhémar, nommé X, rédige une « correspondance secrète », laquelle, réunie au *Journal britannique* de Maty, a quelque succès et est une concurrence anticipée. Voyons Maty ; Fontanes le verra : « comptez sur mon zèle et sur ma prudence ». Ce qui le tracasse un peu, c'est la pénurie : « Je me suis confié insolemment à la mer, aux tempêtes... » cela n'est rien ; mais encore, « aux lois sévères des Anglais contre les débiteurs ». Baste ! il a confiance ; jamais il n'a été plus gai, dit-il, et mieux portant... « Adieu, aimez-moi à Paris, comme je vous aime à Londres. »

Deux semaines plus tard, le 10 novembre, Fontanes n'avait reçu aucune lettre de Joubert : c'est que Joubert était dans les ennuis de son aventure amoureuse. Lui, Fontanes, a vu le général Melville et le docteur Maty. Le général Robert Melville a été gouverneur de plusieurs îles anglaises et notamment de Tobago, dont le marquis de Bouillé s'empara : maintenant, courtoisie charmante, c'est une lettre de Bouillé qui présente Fontanes à Melville. Celui-ci, d'ailleurs, la soixantaine passée, a quitté le service. Depuis le traité de 1783, qui terminait le différend de son pays et de la France, il se livre à sa double passion de l'histoire et de la botanique. Il est surtout un antiquaire renommé : guidé par les écrits de Polybe, il cherchera dans les Alpes le chemin qu'a suivi Annibal et le chemin qu'Annibal aurait dû suivre. Maty, l'ami du général Melville et l'homme qu'il faut atteindre, ancien chapelain de l'ambassadeur anglais à la cour de France, bibliothécaire du musée britannique, était secrétaire de la Société royale, lorsqu'une année avant l'arrivée de Fontanes, à la suite de contrariétés, il a donné sa démission. Il traduit des ouvrages français en anglais et traduit en français les œuvres de Chesterfield. Il est un peu asthmatique, mais actif et influent. Gibbon lui a dédié son *Essai sur l'étude de la littérature*. Il a eu quelques chamailleries avec Diderot sur le point de savoir si les Patagons sont, ou non, « de taille colossale ». Principalement, il dirige le *Journal britannique*. Eh ! bien, Melville et Maty goûtent assez le projet de Fontanes. Mais ils lui calment son empressement; ils l'engagent à ne point espérer « un succès aussi prompt et aussi sûr que nous le voulons ». Jeunesse !... Et Fontanes comprend avec mélancolie qu'il n'en est pas aux prospectus ; Fontanes si pressé !... D'abord, il faut attendre la fin du mois : il n'y a personne à Londres, pour le moment. Puis, il ne faut pas se figurer que les Anglais se précipitent sur des lectures qui ne concernent pas la politique, le commerce ou l'industrie. Les « nouvelles littéraires, amusantes », les « recueils d'anecdotes », — précisément ce que Joubert et Fontanes seraient en posture de leur offrir, — les Anglais n'en raffolent pas. Fontanes s'aperçoit d'une chose, c'est qu'il ne faut pas croire que « toute l'Europe ait les yeux sur Paris » : cela étonne un Parisien. Cela étonne Fontanes; il s'informe : c'est vrai. Les « petits mouvements particuliers de nos cercles », ce n'est pas là ce qui distrait les Anglais de leur île. Les arts ne les intéressent pas beaucoup : les arts demandent une « douce oisiveté »; c'est ce qui manque en Angleterre, et « voilà pourquoi toutes les choses de goût valent mieux en France qu'en Angleterre ». Certains Anglais riches ont pourtant des « correspondances » privées à Paris : les autres, si vous leur proposez votre « feuille secrète », ils vous riront au nez. Enfin, « le nombre des souscripteurs, si nous réussissons, sera bien moindre que nous ne l'avons imaginé ». Voilà : et ce n'est pas gai. Fontanes, lui, est gai. Il s'amuse. Il parle du marquis de Bouillé : aussitôt, le comte Shelburne, ancien ministre, vient le voir; la duchesse de Devonshire, « la femme la plus aimable de l'Angleterre », le prie à dîner chez elle; on doit le présenter à la duchesse de Rutland, femme du premier pair d'Ecosse; « si j'avais des habits, j'aurais déjà vu le roi et la reine »!... Mlle de Marnésia l'a recommandé à miss Pultney en termes si chaleureux qu'on jase et qu'on dit qu'il épousera Mlle de Marnésia, l'amie de la plus riche héritière du royaume. Certes, il a répondu « comme il le devait » : cependant, il profite du malentendu. Ah ! si toutes ces pécores, élevées à Panthémont, la fleur de l'aristocratie anglaise, savaient qu'il vient à Londres chercher les souscripteurs éventuels d'une « feuille secrète », elles déchanteraient : il en frémit, dans sa fatuité qui est grande !... Par chance, les demoiselles Somerville n'ont pas encore voulu d'argent : « cette délicatesse de leur part m'a été fort utile, comme vous pensez ! » L'aînée, le soir, lui chante les vers d'Ossian sur une musique d'Ecosse qui l'afflige et le berce...

Le 29 novembre, nouvelle lettre de Fontanes. Il a reçu deux lettres de Joubert. Et Joubert compte que tout ira fort bien, très vite : pauvre Joubert ! Ce n'est pas cela. Fontanes lui annonce qu'il est premièrement impossible d'établir une correspondance « sans l'aveu de l'ambassadeur », lequel « ne donnera son aveu que sur celui de M. de Vergennes ». Fontanes s'impatiente : « J'ai écrit à nos deux femmes que je ne voulais plus faire aucune démarche dans ce pays-ci qu'elles ne me fissent passer par le crédit de quelqu'une de leurs connaissances une permission tacite... » Qu'elles se débrouillent, les deux femmes !... « J'ai rempli en honnête homme l'objet de ma mission. J'y ai cru ma conscience obligée. J'ai promis, imprudemment peut-être, de passer en Angleterre pour un projet conçu par des filles. Il fallait tenir parole d'une manière ou d'autre. Je l'ai tenue. C'est à elles de faire le reste... » Il se félicite de ne pas s'être avancé. Il est sûr de rapporter de Londres des avantages plus précieux que maintes souscriptions : « Les choses que je vois, tout ce que je pense et ce que je sens, sont des richesses réelles qui ne m'abandonneront jamais ! » Voilà Fontanes : il pense et, mieux encore, il sent très vivement ; puis, que sera-ce ? un ou deux poèmes sans couleur et sans vie, les petites stances « A une jeune Anglaise que je rencontrais souvent seule dans les jardins de Kensington » [17], hélas ! Ses richesses, dès qu'il écrit, l'abandonnent. Mais, cela, il ne le sait pas ; et la certitude où il est de rapporter de son voyage des « sensations » le remplit d'allégresse. Et moi ? demanderait Joubert. Fontanes lui répond : « Pour Dieu, ne soyez pas triste. Je conserve ma tranquillité loin de vous et presque sans argent. Imitez mon exemple. » C'est joli à dire ! Mais, si la séparation coûte aux deux amis, — l'absence est le plus grand des maux ! — celui qui voyage a, dans le regret commun, le divertissement du voyage : l'autre n'a que l'ennui de l'attente. Et, si le projet n'aboutit à rien, la déception de Joubert n'est point rachetée : Fontanes, lui, se prépare des compensations. Oui, la pénurie est pour l'inquiéter ; et il écrit dans le Languedoc, il réclame des subsides. En outre, on l'a volé : ses deux poches de culotte, retournées, un jour, à Drury Lane ! Il garde sa bonne humeur. Avec cent louis, ce voyage serait une « époque éternelle » dans la vie de Fontanes. Faute de cent louis, Fontanes fait « tout ce qu'il peut et plus que tout autre à sa place ». Un peu plus riche, il se marierait à Londres, et comment !... « Je vous jure que mon grand désir est d'arranger mon petit patrimoine en Poitou, de vendre et de venir avec de l'argent comptant passer une année à Londres. Je vous y mène et je vous avertis que deux Français bien recommandés, encore jeunes, qui se font estimer sont aux yeux de toutes les femmes les premiers hommes du monde... » Un beau mariage ! Cela ne vaut-il pas mieux qu'une gazette ? Mais, en prévision du beau mariage, Fontanes n'a plus en tête qu'une idée, c'est d' « établir sa considération » : cela le gêne, dans la combinaison d'un négoce, même littéraire.

Le 12 décembre, il a renoncé à ce négoce d'une feuille secrète. Rien à faire, en ce genre, dit-il, avec ces Anglais : « leur vie farouche et solitaire » les cantonne loin des frivolités spirituelles. On ne lit pas, à Londres ! Les jeunes gens de la cour boivent et font des courses de chevaux : « rien de moins littéraire ! » Aucun respect pour les artistes : le duc de Rutland envoie promener Reynolds qui travaille au portrait, flatté pourtant, de la duchesse. Ah ! le siècle de Charles II et de la reine Anne est bien passé ! Berquin s'est fait du tort en quémandant de porte en porte des souscripteurs pour son *Ami des enfants* : c'est une faute que Fontanes ne commettrait pas. Il prend des leçons d'anglais : dépense utile, pour le cas où il traduirait un autre Pope ou se marierait à Londres. « A propos d'argent, j'en manquerai bientôt... » Il va écrire à sa sœur, en Poitou : peut-être l'attendrira-t-il. Le loyer : onze francs par semaine, plus le charbon, la chandelle, plus les déjeuners, les soupers ; tout cela « enfle le mémoire ». Encore un mois, le temps qu'arrivent les subsides : mettons, avec les frais du retour, six cents livres au bas mot. C'est cher ! Mais : « Je crois que mon talent s'est doublé depuis que je hume les brouillards de la Tamise. Une région nouvelle, des mœurs opposées aux nôtres, un ciel, une terre, un peuple qui dans leur caractère monotone et bizarre parlent pourtant avec force à l'imagination, tout multiplie mes forces poétiques. J'achève un hymne dont j'ai l'idée depuis longtemps et qui je crois surpassera le Timothée de Dryden et le Barde de Gray. » Comme il est plus vivant que son talent, ce Fontanes! comme il a de l'entrain, comme il a confiance dans son génie ! C'est triste, que sa belle ardeur ne veuille point passer dans ses poèmes. Mais, Joubert, il l'oublie? « J'aurais dû vous parler d'abord de vous-même. Mais c'est l'idée sur laquelle je veux reposer. Elle est la dernière. Dépêchez-vous de vous bien porter et de vous réjouir, si vous voulez que je me porte bien et ne m'afflige pas... » Eludé ainsi le chagrin de Joubert, Fontanes revient à soi. Il prie Joubert de voir M. Beauce, l'éditeur : « Recommandez-lui mes petits formats, auxquels je suis attaché... » Que Joubert aille chez Mme de La Croix, « exprès pour lui dire que je l'aime et l'aimerai toujours ». Et Flins? « Qu'il boive à ma santé. Je l'embrasse. » Et : « Je vous parlerai ailleurs des billets que j'ai faits à Paris pour le mois prochain ou février... » Il est charmant, si égoïste, si malin, si insoucieux, si orgueilleux. Voilà Fontanes, si différent de l'œuvre de Fontanes !

Dernière lettre, le 20 janvier 1786. Eh ! bien, oui, Mlle Rouget de Lisle, sa sœur, lui annonce quelque argent, sept cents livres qu'elle lui envoie par l'intermédiaire du marquis de Marnésia. C'est lui qui l'a priée de recourir à ce chemin : sans doute n'est-il pas fâché de montrer à sa sœur qu'il a de belles relations à Paris, à Marnésia qu'il a du patrimoine en Poitou. En attendant, il dépense quinze francs par jour : « il faut jouer au wisk ou aller à la comédie ; refuser est impoli ». Il n'a point payé ses hôtesses. Et Marnésia ne se dépêche pas d'accomplir sa mission. Veuille Joubert secouer la nonchalance de ce Marnésia ; surtout, qu'il ne retienne pas une livre des sept cents livres pour les créanciers de Paris : impossible !... Impossible : il ne pourrait pas quitter Londres. Or, il commence de s'y ennuyer. Paris le tente : Londres est la ville du commerce, et non pas celle « des beaux-arts, de l'amour et du plaisir », trois choses dont il sent la privation. Paris, ses beaux-arts, ses amours et ses plaisirs le tentent si bien qu'il ne voit plus Londres d'un bon œil. L'Angleterre le dégoûte : « un pays où la canaille est opulente est un pays détestable pour les gens de mérite ». Il consent que « la populace ne souffre pas » ; mais il n'admet pas que, soutenant « son insolence naturelle sur la fortune », elle devienne « le fléau de tout ce qui pense noblement ». Quelles gens, qui, au théâtre, applaudissent le mieux ce que Shakespeare a de plus bas ! Shakespeare ? « à présent que ses idées sont mûres », il ne veut plus qu'on lui parle de ce Shakespeare : « dans l'effervescence de la première jeunesse, j'ai pu me permettre des saillies un peu fortes ; mais le temps de la raison est venu... » Il devient sage ? C'est qu'il s'ennuie.

Londres lui fait horreur. Les mœurs de Londres? Corruption! Et « toutes les catins anglaises sont voleuses. ». Il ajoute : « Plusieurs sont charmantes. » Mais en général, « elles ne connaissent nullement cet art de leur sexe qui renouvelle continuellement les désirs de l'homme » : voilà qui est dit, et fortement dit. Fontanes désire de revoir « ce beau ciel, cette belle terre, les aimables habitans du premier royaume de l'Europe. J'en dirais davantage... » Mais cinq heures sonnent; le crieur public vient chercher sa lettre; adieu.

Il était temps que Fontanes revînt à Paris.

Ce fut au mois de février qu'il arriva. Il revit Joubert et, touchant ses remarques de voyageur, lui conta mille et mille choses, dont Joubert a noté quelques-unes sur un feuillet. Les Anglais ne sont guère attentifs aux chiens et aux chats, n'aiment que les chevaux : La Fontaine, chez eux, n'aurait point écrit ses fables; tant pis pour eux! En Angleterre, Locke n'est plus à la mode parmi les penseurs : on lui reproche d'avoir nié, non pas les idées innées (tant pis pour elles), mais les perceptions innées. Joubert apprécie ce renseignement; et l'intelligent Fontanes est assez bien averti de philosophie. Ceci, quant aux Anglais, n'est pas mal vu : « Ce peuple est tranquille toutes les fois qu'il n'est pas agité violemment et son caractère lui tient lieu de police. Il est d'une humeur posée et qui donne aux passions le temps de s'amasser lentement et de croître; aussi ses sentiments sont-ils forts. » Entre eux et nous, différence complète, que Fontanes a clairement aperçue et que Joubert s'amuse à résumer ainsi : « Molière ne les fait pas rire. » Que pensent-ils de nous? et nous aiment-ils? Eh! bien, ce pasteur que Fontanes rencontrait chez les demoiselles Somerville et avec qui, le soir, il s'entretenait en latin, M. Langhen, sans nous haïr, ne nous admirait pas aveuglément, lorqu'il demandait à Fontanes s'il y avait chez nous « quelque chose de grand, dans le peuple » : *estne aliquid magnum?* — Parbleu! répond Joubert, en lui-même ; et il écrit : « [Ces gens] n'estiment une nation que par le rôle politique qu'elle est capable de jouer. » Je ne sais si Joubert s'arrête assez longtemps sur ce fait qui est grave, qui serait digne de ses méditations et de son inquiétude ; mais il s'impatiente et réplique : « On auroit pu lui répondre qu'il y avoit dans ce peuple quelque chose d'aimable, de doux, de gay, d'hospitalier, et aussi de fier et de hardi quand la nation avoit la guerre. Je ne scais pas si cette réponse lui eût donné de nous une opinion assés favorable... » Patriotique incertitude, alors nouvelle : un Français prend quelque souci de l'opinion que les étrangers professent à l'égard de la France; et il n'est pas sûr de les satisfaire, en leur rappelant les grâces de notre pays, sa bravoure à la guerre. Nos grâces ne sont pas contestées, — ne sont même pas contestées : — « C'est un peuple aimable », disent de nous les Anglais, au témoignage de Fontanes. Cependant, ce peuple aimable, on l'aime si peu qu'à Londres, dans les rues, vous ne verrez pas une enseigne française : « le peuple ne la souffrirait pas ». Quant à la bravoure de la France, elle n'est pas mise en doute; seulement, « on parle aujourd'hui de nos ministres, à Londres, comme leurs créatures en parlent à Versailles dans leur antichambre », et c'est tout dire. Fait-on cas de nous, cependant? Fontanes, bien renseigné, raconte que les Anglais nous marquent depuis peu quelque politesse; et depuis quand? depuis la dernière guerre, où ils ont éprouvé notre force. Pour plus d'estime, répondez: quel « rôle politique » la France est-elle capable de jouer? Joubert, qui là-dessus ne répond guère et qui cherche ailleurs les éléments de sa réplique, songe-t-il qu'au temps où les grâces et la bravoure suffisaient au renom de la France, la France avait ce rôle politique, de gouverner l'Europe? Et Joubert qui, pour remplacer cette hégémonie ou cette puissance effective, propose des équivalences de civilisation raffinée, de charme et de belle fierté, Joubert est au commencement de nos erreurs principales. Une terrible Europe s'est constituée, tandis que la France jouait avec ses lauriers. Joubert, causant avec Fontanes, en a le soupçon furtif et blessant.

Fontanes fut content de revoir Paris. Mais il revit ses créanciers; de sorte qu'après quelques semaines il quitta Paris et alla passer un bout de temps chez ses bons amis Marnésia. Il était à Saint-Julien lorsqu'y fut célébré le mariage de Mlle de Marnésia et de Claude de Beauharnais, le fils de Fanny. Le mariage eut l'air d'une « cérémonie funèbre ». Comment cela, et pourquoi? Fontanes était sur le point de le dire à Joubert: sa lettre est déchirée; qui l'a déchirée? et que nous cache-t-on?

Cette lettre-ci nous révèle, de la façon la plus vive, en son commencement, le véritable désespoir de Fontanes, ses embarras d'argent et les difficultés où est pareillement son ami Joubert. « La chose que vous me demandez est impossible... » Que demandait Joubert? On va l'entrevoir : « Sachez que j'ai affaire à l'homme le plus complètement bizarre qui existe... » C'est Marnésia, l'ami de l'humanité, le tyran de ses amis... « Loin de lui emprunter de l'argent, j'en demande à cent lieues et il ne m'en vient point. Si j'avais cent écus, mon cher ami, avec quel plaisir je quitterais cet ennuyeux séjour!... » Oui, le pays est « magnifique » : c'est Marnésia qui ne l'est pas. Fontanes déteste la vie : « Je n'ai que des souvenirs poignans et je ne vois dans l'avenir que des chagrins et peu de ressources. Le poids de mes dettes m'épouvante. Je ne sais comment me débarrasser... » Il s'est adressé, directement ou non, au contrôleur général, pour une pension : soudain, ce n'est plus M. de Calonne qui pensionne les gens de lettres : c'est le garde des sceaux. Voyez Miromesnil!... Toutes les démarches à refaire, et comment aboutir?... « Il ne me reste que le poison... » Le pauvre garçon se résoudrait à « vendre », il ne dit pas quoi, probablement un peu de terre que ses parents lui ont laissé, en Poitou. La vente payera ses dettes : et, pour ses créanciers, quelle aubaine! Mais lui? S'il lui reste, après cette « indispensable opération », cinq ou six cents livres de rente, c'est le bout du monde... « Nous avons trop compté sur les événemens. Je suis désabusé. Si vous ne faites pas fortune, de quelque manière que ce soit, songez que je mourrai nécessairement d'un coup de pistolet... » Le pistolet, ou le poison ?... Ni l'un ni l'autre. Et est-ce l'embarras du choix qui a sauvé Fontanes ? C'est sa vitalité superbe qui le tire de toute mélancolie, à merveille. Pour éviter en général l'excès de déplaisir où il tombe quelquefois, il a sa légèreté, il a sa bonne humeur naturelle et il a ses amours, qu'il ne prend pas au tragique, mais gaiement, et qui, sans le tracasser, le divertissent. Il a son goût de la poésie et d'une gloire qu'il escompte. A peine vient-il de signaler le pistolet comme son dernier recours, il annonce avec entrain qu'il a fini son Orphée et son Job, simplifié sa Forêt de Navarre et fortifié sa Chartreuse. En outre, il a lu les *Études de la Nature* et, M. de Saint-Pierre, il ne le juge pas mal : « C'est une tête bien faible. Mais il y a un tel charme dans son livre qu'il m'a consolé pendant trois jours. Lisez ce pauvre homme. Il vous fera plaisir, ou vous êtes endurci depuis deux mois... » Depuis deux mois qu'il ne l'a vu. Fontanes est à Saint-Julien depuis deux mois et il n'annonce pas qu'il s'en aille bientôt. Albert de Lezai raconte, dans ses Souvenirs, que Fontanes autrefois, l'hôte de son père, lui a donné des leçons de poésie française et a été son maître en quelque façon : ce dut être pendant ce long séjour de 1786 où Fontanes, hébergé, voulut sans doute se rendre utile. En terminant sa lettre à Joubert, il lui demande pardon des « anxiétudes » qu'il lui cause ; « mais, ajoute-t-il, les miennes sont au delà de toute expression. Aimez-moi en dépit de tous mes défauts, car je vous aime. Vous êtes le seul homme que j'estime, chérisse et honore sans restriction. Je suis presque éteint, mon bon ami... » Fontanes et Joubert sont amis et camarades, à la perfection. C'est gentil, que l'un écrive à l'autre : « Si vous ne faites pas fortune, songez que je mourrai... » Tant ils étaient liés !

Joubert n'était pas plus riche que Fontanes. Il devait dépenser moins et, de son mieux, éviter les dettes. Mais enfin, il avait mis beaucoup d'espoir dans l'entreprise anglaise : on le voit aux recommandations de gaieté que lui adressait Fontanes en lui annonçant l'échec. Eh ! bien, que va-t-il faire ? « Je suis charmé, lui écrit Fontanes, que vous travailliez. »

Il travaille. Il s'est mis à une nouvelle étude : les arts, en particulier la peinture, et aussi la sculpture, et même la musique. Ses lectures d'alors, les voici : — un essai sur la révolution opérée dans la musique par M. le chevalier Gluck; le dictionnaire de musique ; divers écrits relatifs à Bouchardon, à la fontaine de la rue de Grenelle et à la statue de l'Amour ; les ouvrages de l'abbé Du Bos ; les Vies des plus célèbres architectes et l'Idée du peintre parfait, par Félibien ; l'Entretien sur la vie et les ouvrages des peintres, par le même ; les Pierres gravées du cabinet du roi, les Pierres gravées de M. le duc d'Orléans ; les Observations sur les antiquités d'Herculanum, par Cochin et Bellicard ; etc. Il prend des notes.

Son intérêt pour la peinture n'est pas tout neuf et improvisé. Ne se souvient-il pas de ses causeries avec Diderot quand, à propos de la *Belle-mère* (de Greuze), il écrit : « Pardieu, ce sont bien là les traits de la fille d'une méchante femme ! et je parîrais que l'autre est la mère d'un homme de bien ! » Puis : « Ils l'appelleront leur belle-mère ; ce n'est pourtant pas sa beauté qui a pu vous séduire quand vous avez oublié pour elle vos enfans et votre première épouse ! » Littérature ! dira-t-on. C'est le reproche qu'on fait, d'habitude, aux Salons de Diderot. Or, en 1781, Greuze, qui achevait sa *Belle-mère*, expliqua son tableau, dans le *Journal de Paris*. Depuis longtemps, il avait envie de « tracer ce caractère ». Un jour, il passait sur le Pont-Neuf ; il rencontra deux femmes qui se chamaillaient. L'une pleurait et criait : « Quelle belle-mère ! Oui, elle lui donne du pain, mais elle lui brise les dents avec ce pain ! » Ce fut, dit Greuze, « un trait de lumière pour moi ». Il y a des paroles, dans les tableaux de Greuze. Sa peinture est littéraire. Diderot et, après lui, Joubert ne se trompent pas en la jugeant littérairement. Mais Joubert ne juge pas ainsi tous les peintres. Il donne très joliment l'idée du charme de Poussin, quand il écrit : « Voyez ces deux paysages de Poussin. Le premier fait aimer la solitude, l'autre fait aimer les lieux habités. » Il n'a pas tort, il n'abuse pas de la littérature et il est dans l'esprit même de l'art et de tout art, s'il veut qu'une belle pensée trouve dans un tableau, comme dans toute œuvre d'art, son expression ; s'il dénigre un *Saint Vincent* de ne pas figurer « la joye de l'homme bon qui apporte une bonne nouvelle » ; s'il exige d'un *Crucifiement* qu'il ne montre pas seulement « un corps fait pour être livré à la sépulture », mais un corps qui va ressusciter et enfin « la mort d'un homme et la vie d'un dieu ». Il ne néglige pas la technique, non plus d'ailleurs que Diderot. Par exemple, il s'informe avec beaucoup de curiosité des procédés, et même des manies, de Lantara. Ce peintre est mort l'année que Joubert venait à Paris. Mais Joubert voit des gens qui l'ont connu. A dîner chez un peintre, il se fait dire et il note « l'usage que Lantara faisait de son doigt ». Lantara ne se servait que d'un seul pinceau qu'il essuyait à son bras ou à ses joues, non à un linge, tout linge laissant un duvet qui nuit à la délicatesse du trait. Un seul pinceau : Lantara disait que le pinceau, « retenant toujours quelque teinte de la couleur qu'on venoit d'essuyer, en laissoit apercevoir le mélange sur la toile et donnoit ainsi plus d'harmonie à tous les tons ». Joubert inscrit cela sur ses carnets.

David l'occupe singulièrement. Il n'aime pas *La douleur et les regrets d'Andromaque sur le corps d'Hector son mari*, tableau de 1783 et pour lequel David fut agréé à l'Académie royale : « David ! relève ton génie et ton Andromaque assise ! » Andromaque est assise en effet sur une chaise, une chaise de luxe, et fait un geste d'orateur, un geste qui valait bien qu'elle se levât de sa chaise. La *Stratonice*, qui est l'œuvre pour laquelle David eut le prix de Rome en 1774, Joubert y a des objections, et assez drôles. Il considère que c'est une faute d'avoir imaginé Stratonice « modeste et d'une beauté délicate ». C'est vrai que David (comme Ingres plus tard) lui a donné l'air d'une très pure et décente jeune fille. Pour inspirer à son beau-fils

Antiochus un amour qui le mène aux portes de la mort, Joubert demande une autre gaillarde ; il veut d'autres charmes, et moins virginaux, pour « allumer le sang » d'un beau-fils, une personne « éclatante d'embonpoint et de santé » ; il réclame, pour un tel office, « une physionomie de tempérament plutôt que de caractère, et le sein qui s'avance au-devant des yeux et semble étaler son sexe à tous les regards ». Un autre peintre a fait ainsi Stratonice : celui-là, dit Joubert, « a mieux connu la nature ». Je n'ose conjecturer qu'il y ait là un indice des goûts que séduisit en Joubert Agnès Lebègue; mais enfin, ses goûts féminins de cette année-ci, ne les ignorons pas. Il note que telle femme plaît « par ses formes », une autre par « ses mouvements ». Il donne à la première « un corset qui la moule, un seul juppon, une simple cornette » ; l'autre a besoin de falbalas. Il aime mieux la première, celle qui a des formes ; il la préfère à celle qui a de la grâce : il ne trouve pas la grâce « plus belle encore que la beauté ». La gracieuse, on la « suit avec plaisir » ; l'autre, on s'arrête devant elle et l'impression qu'elle a faite est « seule durable ». En somme, ce n'est pas pour une petite Stratonice gentille que Joubert eût consenti les folies d'un Antiochus. Et l'on voit bien que sa critique d'art n'est pas de pure littérature. Il examine le *Bélisaire* de David. Les personnages sont Bélisaire accroupi, un enfant contre lui tendant le casque à l'aumône, une femme qui apporte son obole, et un soldat stupéfait de voir son général réduit à la mendicité. Joubert s'aperçoit que Bélisaire, l'enfant et la femme « grouppent » parfaitement ; mais le soldat ne

« groupe » ni avec eux, ni avec certains personnages du second plan, « ni, pour ainsi parler, avec lui-même ». Et Joubert ne se trompe pas. Il se trompe si peu que David a reconnu sa faute. Reprenant son tableau de 1781 trois ans plus tard, il a déplacé le soldat, l'a écarté de la femme et, entre la femme et lui, a ramené quelques-uns des personnages secondaires : le tableau garde sa faiblesse, que Joubert a très bien saisie. Alors, Joubert fixe la règle. Pour qu'un groupe se forme, il faut qu'il y ait « une liaison entre le mouvement de chaque figure et de celle qui suit » ; il faut que « les attitudes des personnages s'enchaînent »; il faut qu'on ait observé, dans la couleur, les traits et les expressions, « des nuances qui se fondent »; il faut que cet arrangement se manifeste au regard « et à l'esprit » et que le « souvenir » du groupe soit facile. Et, pour qu'une figure « grouppe avec elle-même », il faut qu'elle ait « une vérité d'expression comme de conformation qui la replie sur son propre individu et lui donne un mérite absolu et indépendant ». Parlant dessin, Joubert associe la valeur expressive à la beauté linéaire; ainsi se réunissent l'art et la technique.

La justesse et la sensibilité intelligente de Joubert, en art, sont parfaites, à mon gré, dans cette analyse de Rembrandt : « C'est une si belle chose que la lumière que Rembrandt, avec ce seul moyen, a fait des tableaux admirables. Ses personnages sont le plus souvent ignobles, leurs attitudes grotesques, et ceppendant on ne les regarde pas sans gravité et sans respect, tant cet artiste est imposant par son talent à saisir et à exprimer les effets les plus frappants des ombres et de la clarté... Il n'a représenté qu'une nature basse, contrefaite, ridicule et ceppendant ...on n'éprouve en regardant ses tableaux que de l'admiration et des impressions grandes. Il se fait, à leur aspect, une sorte de clarté dans l'âme, qui la réjouit, la satisfait, la charme. On ne considère pas les traits de ses figures, mais les effets de la lumière sur ces traits... Elle cause à l'imagination une sensation presque semblable à celle qu'éprouveroient des hommes enfermés dans un cachot depuis le moment de leur naissance, si tout à coup le toît venoit à s'ouvrir et qu'au milieu de ces ténèbres ils vinssent à se considérer mutuellement aux rayons les plus purs du jour admis pour la première fois dans leurs yeux... » Joubert compare Rubens et Rembrandt : « Ce que Rembrandt a fait avec le clair-obscur, Rubens l'a fait avec l'incarnat; l'un a régné par les couleurs comme l'autre a régné par la lumière... » Et le second « sçavoit rendre tout éclatant », le premier « sçavoit tout illuminer » ; Rubens est « riche » et, Rembrandt, « magique ». Je ne sais si personne, au XVIIIe siècle, a ainsi parlé de Rembrandt. Ce ne fut pas Diderot, certainement : ses remarques (dans l'*Essai* et les *Pensées détachées sur la peinture*) sont fines et ne vont pas loin, ne vont pas au delà des apparences. La peinture de Rembrandt, Diderot l'a vue ; mais la pensée de Rembrandt, Joubert l'a entendue : il sait comment le peintre des *Pèlerins d'Emmaüs* transfigure, magicien, la laideur par la lumière et la matière par l'esprit.

De ses observations sur des peintres ou des

tableaux, Joubert a tiré quelquefois des règles et les éléments d'une esthétique. Par exemple, c'est une idée très juste qu'il formule ainsi : « Quand le peintre veut représenter un événement, il ne scauroit employer un trop grand nombre de personnages ; mais il n'en scauroit [employer] trop peu quand il ne veut représenter qu'une passion. » Il dépasse les préceptes et arrive à une définition de l'art. Il étudie la nature et la qualité de l' « imitation » qui est l'art : on imite les objets qu'on voit, dit-il, et aussi les objets que d'autres ont imités ; puis on représente « ses propres conceptions », et c'est l'art véritable. Il va plus loin : il explique, comme on ne s'en avisera que plus tard, que l'imitation, dans les arts, est symbolique. « Une imitation, dit-il, ne doit être composée que d'images. » Les expressions que le poète prête à un homme passionné ne sont pas les mots qu'emploie l'homme passionné, mais « l'image de ces mots » ; pareillement, les couleurs dont un peintre se sert ne doivent être que « l'image des couleurs réelles » ; pareillement, les sons, dans la musique, « les images des sons réels ». Et « c'est la grande règle, la règle première, la règle unique » : tous les « excellens artistes l'ont observée et entrevue », mais on ne l'a pas formulée. C'est le symbolisme ; c'est le contraire exactement du réalisme; et c'est l'art même.

Joubert, on l'a vu, réunit les différents arts dans sa théorie unique de l'art. Et il se fait de l'art une très haute idée, si haute qu'elle domine toute notion de fabrique ou d'habileté. Il constate avec joie qu' « Apelle et Raphaël, qui furent les plus grands peintres, étoient des hommes parfaits ». L'art, ainsi conçu, prend une valeur intellectuelle, et morale, et sociale : Joubert voudrait que tout homme y eût part, le peuple aussi. Et il déplore que l'art ne soit pas mêlé à notre vie, mais soit confiné : que de chefs-d'œuvre « emprisonnés et cachés dans les maisons des grands » ! De tout son cœur et de toute sa pensée, Joubert convie le peuple aux délices de l'art ; et, si les grands sont jaloux de leurs trésors, il demande qu'au moins les spectacles dramatiques soient pleinement ouverts à la multitude, afin qu'elle goûte le plaisir « d'un beau son, d'un beau geste, d'un beau langage et d'une belle voix ». Sans doute, en ce temps, le théâtre donnait-il ce plaisir.

Il y a, dans tout cela, plus de science et d'invention, plus de fantaisie savante et ingénieuse qu'il n'en faut pour alimenter, dans aucun journal, une critique d'art. Joubert ne va-t-il pas écrire un peu dans les journaux ? Il n'est pas riche.

Joubert a-t-il été journaliste ? — Non ! répond Paul de Raynal, gendre d'Arnaud Joubert : et cependant Arnaud Joubert assure que Joubert et Fontanes s'étaient liés à l'occasion d'un « article de littérature » publié par Joubert dans un journal. — Oui ! réplique l'abbé Pailhès : et il ne lui suffit pas que Joubert ait imprimé quelques articles, mais il l'appelle un publiciste [18].

Pour ce qui est de l'époque où nous voici, constatons que, si Joubert et Fontanes avaient eu leurs habitudes et leurs facilités dans un journal de Paris, ils n'auraient pas tant cherché à fonder une feuille secrète. Joubert essayera les journaux parisiens : oui, après l'échec de la tentative anglaise.

Au printemps de l'année 1786, il taquine les *Variétés littéraires* de l'abbé Coupé. Un bon homme, cet abbé Jean-Marie-Louis Coupé, successeur de l'abbé Batteux dans la chaire de rhétorique au collège de Navarre ; puis gouverneur du prince de Vaudémont, et il voyage avec son élève en Italie, en Suisse, en Allemagne ; au retour, censeur royal et garde de la bibliothèque du roi pour le dépôt des titres et généalogies. Lorsque les révolutionnaires viendront lui réclamer la clef de ce dépôt, Coupé saura leur dire : « Je tiens cette clef du roi, c'est au roi seul que je la rendrai. » La Révolution le houspillera ; il devra s'enfuir ; et il confiera ses douleurs aux métaphores cadencées d'un poème latin : l'humanisme a des sérénités élégantes. Pour le moment, Coupé publie de quinzaine en quinzaine quatre séries de *Variétés littéraires* : « l'année historique », « littérature légère », « l'histoire soumise à l'opinion » et « anecdotes ». Le 23 mars 1786, le fascicule de « l'histoire soumise à l'opinion » raconte une aventure assez scandaleuse : Régulus — et l'on connaît Régulus ! — ne craignit pas, et par deux fois, de recourir aux plus viles manœuvres pour capter des héritages, premièrement celui de Blésus, riche consulaire, secondement celui de Véranie, veuve de Pison ; circonstance aggravante, Régulus avait été l'ennemi de Pison. L'abbé Coupé, en note : « Les deux traits que j'ai cités de Régulus étonnent dans un très grand homme... » En effet, Régulus a vaincu les Carthaginois et, tombé dans leurs mains, a donné les preuves d'une célèbre constance. Comment se fait-il qu'un si grand homme chaparde la fortune des moribonds ? L'abbé Coupé médite à ce propos : ou bien Régulus n'était pas, dès sa jeunesse, un si grand homme ; ou bien Régulus est l'exemple de ces âmes dans lesquelles de grandes qualités voisinent avec de « petits vices » ; sait-on jamais, avec les âmes ?... Imbécile ! Le grand Régulus, vous le dites vous-même, a flori à l'époque des guerres puniques ; et votre Régulus, s'il a été l'ennemi de Pison, c'est qu'il était le contemporain de Néron : vous embrouillez deux Régulus et vous déshonorez l'un par l'autre ! Joubert se fâche et il écrit au directeur des *Variétés littéraires* une lettre plus vive que narquoise : « Un anachronisme est en général peu de chose, mais celui [-ci] me paroît injurieux à la nature humaine. » L'abbé Coupé se garda d'insérer cette rectification désobligeante. Il préféra le déshonneur de Régulus au ridicule de son recueil. Seulement, il évita de plus risquer l'anachronisme et les bévues auxquelles vous expose le commentaire historique. Il cessa de soumettre l'histoire, qui est une réalité immobile, à l'opinion, qui est faillible. Dès le numéro suivant, 1er avril 1786, la troisième série des *Variétés littéraires* est remplacée par de simples *Traductions* : c'est beaucoup plus sûr.

Mais voici Joubert journaliste, ou peu s'en faut.

En 1784, avait paru cet ouvrage : *Saggi sul restabilimente dell'antica arte de Greci e de Romani pittori del signor abbate D. Vincenzo Requeno*, — « Essais sur les moïens de recouvrer et de mettre en usage l'ancienne manière de peindre des Grecs et des Romains, par M. l'abbé D. Vincenzo Requeno, Venise, chez Jean Gatti ». Cet ouvrage, les archéologues et autres spécialistes le connaissaient en France. Le *Mercure* l'avait mentionné. Les *Nouvelles de la république des lettres et des arts*, de Payen de la Blancherie, également : celles-ci, au mois de mai 1786, annoncent même qu'en Italie M. Tomaselli réfute les assertions de l'abbé Requeno. Joubert ne fut pas des premiers avertis : c'est pendant l'été 1786 qu'il lut les *Saggi*. Avec intérêt : il y découvre les « traits d'une imagination vive » et une « matière importante ». Ce lui sera le sujet d'un article. Il prend des notes et, au mois d'août, essaye plusieurs brouillons. Pour quel journal travaille-t-il ? Je ne le sais. Je ne suis même pas sûr qu'il le sache. Mais pour un journal, sans nul doute. Son article est rédigé, selon l'usage du temps, sous la forme d'une lettre « aux auteurs du journal [19] ». Il commence : « Messieurs, je viens de lire un ouvrage italien, dont l'auteur, Il signor abbate Vincenzo Requeno, propose aux modernes de rétablir dans la peinture l'usage de l'ancienne enkaustique des Grecs... » Joubert est au courant de la question. Ne l'a-t-il pas examinée autrefois avec Diderot ? En tout cas, il connaît *L'histoire et le secret de la peinture en cire*, traité que Diderot avait destiné à l'*Encyclopédie* et dont il fit une brochure sans nom d'auteur, pour laisser les honneurs de l'*Encyclopédie* (article *Encaustique*) à M. Monnoye. Joubert sait que Diderot s'est querellé, sur l'encaustique, avec le comte de Caylus. En 1749, M. Bachelier peignit à la cire un tableau de Zéphire et Flore. Cinq ans plus tard, Caylus fit exécuter, par M. Vien, une tête de Minerve et, après cela, fut persuadé qu'il avait découvert le procédé des anciens. Diderot, qui détestait Caylus, tint pour la priorité de Bachelier; Monnoye semblablement. Vieille querelle; et, dit Joubert (dans l'une des notes qui ont trait à son projet d'article) « M. Bachelier a le premier mis l'encaustique en usage et M. de Caylus en a parlé le premier », voilà tout.

Joubert écrit donc : « On est en général peu d'accord sur le mérite des peintres anciens... » C'est que leurs ouvrages sont détruits... Joubert ne se rappelle-t-il pas une autre querelle de Diderot, touchant les mérites de Polygnote, querelle dont il s'est mêlé?... Joubert incline à penser comme Diderot : la valeur des peintres antiques nous est certifiée par « les louanges dont les ont honorés des hommes d'un goût exquis et d'un grand sens ». Les peintres antiques ont ignoré « quelques parties essentielles de l'art que nous avons » : ils suppléaient à nos procédés par d'autres procédés, lesquels avaient leurs avantages. C'est ce que Joubert se propose de montrer, suivant les expériences qu'a menées à bien l'abbé Requeno en « homme de tact » et en « homme sensible ». D'ailleurs, il s'adresse aux « vrais amateurs » et « artistes dignes de ce nom ». Petit public, hélas! honorable, mais peu nombreux! Alors, Joubert : « Comme cette matière ne peut intéresser qu'un petit nombre de vos lecteurs, je n'oublierai pas qu'elle doit occuper peu de place dans chacune de vos feuilles... » Mais : « Je multiplierai mes lettres, pour être court. » C'est donc une série d'articles que Joubert annonce. Dans sa première lettre, il expliquera la façon de peindre des anciens. Les anciens « se servoient de cires colorées et fondues qu'ils préparoient à cet usage par un mélange d'huile, d'encens, de savons ou autres substances dont l'abbé Requeno... » Joubert en est là de son brouillon, quand il se détourne soudain de la route où il est engagé : « Avant toutes choses, qu'on me permette quelques réflexions en faveur des arts... » Tiens ?... Joubert ne paraît pas très bien assuré de son plan d'articles. Et, quelques réflexions en faveur des arts, à quoi bon ? C'est qu' « on ne les a pas encore assés loués », dit Joubert. Plus exactement, il entend répliquer à des doctrines qui sont à la mode et qui commencent à faire des dégâts : « Quelques philosophes, en les admettant au nombre des vraies richesses humaines, semblent les avoir relégués dans la classe des objets d'un luxe inutile... » Mais oui ; et nous reconnaissons-là une théorie, par exemple de ce Sébastien Mercier qui sacrifie les arts à la philosophie et la beauté à l'utilité ; une théorie qui devait sévir à l'époque pré-révolutionnaire, ou déjà révolutionnaire, et qu'on a vue et qu'on reverra de même à toutes les époques de désordre intellectuel. Certes, en 1786, Joubert est bien un philosophe, et de son temps. Mais il ne cède pas à toutes les folies ; en particulier, il ne tolère pas que l'art soit dédaigné au profit des penseurs ou avili par eux. Ce n'est pas lui qui favorisera cette ignominie d'un art soumis à la berlue sociale ; d'autant moins qu'il considère (et ici son esthétique et sa philosophie s'accordent) que l'art a en lui-même, et de par sa beauté, une vertu sociale. Ces philosophes qui dénigrent les arts devraient « les compter entre les biens les plus importans de la société perfectionnée ». Et nous voyons la position philosophique de Joubert ; elle n'est pas mauvaise : il réforme la société, il ne la supprime pas, il la perfectionne. Or, quel est le rôle des arts, dans la société perfectionnée ? Ils nous permettent de connaître les « conceptions des esprits sublimes ». Les « rêveries » des esprits sublimes sont « des voyages qui les transportent dans un monde plus beau et qu'il importe à notre bonheur de connoître »... Seulement, ces merveilleux voyageurs ne peuvent raconter leurs parcours « avec la parole, qui, destinée à désigner les objets terrestres, participe de la grossièreté » d'ici-bas. « Il est des choses admirables qui peuvent bien être représentées, mais non pas décrites. Il est des émotions tellement délicates et des objets tellement ravissans qu'ils ne peuvent être exprimés qu'avec des sons ou des couleurs. On doit regarder les arts comme un moyen nécessaire de communication entre les habitans d'une sphère supérieure et nous... » Bref, « si la peinture et la musique n'existoient pas », nous ignorerions bien des choses, et peut-être l'essentiel. Cette idée est belle, et elle est ici pour la première fois (si je ne me trompe) et de très bonne heure : l'idée de l'art qui a pour objet, non de décrire, mais de suggérer. Voilà, comme je l'appelais, le symbolisme de Joubert ; et ce symbolisme a, dans sa pensée, de l'étendue.

Le brouillon s'arrête-là. Joubert n'est-il pas content de ce début? Il recommence : « Messieurs, j'oserai vous avouer que j'aime peu de tableaux, peu d'opéras, peu de statuës et peu de poëmes. Cependant j'aime beaucoup les arts... » Et il appuie sur ces deux lignes sa diatribe contre les philosophes à la Mercier. Il reprend ce qu'il a écrit déjà, modifie quelques mots, trouve des formules nouvelles : sans les arts, dit-il, « l'homme le plus parfait et le plus juste ne pourroit éprouver que la moitié des plaisirs dont son excellence le rend susceptible et qu'une partie du bonheur que lui destinoit la nature » ; sans les arts, « on ignoreroit jusqu'où la vie peut être heureuse et l'âme enchantée ». Il y a de l'épicurisme et il y a les signes d'une intelligence voluptueuse, dans cette idée de l'art. Qui n'en voudrait complimenter Joubert? Il n'est pas de ces ennuyeux qui, tout affligés de mornes disciplines, vous attristent l'art même et confisquent au profit de leurs sombres toquades l'art, votre plaisir ou votre divertissement.

Une fois encore, le brouillon s'arrête. Joubert n'est pas certain de vouloir préluder par l'éloge des arts. Il retourne à sa première intention, d'entrer en matière avec le problème de la peinture antique : « Aux auteurs du journal. Messieurs, on scait que les anciens peignoient avec la cire et le feu.. » Etc. Mais, après quelques lignes, un autre épisode du sujet le tente : c'est l'invention de la peinture à l'huile : « Ce fut une grande nouveauté dans la peinture lorsque Jean de Bruges, au XIVe siècle, eut imaginé le secret de peindre à l'huile. On vit naître, pour ainsi dire, un art nouveau, de nouvelles couleurs, un nouveau talent et l'homme se sentit susceptible d'un plaisir de plus... » Belle histoire ! Le secret de peindre à l'huile fut estimé si précieux que jamais il ne fut vendu : « il ne se transmit que comme un don de l'amitié libérale ». Antonello le reçut ainsi de Jean de Bruges et le livra ainsi à Dominiquo de Venise, lequel en fit part, de pareille manière, à André del Castagno. Mais André del Castagno « attacha à le posséder un bonheur excessif qui le rendit cruel » : il voulut jouir seul du splendide secret et il assassina son bienfaiteur. « Cette belle découverte fut divulguée quand elle eut ainsi fait couler le sang : elle devint vulgaire et s'est perpétuée... » Or, le châtiment du crime se perpétue dans l'usage de la peinture admirable et profanée : « On a dit que l'huile étoit aux tableaux ce que le sang est au corps humain. L'huile en effet donne aux tableaux la vie et la beauté. Mais elle leur donne aussi la mort. » Elle ravage les couleurs, étend les ombres, confond les nuances et rompt les harmonies. Peinture admirable et mortelle ! Plus belle que la fresque, laquelle ne convient que dans les dômes; plus belle que le pastel, avec ses aspérités de craie, blessantes pour les yeux ; plus belle que l'émail !... L'émail pourtant « offrira toujours l'image d'un cristal, d'une eau pure et enchantée, qui reproduit les objets avec fidélité, mais d'où s'élève éternellement une vapeur légère et d'aériens nuages » : l'émail n'a que l'ennui de « ce fini qui fatigue par l'idée du soin qu'il porte avec soi ». Joubert a si bien célébré les mérites de la peinture inventée par Jean de Bruges qu'il renonce, je crois, à recommander le retour aux anciennes méthodes et à l'encaustique.

Que d'aperçus clairs, pénétrants et profonds, dans ces brouillons, et ornés des mots les meilleurs, les plus jolis ! Ce qu'on ne voit guère se dessiner, c'est l'article de journal. Quant à la série des articles, Joubert fut un moment sur le point de préparer sa philosophie des arts par une étude de quelques monuments parisiens et notamment de la nouvelle église Sainte-Geneviève. Alors, il abandonne Requeno ? Il ne sait pas. De ses riches brouillons, Joubert a-t-il pu tirer des articles ? Je crois que non, parce que j'ai cherché ces articles dans les journaux de l'époque et n'ai rien trouvé. Je crois que non, surtout, parce que ces ébauches d'articles, plus je les examine, plus je sens qu'elles ne tendent pas et ne s'épanchent pas vers l'article, mais au contraire se rétractent. Je crois qu'en 1786 Joubert ne sait pas du tout faire un article de journal : sans reproche ! Et c'est ce qu'on verra mieux encore, si l'on examine un autre essai de Joubert, l'éloge de Pigalle.

Pigalle était mort le 21 août 1785. Joubert l'avait-il connu ? Je crois que oui ; mais principalement, je l'ignore. Par Diderot, peut-être ; et il était en relations avec beaucoup d'artistes. Rien, dans son *Eloge de Pigalle*, ne prouve qu'il ait vu, ou n'ait pas vu, le sculpteur qu'il étudie. Il étudie l'œuvre surtout ; l'homme aussi : l'homme, en quelque mesure, l'œuvre le lui révélait et il a pu recueillir ici ou là les plus utiles renseignements.

Il destinait à un journal cet *Eloge*. L'un de ses brouillons débute ainsi : « Aux auteurs du journal. Messieurs, dans une assés nombreuse assemblée, on s'entretenoit, il y a quelques jours, de feu M. Pigalle et de ses ouvrages... » Un autre brouillon : « Messieurs, souffrez qu'en vous communiquant quelques détails sur la vie et les ouvrages de feu M. Pigalle, je partage avec vous les soins que vous devez à sa mémoire... » Sur le premier de ces feuillets, Joubert a noté ceci : « 41 lettres, petit caractère, par ligne ; 39, gros caractère ; 52 lignes par colonne ; 62 lettres par ligne manuscrite ; 57 lignes par colonne. » Il compare la densité de sa copie et celle du journal imprimé auquel il l'enverra. Il a soin d'écrire un article de bonne dimension. Le directeur lui a dit, probablement : — Bien ! C'est convenu ; mais ne faites pas trop long. — La précaution qu'il a de compter lettres et lignes permet de penser qu'il n'écrivait pas dans ce journal très souvent et que l'art modeste d'écrire pour les journaux ne lui était pas familier : il n'aurait pas eu tant de peine à évaluer la longueur de son article. Mais il destinait son *Pigalle* au *Journal de Paris*, comme l'atteste un autre compte de lettres et de lignes : « Dans le *Journal de Paris*, il a par ligne 41 lettres petit caractère et 39 caractère gros ; il y a par colonne 52 lignes. » Voilà Joubert qui écrit au *Journal de Paris*. Seulement, si nous cherchons dans ledit journal son article, nous ne l'y trouvons pas. Nous y trouvons un article sur Pigalle : mais ce n'est pas celui de Joubert. Qu'est devenu l'article de Joubert ? L'article du *Journal de Paris* ne parut que tardivement, plus d'une année après la mort de Pigalle, le 12 septembre 1786 ; et voici le commencement : « Nous nous proposions, à la fin de l'année dernière, de payer à la mémoire de M. Pigalle le tribut d'éloges que nous sommes dans l'usage d'offrir à celle de tous les hommes qui se sont distingués dans les lettres, les sciences ou les arts. Un amateur nous fit espérer un éloge de cet artiste célèbre; mais nous l'avons attendu vainement. Nous y suppléons aujourd'hui par la notice qu'on va lire... » Eh! bien, cet « amateur », il n'en faut pas douter, c'est Joubert. A la mort de Pigalle, Joubert eut le projet de composer cette nécrologie d'un artiste qu'il admirait, qu'il n'admirait pas sans réserve et dont l'étude lui servirait de prétexte à énoncer quelques-unes de ses idées. Qu'arriva-t-il? Le *Journal de Paris*, avec une remarquable patience, attendit l'article de Joubert. L'article ne vint pas. Le *Journal de Paris* commanda, je ne sais point à qui, à l'un de ses rédacteurs moins nonchalants, une notice et la publia. Pourquoi Joubert ne donna-t-il pas son article? C'est qu'il ne le termina point. L'une de ses rédactions porte, à la fin, ces mots : « achevé le 16 mai 1786 ». Mais cette rédaction ne contenta point Joubert. Il recommença de travailler, de recopier, d'ajouter des pensées nouvelles, d'en supprimer d'autres, de refaire plusieurs passages. Il travailla beaucoup; il était scrupuleux, méticuleux : ses brouillons révèlent son délicat souci d'écrivain, ses volontés fines et honnêtes, son désir passionné d'améliorer toujours les phrases, les mots. C'est ainsi que l'éloge de Pigalle ne fut jamais fini. C'est ainsi que le *Journal de Paris* l'attendit vainement, puis raconta que l' « amateur » l'avait mis en retard avec la mémoire de M. Pigalle, cependant que l'amateur écrivait, dans l'un de ses brouillons, d'une façon simple et comique : « On s'étonne que, depuis sa mort, vous n'ayez fait encore dans vos feuilles aucune mention d'un artiste si célèbre ; sans doute son éloge eût suivi de plus près sa perte si ses amis vous avoient plus tôt fait connoître son histoire. » Il ne plaisantait pas.

Ce qui d'abord frappe Joubert, dans les œuvres de Pigalle[20], c'est le réalisme, une manière « exacte et scavante » d'imiter la nature. « Ce n'est pas là, remarque-t-il, simplement une image, mais un objet réel. Ce n'est pas simplement un ouvrage, mais un être qui prend dans l'univers une place, au rang des êtres véritables. » A cet égard, Pigalle est un grand maître : « Aucun artiste de cet ordre n'avoit, avant lui, pu se résoudre à représenter un si grand nombre de détails que le bon goût se plaît à couvrir de voiles, mais que l'art, dans tous les systhèmes, aime à considérer nuds, parce qu'il peut avoir besoin de les reproduire pour une infinité d'usages... » La critique n'est pas loin : « Je blâmerai seulement Pigalle de n'avoir pas fait un bel emploi de cette nature sans beauté. Quand il osa l'étaler dans des monumens publics, il auroit dû lui donner quelque sublime destination. Une place publique, un vestibule, un temple ne sont pas un atelier. Il ne suffit pas que les artistes y trouvent des sujets d'observation et des modèles, il faut que les hommes y trouvent tous de grands plaisirs et que les chefs-d'œuvre de l'art y présentent aux citoyens des objets de contemplation qui puissent les rendre plus heureux et les rendre plus sages. Malheureusement, Pigalle avoit moins d'esprit que de talent. Quand il ne restoit plus rien à faire à ses mains, il ne restoit plus rien à désirer à son génie. Aussi éprouve-t-on quelquefois à l'aspect de ses meilleurs ouvrages le mécontentement que vous cause la peinture de la difformité toutes les fois qu'elle n'est pour nous qu'un étonnant spectacle Avec une idée de plus, Pigalle auroit toujours aisément mérité tous les suffrages... » Ces lignes résument fort bien la doctrine de Joubert, touchant les rapports de l'art et de la réalité. Qu'on imite de près la nature et qu'on en copie même la laideur : Joubert y consent. Mais il veut que, portée de la réalité dans l'art, la laideur ait sa raison d'être et comme son rachat : c'est l'idée au service de laquelle l'artiste n'a pas craint d'employer la laideur. Le réalisme, tel que l'admet Joubert, aboutit à un idéalisme qui a multiplié sans fausse honte ses vifs moyens d'expression.

Ce qui manque au réalisme de Pigalle, c'est l'idée. Cela posé, Joubert, dont la critique a désormais tout loisir d'être complaisante, va suppléer à ce défaut : « J'ai souvent réussi de cette manière à le mettre moi-même à l'abri de ma propre censure. » Exemples de cette opération charmante : « Quand je regarde son Voltaire, je fais en imagination un léger changement dans l'expression des traits, je fais un autre changement dans l'attitude de la tête. Je donne à toute la statue une contenance haute, et Voltaire en nous montrant son corps usé par ses travaux et par l'étude encore plus que par le temps me semble alors nous dire à tous : Soyez justes et ne me refusez pas la louange, car vous voyez de quel prix j'achetai la gloire. » Joubert fait de pareils changements au mausolée du duc d'Harcourt : il donne aux regards du héros une plus belle expression de courage et de tendresse ; il lui élève une des mains vers le ciel et quand, de l'autre main, le héros découvre un corps prêt de s'évanouir en poussière, l'image semble dire : « Eh quoi ? ne voyez-vous donc pas que je vais devenir incorruptible ? » Et Joubert : « J'ose croire que si l'artiste avoit développé de semblables motifs aux peintures de ces monumens, ...ils seroient l'un et l'autre devenus irréprochables. C'est que les objets qu'ils représentent seroient devenus beaux en quelque sorte lorsqu'on auroit ainsi considéré, dans l'un, au milieu des ruines de la décrépitude, ce désir de la gloire qui est le bonheur du dernier âge, et dans l'autre, au sein de l'homme exténué, cette paix des âmes fortes qui mêle la joye à la mort et qui vient des grandes pensées. » La réalité que transfigure l'idée, et le réalisme gouverné par des volontés idéalistes, voilà l'esthétique présentée par Joubert à l'occasion de Pigalle. En 1786, elle annonce un art qui s'est épanoui au XIXe siècle et elle indique aussi la règle que cet art n'aurait pas dû négliger.

Ses principes d'art, Joubert prétend les emprunter aux anciens : « Lorsque, dans leurs ouvrages, ils ne représentoient pas le beau physique, ils y représentoient le beau moral... Chez eux, la difformité même offroit encore à la pensée une invisible image de la beauté absente. On reconnoissoit dans les traits de leurs vieillards la place où fut la jeunesse et leurs représentations de la maladie et de la mort elle-même avoient dans leur exactitude un caractère qui portoit à la mémoire un souvenir égaré de la vie et de la santé perdues... » Pigalle au contraire ne montre pas « un corps où l'on songe que fut la santé », mais un corps « où l'on croiroit que la santé ne put pas être ». C'est qu'il était « comme amoureux d'une sorte d'excès dans l'expression » ; et c'est qu' « il étoit né souverainement sculpteur, comme les anciens étoient nés souverainement poètes ». Dès l'enfance, Pigalle se plaît à modeler, avec une opiniâtre application ; et il ne dessine pas beaucoup : « Je ne m'en étonne pas. Ces ombres faibles que trace le crayon devoient peu suffire à l'ardeur de ce caractère... Il avoit reçu de la nature un œil scavant qui, dans chaque trait, découvroit mille traits, et dans chaque partie une infinité de parties... Il ne pouvoit jamais exprimer assés, à son gré, tous les reliefs du corps humain, comme les anciens ne pouvoient jamais assés les ramener au contour. ».

Joubert ne nie pas que Pigalle ait su représenter, fort joliment, la jeunesse et la beauté. Il apprécie son Mercure, sa Vénus, sa figure du Silence, celles de l'Amour et de l'Amitié, toutes œuvres où « respirent avec facilité les grâces nobles ». Mais, comme Pigalle « considéroit d'abord ces formes déterminées et précises qui séparent l'individu et, pour ainsi dire, le détachent de l'air même qui nous embrasse et qui nous lie à l'univers », Joubert va traiter Pigalle ainsi et ne dira de lui « que ce qui lui donne une place à part et l'isole ». Eh ! bien, le vrai Pigalle ne peint que la réalité de la nature humaine. « C'est là que se montre tout entier dans sa manière franche et nue cet homme ardent et laborieux... qui s'imposa pour objet unique d'imitation la vérité rigoureuse, non seulement telle que les yeux peuvent la voir, mais telle que les mains pourroient la toucher. Voilà l'espèce de nature qu'il faut observer dans ses ouvrages et qu'on y trouvera imitée avec une profondeur de scavoir qui le rend souvent un maître unique... » Joubert fait un cas particulier des bustes de Pigalle; et il explique ainsi leur supériorité. Pigalle, qui avait plus de talent que d'esprit, copiait la réalité. Pour ses monuments, il copiait des modèles gagés et que nulle pensée, nul sentiment n'animait; tandis que, pour ses bustes, il eut souvent de grands hommes à peindre. « Il leur doit ses meilleurs ouvrages. C'est dans ceux-là qu'on trouve la manière antique avec toutes ses perfections. C'est là que l'homme est en haleine et semble environné de l'univers. C'est là que tous les reliefs ne sont décrits et divisés que pour mieux se réunir en un commun ensemble. C'est là qu'en ne cherchant que l'exacte ressemblance, il unit les nuances les plus déliées de l'idéal à cette précision rigoureuse de traits sans laquelle l'idéal n'est que du vague... » Et alors, il ne fait pas seulement de la sculpture, mais de la sculpture et de la poésie.

Pigalle dépendait de son modèle ; et c'est l'infirmité de son talent, s'il n'avait pas la puissance de transfigurer ce qu'on voit. Cependant, c'est la gloire de son talent d'avoir égalé la nature expressive. Il devait choisir son modèle. Or, avec de l'aménité pour le reste, il y a une faute que Joubert ne lui pardonne pas : il a deux fois copié, quoi? le squelette humain. « Ce fut sa seule faute, mais elle est grande. Je ne dois pas la taire, puisqu'il l'a commise... Quelques mots échappent à mon indignation... Dans ses monumens funèbres, il a donné deux fois un rôle à cet objet qui devroit être toujours enseveli et qu'il ne devroit être permis à l'œil humain de voir même en peinture que dans les lieux et dans les livres où l'étude de la mort apprend à secourir la vie... » Joubert ne supporte pas cette allégorie mortuaire ; il l'interdit au nom du bon goût, de la religion et voire de la politique. Il se demande si ces « représentations insensées » n'ont pas été imaginées par quelque « ennemi de la nature humaine » aux fins de rendre le mort odieux ou ridicule. « A quoi pensons-nous, d'environner ainsi les tombeaux de nos amis de spectres et d'images repoussantes, capables d'en écarter jusqu'à nos pensées et d'effrayer jusqu'à nos souvenirs?... Ah! les anciens couvroient d'une urne les cendres de leurs morts! Et nous, lorsqu'à peine nous les avons ensevelis, nous exhumons les ossements des nôtres... Nous exposons au grand jour les secrets les plus révoltants de la sépulture! » Pathétique pudeur, et le langage a la beauté frissonnante de la pensée.

Conclusion. Joubert veut qu'on ne soit pas sévère à ce grand artiste. Les figures de son « vrai genre » — car décidément il élude à peu près tout le Pigalle Pompadour — sont dignes d'être exposées, oui, au milieu d'une académie. « Mais les grands artistes anciens n'en faisoient point qui ne fussent dignes d'être placées au milieu du monde! »

Et, comparé aux anciens, Pigalle va pâtir. Les anciens, ce fut leur chance, avaient sous les yeux une autre « nature » que nous : « Cette nature qui n'est parmi nous émue que par intervalles et qui est réduite... aux expressions partielles et presque imperceptibles du sourire et des larmes qui suffisent à l'homme assis et retiré dans sa maison, exercée perpétuellement chez les anciens, obligée à se montrer en présence d'un nombre infini de spectateurs, étoit accoutumée à se déployer avec décence et dignité dans les moindres mouvements ainsi que dans la contenance du corps entier... » Les anciens « voyoient l'objet de leur art aussi parfait que pouvoit le souhaiter l'imagination même. Ils le voyoient toujours en haleine, toujours ému. Ils le voyoient à sa place et comme ils devoient le peindre ; je veux dire environné de l'univers... » A ces conditions merveilleuses que la vie antique faisait à l'art du sculpteur, Joubert oppose les conditions moins favorables de la vie moderne : elle a réduit au visage et à la physionomie la vertu expressive du corps ; c'est ainsi que Pigalle atteint à la perfection dans ses bustes seulement. Et enfin, comparé aux anciens, voici Pigalle : « Il semble que les premiers ne vouloient peindre que pour se donner un plaisir et qu'ils n'éprouvoient le besoin de modeler et de paîtrir la matière que pour incorporer avec elle et pour y déposer à loisir quelque image dont leur pensée avoit fait ses délices. Il semble que le second ne peignoit que pour se délivrer d'un tourment et pour ôter de sa pensée en les imprimant à la matière qu'il mettoit en œuvre les figures que l'aspect du corps gravoit à chaque pas dans son esprit avec une force qui les lui rendoit importunes. » L'art qui est une délivrance : idée qui, en notre temps, paraît toute neuve, et que Joubert invente, et qu'il marque de l'expression la plus nette, la plus richement précise ! Joubert continue : « Aussi P[igalle] éprouvoit-il un besoin continuel de travail. Il ne pouvoit goûter le repos qu'après avoir lassé ses mains actives. Il posoit le soir une lumière sur sa tête pour modeler et pour paîtrir encore de la matière pendant la nuit. Il ne connoissoit d'autre oisiveté que celle qu'exigent pendant le travail les pauses de la timide circonspection... » Ardent et laborieux, il travaillait lentement. Il avait soin de ne pas affaiblir, mais aussi de pas exagérer l'expression. La fidélité de son art tient à la droiture de son caractère : il eût laissé cent lacunes dans son œuvre plutôt que de « commettre un seul mensonge ». Il éprouvait « cette impossibilité de faire des fautes qui cause souvent les mêmes tourments que l'impuissance ». Il était lent à finir : « Aussi n'y a-t-il point d'ouvrages plus achevés que les siens : quand il ne faut qu'un moment à la sagacité pour tout apercevoir, il faut des années à l'exactitude pour tout exprimer... » Il avait du génie, et non pas l'élévation du génie, mais sa force. Il avait du goût : non le goût des génies heureux et faciles, mais l'art volontaire de tout assortir et de tout régler dans un ouvrage, en n'omettant rien de nécessaire, en n'admettant rien de superflu. « Lorsque, dans un ouvrage important, tout est parfaitement assorti et quand toutes ses parties sont parfaitement liées, il n'y a point en lui de principe de dissolution, si j'ose dire ; il n'y a point en lui de cause de mortalité... » L'œuvre de Pigalle est durable.

Joubert ne s'en est pas aperçu : mais son article était tout fait. Du moins en avait il les éléments ; et il en avait aussi l'économie générale. Ses brouillons révèlent pourtant qu'il hésitait encore sur la disposition de quelques-uns de ses développements. Ce qui lui restait à faire n'était quasi rien.

Il apparaît, dans cet *Eloge de Pigalle*, comme un critique d'art extrêmement avisé, d'une sensibilité très fine et très instruite, d'une intelligence à la fois accueillante et maîtresse de ses jugements. Peut-être soupçonnera-t-on l'influence de Diderot çà et là, par exemple dans ces paroles que prête Joubert au Voltaire et au d'Harcourt de Pigalle : c'est assez bien le procédé du Salonnier ; lui aussi se plaît à corriger selon sa fantaisie les ouvrages qu'il examine. Mais, si Joubert a quelque peu subi l'influence de Diderot, comme il s'en échappe ! Sa critique est à lui et est de lui parfaitement. Ce qu'il a et ce que Diderot n'avait pas beaucoup, c'est une théorie de l'art, à laquelle il rapporte ses impressions particulières. Jamais il ne perd de vue ses principes ; il les a énergiquement posés : nulle considération ne l'en détourne. Si attrayant que soit le réalisme de Pigalle, le réalisme n'a une pleine valeur d'art que soumis à un idéalisme supérieur : Pigalle, incomparable réaliste, a péché là-contre ; et c'est une diminution, pour lui, que le critique n'omet pas. Mais aussi l'individualité d'un artiste vaut par elle-même ; et il n'est pas de théorie de l'art qui annule le génie de Pigalle.

Féru de ses principes, Joubert n'a point négligé l'individualité du grand sculpteur : il l'a marquée de traits véritablement caractéristiques. L'image qu'il a tracée du vaillant pétrisseur de matière, une chandelle au front pour pétrir encore de nuit la matière où triomphe l'habileté laborieuse de ses doigts, reste dans l'esprit. La subtile perception des qualités les plus diverses et, en dernier ressort, la soumission de tout caprice à la doctrine : tels sont les devoirs du critique ; et Joubert n'y manque pas. Ajoutons que, dans sa comparaison de Pigalle et des anciens, Joubert a indiqué toute une conception moderne de l'art, conception douloureuse, où l'effort est poignant, conception qu'il inventait et qui donne à ces pages une surprenante nouveauté. Personne n'a été plus intelligent que Joubert.

Cependant, il n'a pas terminé son article. Or, les journaux le tentaient. Le *Journal de Paris*, le premier quotidien français, fondé dix-huit mois avant l'arrivée de Joubert à Paris, par Corancez, Dussieux et Cadet; journal très bien fait, sérieux et amusant, varié, paraissait sur quatre pages du format petit in-octavo, donnait les nouvelles de la cour et de la ville, de la littérature et des arts et célébrait les œuvres de charité. Joubert pouvait y écrire, avec profit et agrément. J'ai feuilleté le *Journal de Paris* depuis l'année 1778 jusqu'à la Révolution : je n'y ai pas trouvé un article où fût un passage des brouillons que Joubert a laissés. Le reste n'est qu'hypothèse. Mon hypothèse est que Joubert, eût-il publié quelques articles quelquefois, n'était pas journaliste. Dans son *Essai sur la littérature anglaise*, Chateaubriand dit : « Quelques articles, qu'il ne signait pas, ont seulement paru dans diverses feuilles publiques... Oui ; et plus tard : mais non pas en 1786. Je ne crois pas du tout qu'il ait jamais été attaché à la rédaction d'un journal et qu'il ait fourni de la copie régulièrement. Cette assiduité n'était pas dans son caractère, ni cette rapidité non plus. Il n'en finissait pas !...

Ce qui l'empêche de finir, c'est principalement son amour de la perfection. Fontanes lui écrivait, en 1786 : « Il n'est pas bien sûr que la perfection à laquelle vous aspirez ne soit pas un but chimérique. D'ailleurs, qui est-ce qui l'appercevra et vous en scaura gré ? Quand je commençai à écrire, je faisois comme vous, je voulois tout soigner, ce qui ne servoit qu'à rendre mon style sec et dur... » Joubert relit, en 1804, cette lettre de son ami, la brûle et puis est fâché de l'avoir brûlée. Il rétablit de mémoire et inscrit sur son carnet ce passage. Il est d'avis que Fontanes se trompait : « le soin, dit-il, fait aisément disparaître la dureté qui vient du soin ». Mais il ne nie pas que le souci de la perfection ne l'ait retardé. Que lui importe, en 1804, peut être ? En 1786, c'est plus gênant. Le goût de la perfection, qui fut la charmante noblesse de sa vie, le condamne à une sorte de surprenante stérilité. La perpétuelle activité de son esprit ne produisait pas d'œuvres. Des idées, oui ; et, parfois, des merveilles d'idées ; puis d'excellentes et de ravissantes phrases qu'il posait sur les idées. Le plus singulier, c'est que, chacune de ses idées, il la mène jusqu'à l'expression parfaite. Emailliste, il achève délicatement un casier : les autres casiers, il n'y touche pas. Ou bien, mosaïste, il assemble les parcelles d'une figure, puis d'une autre : mais il ne fait pas le fond, qui réunirait les figures. Plus tard, au mois de janvier 1808, il dira : « Je suis comme Montaigne *impropre au discours continu.* » Il a une intelligence plus intuitive que déductive ; ou bien, la déduction l'ennuie, et l'intuition l'amuse. Songeant à lui-même et à l'échec de ses volontés littéraires, en 1806, il plaindra « les tourmens d'une fécondité qui ne peut pas se faire jour » et se souviendra d'avoir été « privé longtemps des idées qui convenoient à [s]on esprit, du langage qui convenoit à [s]es idées ». A vrai dire, est-ce tout à fait cela qui le stérilisait en réalité pendant que sa tête travaillait si bien ? Je crois qu'il y a un peu de paresse ou d'indolence, dans son cas. Il cédait volontiers à la rêverie de ses idées ; et, en 1786, il définissait joliment son plaisir en notant : « La pensée se forme dans l'âme comme les nuages se forment dans le ciel. » Il regardait doucement ces nuages de son âme, leur diverse couleur et leur dessin mobile. Seulement, il ne travaillait pas, — ce qui s'appelle travailler ; — et il perdait son temps, manquait d'argent, n'était pas content de soi.

NOTES

CHAPITRE PREMIER

1. Les documents sur lesquels j'ai composé ce chapitre sont, presque tous, inédits. Les uns proviennent des archives de M. Paul du Chayla et de Mme Henri de Lander. Les autres sont le résultat de recherches que j'ai faites à la mairie de Montignac, aux Archives de la Haute-Garonne et de la Dordogne, ailleurs aussi.

2. Archives nationales. $F^{17, c}$ J25.

3. Registre de la paroisse Saint-Georges de Brenac, mairie de Montignac.

4. Acte de partage du 15 mai 1752, entre les enfants de Claude Joubert et de Thoinette Queyroy (étude de Me Boisselit, à Montignac).

5. Le journal de tournée de Latapie a été publié par M. Léon Cosme, dans les *Archives historiques du département de la Gironde*, t. XXXVIII.

6. Archives de la Dordogne, série L, registres 518 et 519.

7. Archives de la famille de Noailles, à Champlâtreux.

8. Catherine a épousé, le 9 octobre 1779, Jean Boyer ; Marie, le 9 janvier 1792, Jacques Duchesne. (Mairie de Montignac.)

9. Cf. A. Dujarric-Descombes. *Aperçu de l'instruction publique en Périgord avant 1789* (t. VIII, page 489 du *Bulletin de la Société historique et archéologique du Périgord*, année 1881).

10. Souvenirs inédits d'Arnaud Joubert.

11. Actes royaux, 1724. Bibliothèque nationale. F23623.

12. *Constitutiones congregationis Doctrinæ Christianæ, in comitiis generalibus Lutetiæ Parisiorum, anno 1782.* (Parisiis, 1783.)

13. La citation de Muralt, Joubert l'emprunte aux *Lettres sur les Anglais et les Français*. Elles ont paru en 1725 ; mais leur composition date de la fin du xviie siècle. C'est donc l'éducation française du temps de Louis XIV que juge ce Bernois. De cette époque à l'enfance de Joubert, la tradition s'était maintenue.

14. Archives de la Haute-Garonne, série D, registre 69. Ce registre m'a été signalé par M. Félix Pasquier, archiviste de la Haute-Garonne.

15. Cf. Migne, *Dictionnaire des ordres religieux*, t. II (t. XXI de l'*Encyclopédie théologique*, pages 46 et suivantes).

16. Il n'existe qu'un portrait de Joubert : un dessin de Mme Paul de Raynal, fille d'Arnaud Joubert. Encore l'original est-il perdu. Mais on a conservé la lithographie. Plus exactement, il y a deux lithographies : l'une dont le profil est tourné à droite, l'autre à gauche ; ce sont deux états du même dessin.

17. Correspondance inédite de Joubert et d'Ambroise Rendu (archives de Mme Eugène Rendu).

18. Tradition recueillie par M. l'abbé Vielle, curé de l'Immaculée Conception, à Toulouse. Je dois plusieurs renseignements à M. l'abbé Vielle, qui prépare une étude sur les Doctrinaires et qui a bien voulu m'aider de son obligeante érudition.

19. Cette lettre et les petits vers précédents, je n'en ai pas vu l'original. J'en connais seulement la copie, qui appartient aux archives de M. Paul du Chayla et qui dut être remise à Paul de Raynal, lequel ne l'utilisa pas, par le baron d'André, petit-fils du baron de Falguière.

20. J'emprunte ce détail à une lettre qu'adressa, le 12 décembre 1825, un M. Durrans, de Tours, à Arnaud Joubert (archives de M. Paul du Chayla).

21. J'ai modifié un peu le texte. Dans l'original, la phrase, une simple note, est celle-ci : « Dans tous les changements qui se sont faits sur son visage où l'on voit si évidemment les traits d'une âme qui a souffert ».

CHAPITRE II

1. J'emprunte à Sébastien Mercier les principaux éléments de ce tableau de Paris.

2. Boissy d'Anglas, *Les études littéraires et poétiques d'un*

vieillard, ou recueil de divers écrits en vers et en prose, Paris, 1825, t. III, pages 241, Boissy d'Anglas a réimprimé là une étude sur Florian qu'il avait déjà publiée, en guise de préface aux *Lettres de Florian à M. Boissy d'Anglas,* Paris, 1820.

3. Le rapport de Rousseville (Archives nationales F⁷ 4708) a été publié par M. Aulard dans *La Révolution française,* t. XXIX (14 octobre 1895).

4. Article de Fontanes, dans le *Mercure* de Fructidor an VIII, cité par Sainte-Beuve, *Portraits littéraires,* t. II, page 213.

5. 15 décembre 1804.

6. L'anecdote de Bemetzrieder est deux fois racontée par Diderot : dans le *Neveu de Rameau* et dans l'article « Sur les leçons de clavecin et principes d'harmonie par Bemetzrieder, 1771 », que M. Assezat, l'empruntant à la *Correspondance* de Grimm et Diderot, a réimprimé dans les *Œuvres complètes,* t. XII, p. 525.

7. Les *Leçons de Clavecin* ont paru en 1771, sous le nom de Bemetzrieder, à Paris (chez Bluet, libraire, pour Saint-Michel). M. Assezat, qui réimprime ces dialogues au tome XII des *Œuvres complètes,* prouve la part prépondérante qu'a eue Diderot à leur rédaction.

8. C'est ainsi que le peintre Jean-Christian de Mannlich vit, en 1773, Mme Diderot. M. Ernest Seillière a analysé les mémoires de Mannlich dans la *Revue des Deux Mondes* du 1er juillet 1912.

9. Le récit de la visite de La Harpe à Diderot se trouve, notamment, dans les *Recherches historiques, littéraires et bibliographiques sur la vie et les ouvrages de M. de La Harpe,* de Gabriel Peignot (Dijon, 1820).

10. Dans l'article sur les *Leçons de Clavecin...*

11. *Aux mânes de Diderot* (par Meister), Londres, 1788.

12. *Mercure* du 15 février 1779. *Œuvres complètes* de Diderot, t. I.

13. Naigeon, cité par Assezat dans la « Notice préliminaire » des *Miscellanea philosophiques* (*Œuvres complètes,* t. IV, pages 3 et 4).

14. Début d'un essai *Sur la diversité de nos jugements* (*Œuvres complètes,* t. IV, page 22).

15. Le feuillet manuscrit porte cette indication : « page 362 ». Est-ce une référence à un livre que lisait Joubert ? Je ne sais.

16. *Joubert* « textes choisis et commentés », par Victor Giraud (Paris, 1914, page 6).

17. Les principaux éléments de ce portrait, je les emprunte à une notice de Lévêque, insérée en tête des *Œuvres* de Falconet. 3e édition, revue et corrigée par l'auteur ; trois volumes in-8o, Paris, Dentu, 1808.

18. Lettre citée par les Goncourt, *Portraits intimes du XVIIIe siècle*, 2e série, Paris, 1858.

19. L'épitaphe est citée par Diderot lui-même, dans sa lettre à Falconet de juillet 1767.

20. *Passages de Pline où il est à peine fait mention de la peinture et de la sculpture et qui prouvent cependant que cet auteur pourrait bien avoir écrit de ces arts sans trop s'y entendre* (Falconet, *Œuvres diverses*, édition de 1787, t. II, page 437).

21. *Gazette des beaux-arts*, 1869, page 138 ; article de M. Charles Cournault, sur « Etienne-Maurice Falconet et Marie-Anne Collot ».

22. *Œuvres complètes* de Diderot, t. I, page LII.

23. *Id.*, t. II, page 108.

24. La première édition est d'Amsterdam, 1771, un volume in-8o.

25. *Correspondance*, t. IX, page 345. « Bien que rien ne l'indique dans le manuscrit, cet article doit être de Diderot », dit en note M. Tourneux.

26. *Œuvres d'Etienne Falconet, statuaire ;* à Lausanne, chef de la Société typographique, six volumes, 1781 (t. II, page 140).

27. *Œuvres complètes* de Diderot, t. XVIII, page 332.

28. La traduction anglaise parut à Londres, 1774, en un volume in-4o, avec une gravure représentant le tsar Pierre : *Pieces written by Mons. Falconet and Mons. Diderot on sculpture in general and particularly on the celebrated statue of Peter the great, now finishing by the former at the Saint-Pétersburg, translated from the french, with several additions, by the Rev. William Tooke.* Ce volume (dit l'éditeur des *Œuvres complètes* de Diderot, t. XVIII, page 81, note) est introuvable à Paris et à Londres.

29. *Œuvres diverses concernant les arts...* par Falconet, 1787, t. I, avis de l'éditeur.

30. *Id.*, t. II, page 59.

31. Bibliothèque nationale. Réserve Z, 3297, t. I, page 176.

32. F. Barrière, *Tableaux de genre et d'histoire, peints par différents maitres, ou morceaux inédits sur la régence, la jeunesse de Louis XV et le règne de Louis XVI.* Paris, 1828, in-8o. Pages 97-200 : « Le pour et le contre, ou lettres inédites de Dide-

rot sur la postérité, avec les observations sur les lettres et les beaux-arts ; de 1765 à 1767 ».

33. *Mémoires et ouvrages inédits*, t. III. Cf. la « notice préliminaire » des *Lettres à Falconet*, par Tourneux (*Œuvres complètes*, t. XVIII, page 79) ; mais Tourneux néglige la publication de Barrière.

34. T. III, page 149.

35. *Causeries du lundi*, t. I, page 161.

36. 24 juillet 1797. (Cf. *Œuvres complètes* de Diderot, t. V, page 5.)

37. 25 avril 1802.

38. Même carnet.

39. 8 janvier 1812. Et cf. 13 janvier 1812.

40. 30 septembre 1813.

41. 22 octobre 1821.

CHAPITRE III

1. Brochure de 31 pages in-8°, dans une couverture muette. La *Notice historique* fut imprimée, peu de temps après la mort de Joubert, chez Le Normand fils. Elle est signée, à la page 25, « A. Joubert ». Suivent trois extraits de journaux.

2. *Souvenirs* (inachevés) *d'un magistrat honoraire de la cour de cassation, qui pendant trente-six ans a rempli les principales fonctions de cette cour et vécu pendant la moitié du XIX° siècle dans la société intime des premiers écrivains qui ont illustré cette période.*

3. Cf. Archives nationales. AF. IV. 1050.

4. Archives de la famille de Noailles, à Champlâtreux.

5. Mairie de Niort, registre de l'état-civil, paroisse Saint-André.

6. Voir, par exemple, l'acte de décès du frère aîné de Fontanes, 18 novembre 1792 (mairie de Niort, registre de l'état-civil, paroisse Notre-Dame).

7. Briquet. Histoire de Niort, biographie des Deux-Sèvres, 1832.

8. Jacques-Marcellin, né en 1720 ; Charles-François, né en 1721 (Briquet).

9. H. Clouzot, *Revue des provinces de l'ouest*, 1890.

10. *Affiches du Poitou*, 27 octobre 1774. Fontanes le père y est dit « *associé* » à la Société royale d'agriculture de La Rochelle. Les mêmes *Affiches*, le 14 mars 1776, à propos de la mort de Mme Fontanes, le disent « correspondant » de cette société.

11. Par exemple, dans l'acte de décès de son fils aîné.

12. Sur le texte original, je lis « le père Boy ». Mais « Bory » est attesté par ailleurs. V. l'*Histoire littéraire du Poitou*, par Dreux-Duradier, continuée par M. de Lartic Saint-Jal, Niort, 1849, t. III ; et H. Clouzot, *loc. cit.*

13. Cahier des Oratoriens, conservé au lycée de Niort.

14. Sur Marcellin de Fontanes, voir les *Affiches du Poitou* du 14 juillet 1774. Et voir, dans le *Journal des Deux-Sèvres* du 5 nivôse an XIII, l'extrait d'une notice lue à l'Athénée de Niort par M. Guillemeau père, docteur médecin militaire.

15. *Notices historiques sur les sociétés des lettres, sciences et arts de La Rochelle* (La Rochelle, 1773. Page 19, « De Fontanes l'aîné » est cité parmi les associés de 1770).

16. Je ne connais, de Marcellin de Fontanes, qu'un poème qu'il adressa au docteur Guillemeau, « digne élève du dieu qu'adorait Epidaure ». Cité par Briquet, *op. cit.*

17. *Journal des Deux-Sèvres*, 1807, page 386 : note sur les Hospitalières.

18. *Affiches du Poitou*, 15 et 22 décembre 1774.

19. Sur les Flavigny, voir *Note sur la manufacture royale d'Andely*, par M. G. de Robillard de Beaurepaire (brochure de 43 pages ; Caen, 1894). Voir aussi Brossard de Ruville, *Histoire de la ville des Andelys*, deux tomes in-8° (Les Andelys, 1863-1864). M. Brossard de Ruville a tort de blâmer Sainte-Beuve pour avoir dit que Fontanes séjourna aux Andelys avant la révolution : Fontanes a fait deux séjours aux Andelys.

20. *Le Verger*, poème, par M. de Fontanes. A Paris, chez Prault, imprimeur du roi, quai des Augustins, à l'Immortalité, 1788.

21. Léo Desaivre, *Les Fontanes à Niort* (7e bulletin de la Société de statistique, page 314).

22. *Mélanges littéraires ou Journal des Dames, dédié à la Reine*, par M. Dorat. A Paris, chez la veuve Thiboust, imprimeur du roi, place Cambrai (N° de juin 1777, page 56).

23. Cf. G. Desnoiresterres, *Le chevalier Dorat et les poètes*

légers au XVIIIe siècle, Paris, 1887 (pages 325 et suiv.). Et voir : Léon Béclard, *Sébastien Mercier, sa vie, son œuvre, son temps*, Paris, 1903 (pages 431 et suiv.).

24. Les *Elégies* avaient paru en un volume avant les *Dernières aventures* (Yverdon 1776). Dorat en publia un choix dans son numéro d'avril 1778, sous ce titre : « Amour d'un jeune Alsacien ».

25. A. Bossert, *Essais de littérature française et allemande*, Paris, 1913 (page 41).

26. Quant à ce nom de Carbonnières, Ramond eut des difficultés avec un vicomte de Carbonnières, qui protesta dans le *Journal de Paris* du 19 janvier 1786. Voir la réponse de Ramond dans le numéro du 23 janvier.

27. Cf. Jacques Reboul, *Un grand précurseur des romantiques, Ramond*, Nice, édition de la *Revue des lettres et des arts*, s. d. M. Reboul se trompe quand il écrit : « Que le jeune étudiant (Ramond) ait pu approcher quelquefois son glorieux aîné (Gœthe), l'hypothèse est plus que probable ». D'après une publication allemande, les *Marches de l'Est* du 25 mars-10 avril 1913 donnent une lettre de Ramond à Lenz, du 25 mai 1776, d'où il résulte que Ramond ne connaissait pas Gœthe.

28. *Lettres de M. William Coxe à M. W. Melmoth sur l'état politique, civil et naturel de la Suisse, traduites de l'anglais et augmentées des observations faites par le traducteur dans le même pays*, Paris, 1881 (t. I, page 15, note).

29. *Les dernières aventures du jeune d'Olban, fragment des amours alsaciennes*, Yverdon, de l'imprimerie de la Soc. litt. et typ. M. DCC. LXXVII.

30. *Petite histoire de France*, etc., par *l'auteur de Salluste aux Français* ; à Paris, chez Garnery, le deuxième mois de la République (lettre du 18 juillet 1787 ; t. I, page 291).

31. Les trois portraits de Ramond, M. Reboul les a publiés dans les *Marches de l'Est* du 25 mars-10 avril 1913. Le portrait de Ramond jeune est un « dessin au physionocrate » qui appartient à M. le baron Paul Ramond.

32. Desnoiresterres, *op. cit.*, page 138.

33. *Mémoires sur l'impératrice Joséphine, ses contemporains, la cour de Navarre et de la Malmaison*, 2e édition, Paris, Ladvocat, 1829 (t. II, page 338).

34. Humbert Bazile, *Buffon, sa famille, ses collaborateurs et ses familiers*, Paris, 1863, page 18.

35. *Les Nuits de Paris ou le spectateur nocturne*, à Londres et se trouve à Paris... 1788-1794. Les estampes ne sont pas signées (Cf.

Bibliographie et iconographie de tous les ouvrages de Restif de La Bretonne, par P.-L. Jacob, bibliophile, Paris, 1875, page 261).

36. *Les Sacrifices de l'amour*, 1re partie, pages 111, 115, lettres 18, 24.

37. Desnoiresterres, *op. cit.*, page 360. Ajoutons ce fragment d'une lettre de Mme de Beaumarchais, qui écrit à Pougens, le 24 pluviôse an X : « Eh bien, monsieur, cet homme si méconnu, cet adversaire si redoutable ne fut jamais l'ennemi de personne, pas même de ceux qui l'avaient le plus tourmenté. Mme Goezman tomba dans la misère et fut secourue par lui ; d'Arnaud Baculard est sur le registre du passif pour plus de 3.600 livres ; Chamfort, Dorat, Fabre d'Eglantine (avant la révolution) puisèrent dans sa bourse des fonds qui ne rentreront jamais... » Cat. Noël Charavay pour une vente du 8 juin 1914.

38. Le mot est de Marmontel, dans son discours académique du 20 juin 1776.

39. Bibliothèque nationale. Nouv. acq. fr. 1302, fol. 261.

40. *Mémoires d'outre-tombe*, t. II, page 219.

41. *Essai sur les révolutions*, dans l'édition de 1826, t. I, page 121.

42. *Voltaire, poème, par M. de Flins des Oliviers*. « A Ferney, et se trouve à Paris, chez Esprit, libraire, au Palais-Royal, et chez les marchands de nouveautés, 1779 ».

43. *Choix de poésies de Barthe, Masson (de Morvilliers) et Carbon de Flins*, Paris, 1810 ; page 261 : « Fragment du poème sur la servitude abolie dans les domaines du roi, lu à la séance publique de l'Académie française le 25 août 1781 ». Langeac publia son poème sous ce titre : *La servitude abolie, discours en vers, lu en partie à la séance publique de l'Académie françoise, le jour de Saint-Louis, 25 août 1781. Par M. le chevalier de Langeac*. Paris, 1781. Note : « L'académie s'est décidée à ne point donner de prix cette année ».

44. Rivarol, *Le petit almanach de nos grands hommes*, 1788. Epigraphe : *Diis ignotis* ; « aux dieux inconnus », page 41.

CHAPITRE IV

1. Lettre de Humboldt à Gœthe, 18 mars 1799, citée par Jules Soury, *Portraits du XVIIIe siècle*, Paris, 1879.

2. Je décris de cette façon Restif d'après le beau portrait qu'a fait de lui Binet et que grava Berthet. Il est de 1785. On en tira, cette année-là, des planches qu'annonça le *Journal de Paris*. En 1793, Restif le mit en tête du premier tome de son nouvel ouvrage, *Le drame de la vie* (Cf. P.-L. Jacob, *op. cit.*, page 368).

3. *Monsieur Nicolas*, réimpression. Isidore Liseux, Paris, 1883 (t. X, page 248).

4. Seconde édition des *Contemporaines*, t. XIX, lettre n° 117, datée « ce 21 novembre » : sa place dans la série des lettres indique qu'elle est de 1784. Monselet trouve « incongru » ce chapeau que Restif garde sur la tête pendant un repas. M. Paul Cottin (*Mes Inscripcions*, page XLIX) répond : « Il suffit de se reporter à la lettre d'invitation pour apprendre que Restif était enrhumé, ce jour-là, et qu'il avait été autorisé à rester couvert ». Mais la lettre est du 21 novembre, et le souper de la gravure est du mois de février, si nous en croyons Restif (*Monsieur Nicolas*, t. XI, page 67).

5. Il tenait fort à ce manteau bleu, sous lequel il était célèbre. Dans les *Nuits de Paris* (t. XVI, page 273), il se fait dire par un passant : « Je vous reconnais à votre manteau bleu. » En 1790, le 27 août, La Reynière, qui est à Béziers, lui écrit que la comtesse de Beausset, sa tante, l'admire et demande un portrait : « Envoyez-moi, je vous prie, votre gravure avec le grand manteau bleu. » *Le drame de la vie* (page 1282).

6. Dans *Mes Inscripcions*, il marque le 22 novembre par ces mots : *natalis dies*. Il se trompe. Son acte de baptême est du 23 octobre 1734 et porte qu'il était né le jour même. Acte de baptême publié dans le *Bulletin du bouquiniste* de 1864, p. 492. (Cf. Cottin, *op. cit.*, page 137, note 2.)

7. La notice de Cubières sur Restif forme le premier tome des *Compagnes de Maria*, ouvrage posthume de Restif (1811). P.-L. Jacob l'a réimprimée dans sa *Bibliographie*, etc.

8. Monselet, *Restif de la Bretonne, sa vie et ses amours*, Paris, 1854 (page 21).

9, *Monsieur Nicolas*, t. VI, page 82.

10. *Id.*, t. VII, page 60.

11. *Id.*, t. X, page 131.

12. Voir *Restif de la Bretonne communiste*, par François Pringault, dans le *Mercure de France* du 16 décembre 1913.

13. *Monsieur Nicolas*, t. XI, page 79.

14. *Id.*, t. VIII, page 113 et t. IV, page 207.

15. Archives nationales, AF. III, 406.

16. *Memento* de Restif, publié par P. Cottin à la suite de *Mes Inscripcions*, page 324. P. Cottin ajoute : « Ces deux phrases se retrouvent presque textuellement dans les *Nuits de Paris* ». Mais les *Nuits* sont de 1788-1794. C'est ici le texte premier.

17. M. Béclard (*op. cit.*, page 736) ne croit pas que l'article soit de Mercier : l'article est signé C ; l'article cite Mercier ; l'article ne contient pas l'opinion connue de Mercier sur le *Paysan*. Mais Restif savait Mercier à Neuchâtel... En tout cas, Mercier l'a laissé croire.

18. *Les contemporaines*, 2e édition, t. XIX, lettre n° 64.

19. *Id.*, lettre n° 65.

20. *Nuits de Paris*, t. XIII, page 2897.

21. *Monsieur Nicolas*, t. XI, page 67.

22. *Nuits de Paris*, t. XII, page 2793.

23. J'emprunte ces détails affreux à un biographe de Grimod, et qui l'a connu, mais âgé. La notice est dans la *France littéraire* (t. V, page 325). Et le passage auquel je fais allusion est cité par Desnoiresterres, *Grimod de la Reynière et son groupe*, Paris, 1877 (page 3).

24. *Lorgnette philosophique trouvée par un R. P. capucin sous les arcades du Palais-Royal et présentée au Public par un célibataire.* A Londres, et se trouve à Paris, chez l'auteur, rue des Champs-Elysées, 1785 (t. II, page 34).

25. *Monsieur Nicolas*, t. XI, page 67.

26. *Id.*, page 168.

27. *Nuits de Paris*, t. XII, page 2793.

28. *Monsieur Nicolas*, t. XI, page 43.

29. L'acte de décès de Marlin (15 décembre 1827) m'a été communiqué très obligeamment par M. Chabeuf, de Dijon.

30. *Jeanne Royez ou la bonne mère*, Paris, Le Normant, 1814, quatre volumes in-8° (t. I, page 297).

31. Le livre IV de *Jeanne Royez* est dédié « à Tullie Milran, à Marseille ».

32. *Jeanne Royez*, t. III, page 69.

33. *Monsieur Nicolas*, t. IX, page 68 : *Prévencion nationale*, t. III, page 378.

34. Elle avait, en 1755, environ seize ans : *Monsieur Nicolas*, t. VI, page 47.

35. *Monsieur Nicolas*, t. IX, page 134.

36. *Id.*, t. X, page 239.

37. *La femme infidèle,* t. II, vers la page 600.

38. *Lettres inédites de Restif de Labretonne. pour faire suite à la collection de ses œuvres.* (Imprimé à Nantes, chez Vincent Forest et Emile Grimaud, 1883.)

39. *Nuits de Paris,* t. XV, page 206.

40. Cité par M. P. Cottin (*op. cit.*, page 36), d'après la *Prévention particulière* (t. III de la *Prévencion nationale*).

CHAPITRE V

1. Scaturige, non, je ne suis pas sûr que ce soit Fontanes. Il y a ce Scaturige dans l'*Année des Dames nationales* (t. III, pages 735 et suiv.). P.-L. Jacob (*op. cit.*, page 357) a fait une clef de cette *Année des Dames* : « Scaturige ou Scaturin, nom déguisé de Fontanes ». C'est possible. Mais je ne vois aucune analogie entre l'histoire de Scaturige et les histoires vraies ou racontées par Restif, touchant Fontanes.

2. Il est amusant de noter que, son surnom de Senatnof, Fontanes le prit lui-même comme pseudonyme. Sainte-Beuve (page CXVII de l'étude qui sert de préface aux *Œuvres* de Fontanes) raconte que des vers de Fontanes, sur une violette donnée dans un bal, parurent aux *Petites affiches* du 1er thermidor an VI : « la pièce est signée Senatnof, anagramme de Fontanes ».

3. *Mes Inscripcions*, page 82. M. P. Cottin se demande s'il ne s'agit pas de la rue de La Fontaine, allant de la rue d'Orléans à la rue du Puits de l'Hermite. aujourd'hui rue de la Pitié. Mais le manuscrit porte « rue de Fontanes » ; et je crois qu'il faut s'en tenir là.

4. *Monsieur Nicolas,* t. XI, vers la page 88.

5. *Id.*, t. VII, page 71.

6. Restif a publié cette lettre, sous le n° 93, au tome XIX des *Contemporaines* (2e édition). Evidemment plusieurs des singularités orthographiques sont de lui. La lettre n'est pas signée. Jacob (*op. cit.*, page 304) l'attribue à Joubert. Je crois qu'il a raison.

7. *La femme infidelle,* t. II, vers la page 600.

8. *Monsieur Nicolas,* t. XI, page 88.

9. *Mes Inscripcions,* page 140 (29 novembre 1785).

10. *Contemporaines,* 2e éd., t. XIX, lettre n° 109.

11. *Id.*, lettre nº 97.

12. *Jeanne Royez*, t. III, page 69.

13. *Contemporaines*, 2e éd., t. XIX, lettre nº 102.

14. *Mes Inscripcions* (30 juillet), page 89.

15. *Contemporaines*, 2e éd., t. XIX, lettre nº 114.

16. Cela, le 10 décembre 1782; *Mes Inscripcions*, page 63.

17. Toutes ces lettres de Saint-Léger, à la fin du t. III de la *Prévencion*.

18. *Mes Inscripcions*, page 87.

19. *Monsieur Nicolas*, t. II, page 29.

20. *Contemporaines*, 2e éd., t. XIX, lettre nº 118.

21. *Mes Inscripcions*, page 91.

22. *La femme infidèle*, t. III, page 780, lettre CCXXV.

23. *Monsieur Nicolas*, t. XI, page 88.

24. *Id.*, page 81.

25. *Mes Inscripcions*, page 107.

26. Lettre publiée par Restif, à la fin du tome XXVII des *Contemporaines*.

27. Voir *Monsieur Nicolas* : IV, 207; VIII, 113; X, 131, 145; XI, 39; XIII, 297; XI, 88.

28. *Mes Inscripcions*, page 140. Et, dans *Le Bouledogue ou le Congé*, comédie en deux petits actes que Restif a insérée dans le *Thesmographe* (page 279), il est question d'un Scaturin qui, faute d'avoir payé son terme, va recevoir son congé.

29. La première édition est en effet de 1786. Restif eut des empêchements à la répandre et, en 1788, on changea le titre. (Jacob, *op. cit.*, page 301). Un exemplaire de la véritable édition originale m'a été communiqué par M. Léon Béclard. Le titre du premier tome est celui-ci : *La | femme | infidelle | Par Maribert-Courtenay | première partie.* | (Epigraphe) : *Toute fille lettrée restera fille toute sa vie, quand il y aura des hommes sensés.* | (Vignette.) | *A Neufchatel,* | *et se trouve à Paris,* | *chez la veuve Duchêne, rue Saint-Jacques,* | 1786.

30. Jacob, *op. cit.*, page 440.

31. *La femme infidèle*, t. III, page 628, lettre nº CXCI.

32. *Id.*, lettre nº CXCVI. (Etc. Lettres diverses de *La femme infidelle.*)

33. *Contemporaines*, t. XXI, lettres 135 et 139.

34. *Monsieur Nicolas*, t. XI, page 88.

35. *Id.*, t. XII, page 188. Et *Mes Inscripcions*, page 39.

CHAPITRE VI

1. *Pope, nouvelle traduction de l'Essai sur l'homme... en vers françois, précédée d'un discours et suivie de notes...* Paris, 1783, in 8°.

2. Voir *Plan de lecture pour une jeune dame*, 2e édition, par Cl. Fr. Ad. de Lezai-Marnésia, à Lausanne... et à Paris... 1800. Page 100 : « Son secret n'était connu que de son fils et de deux ou trois amis : ce fils le révèle, bien assuré qu'il rend service à sa mémoire. »

3. « Discours préliminaire » de l'*Essai sur la nature champêtre, en vers avec des notes*, à Paris, 1787.

4. *Id.*, page 65.

5. Eloge du marquis de Marnésia, par Grappin, secrétaire perpétuel de l'académie de Besançon.

6. *Correspondance*, t. VII, page 127.

7. *Plan de lecture pour une jeune dame* (sans nom d'auteur), Paris, 1784.

8. *Le bonheur dans les campagnes* (sans nom d'auteur) à Neufchâtel et se trouve à Paris, 1785.

9. *Id.*, page 202.

10. La seconde édition du *Plan de lecture* contient une « Epître dédicatoire à la citoyenne veuve Charmet, imprimeur libraire » : « C'est à la meilleure, la plus chère, la plus sensible des amies, à la seule qui me reste, que je fais hommage de ce petit ouvrage... Adieu, mon amie. »

11. Archives nationales, F7 5190.

12. *Mes souvenirs. A mes enfants*, par Albert de Lezai-Marnésia. Sans nom d'auteur au titre, mais la préface est signée. Blois, 1854 (page 23).

13. Archives nationales, F7 5190.

14. Note de Joubert, après une conversation avec Fontanes.

15. *Mes souvenirs*, premières pages.

16. Archives nationales, P. 2478, « Mémorial des derniers mois

1759 », f° 332. En 1759, le 31 octobre, quand messire Louis Albert de Lezai-Marnésia, comte de Lyon, évêque d'Evreux, oncle du marquis, prête serment entre les mains du roi, à la chapelle du château de Versailles, certificat lui est donné par Nicolas de Bouillé, comte de Lyon, évêque d'Autun, premier aumônier du roi.

17. *Œuvres de M. de Fontanes*, Paris, 1859 ; t. I, page 47.

18. Paul de Raynal, *Notice sur la vie, le caractère et les travaux de M. Joubert*; en tête de l'édition de Joubert de 1842, page 71. — Arnaud Joubert, *Notice historique*, page 3. — G. Pailhès, *Du nouveau sur Joubert*, Paris, 1900 ; livre second.

19. Cette forme épistolaire et l'adresse « aux auteurs du journal » est habituelle dans les journaux d'alors, non seulement pour les « correspondances », mais pour toute chronique.

20. L'éditeur de Joubert a introduit dans le recueil des *Pensées* six pages qu'il a intitulées « Pigalle et l'art antique ». Ce n'est pas la simple transcription d'un texte laissé par Joubert, mais plutôt un arrangement fait avec habileté. Les éléments sont empruntés à diverses rédactions, et tout n'y est pas. Reportons-nous aux brouillons et aux copies de Joubert.

TABLE

Pages.

Chapitre I. Enfance et adolescence 1

— II. L'arrivée à Paris. Joubert et Diderot. 58

— III. Fontanes, ses amis, et Joubert. 117

— IV. Restif de la Bretonne 177

— V. Le roman d'amour de Joubert. 228

— VI. Déceptions et les beaux-arts. 280

Notes 335

ÉVREUX

IMPRIMERIE CH. HÉRISSEY

4, RUE DE LA BANQUE

www.ingramcontent.com/pod-product-compliance
Lightning Source LLC
LaVergne TN
LVHW020530230826
846091LV00002B/221